Margarete Luise Goecke-Seischab
unter Mitarbeit von Frieder Harz

Christliche Bilder verstehen

MARGARETE LUISE GOECKE-SEISCHAB
UNTER MITARBEIT VON FRIEDER HARZ

Christliche Bilder verstehen

Themen – Symbole – Traditionen

Eine Einführung

Anaconda

Die Originalausgabe erschien 2004 bei Kösel in München.
Aus urheberrechtlichen Gründen konnte eine Reihe von Bildreproduktionen
(Nachzeichnungen der Autorin) nicht wieder abgedruckt werden.
Das Buch ist in allem Übrigen ein unveränderter Nachdruck der Originalausgabe.

Die Deutsche Bibliothek verzeichnet diese Publikation
in der Deutschen Nationalbibliographie; detaillierte bibliographische Daten
sind im Internet unter http://dnb.ddb.de abrufbar.

Umschlagmotiv: Lucas Cranach, der Ältere (1472–1553),
»Adam und Eva« (1526), © Samuel Courtauld Trust,
The Courtauld Gallery, London / bridgemanart.com
Umschlaggestaltung: dyadesign, Düsseldorf, www.dya.de
Printed in Slovenia 2010
ISBN 978-3-86647-458-1
www.anacondaverlag.de
info@anaconda-verlag.de

Inhalt

KAPITEL III
**Wahrnehmen, deuten und gestalten –
Kunst in Schule und Gemeinde**
133

Vorwort

Bilder christlicher Kunst spielen im Religionsunterricht und in der kirchlichen Bildungsarbeit eine wichtige Rolle. Sie laden dazu ein, Texte des Alten und Neuen Testaments nicht nur mit den eigenen, sondern auch mit den Augen eines Künstlers zu sehen und so neue Zugänge zur biblischen Überlieferung zu gewinnen. Je nachdem, aus welcher Epoche die Bilder stammen und welcher bedeutende Künstler sie schuf, überraschen viele dieser Werke mit einem tiefen Sinngehalt, der sich aber erst bei genauem und geduldigem Hinsehen und vor dem Hintergrund elementarer ikonografischer Kenntnisse erschließt.

Inzwischen laden zahlreiche Farbreproduktionen in Religionsbüchern, Poster und sogar Grafiken in Gesangbüchern zum Betrachten und Deuten christlicher Kunst ein. Doch nur selten sind sie genügend kommentiert. So erfordert es oft viel Zeit und Suche nach geeigneten Hinweisen, um sich auf eine intensive Bildbetrachtung im Religionsunterricht, auf einen Lichtbildervortrag in der Gemeinde oder eine Predigt mit Bildern vorzubereiten.

Um diese Arbeit zu erleichtern, werden in diesem Buch – vor dem Hintergrund der überlieferten christlichen Symbolsprache – sieben Bilder zur Kunst des 20. Jahrhunderts vorgestellt und sowohl kunstgeschichtlich als auch theologisch kommentiert. Die ausgewählten Bildbeispiele von Wassily Kandinsky bis Rupprecht Geiger regen darüber hinaus auch zur eigenen kreativen Auseinandersetzung mit Stift und Papier, mit Pinsel und Farbe oder sogar mit Pappe, Klebstoff und anderen Materialien an.

Im zweiten Teil folgt nach einer Einführung in die Methodik der Bildbetrachtung unentbehrliches Grundwissen zur Kunstgeschichte. Mit stichwortartigen Epochenbeschreibungen, mit kunstgeschichtlichen Übersichtstafeln sowohl zur Entwicklung von Bildprogrammen als auch zu Standorten und Bildgattungen, zu Kompositions- und Gestaltungsformen sind kunstgeschichtliche Zusammenhänge und die besonderen Merkmale christlicher Kunst schnell abrufbar. Das Angebot wird durch ein ausführliches Sachwortverzeichnis »Christliche Kunst von A–Z« sinnvoll ergänzt.

Auch auf die Gefahr hin, in dieser knapp gefassten Übersicht komplizierte theologische oder kunsthistorische Zusammenhänge zugunsten didaktischer Übersichtlichkeit zu sehr vereinfachen zu müssen, wurde bewusst dieser Weg gewählt, um vor allem auch Laien und möglichst viele junge Menschen anzusprechen. Ziel dieses Buches ist, sowohl das Interesse an zeitgenössischer Kunst zu wecken als auch durch einen schnellen Zugriff auf die überlieferte Ikonografie und Typologie christlicher Kunst die Vorbereitungen auf vergleichende Bildbetrachtungen alter und neuer Werke zu erleichtern.

Margarete Luise Goecke-Seischab
Frieder Harz

Christliche Themen in der Kunst des 20. Jahrhunderts

Mehr Künstler, als man auf den ersten Blick glauben möchte, haben sich im letzten Jahrhundert mit biblischen Themen, mit dem christlichen Glauben und mit der überlieferten Symbol- und Formensprache auseinander gesetzt. Im Gegensatz zu früher geschah dies zwar seltener im Auftrag der Kirche als vielmehr aus ganz unterschiedlichen, oft sehr persönlichen Beweggründen, wie es z.B. Marc Chagall 1973 bei der Eröffnung des »Musée National du Message Biblique Marc Chagall« in Nizza ausdrückte:

> »Die Bibel schien mir – und scheint mir noch heute – die reichste poetische Quelle aller Zeiten zu sein. Seither habe ich ihr Abbild im Leben und in der Kunst gesucht ... Wenn ich zweifelte, hat mich ihre Größe und hochpoetische Weisheit beruhigt ... Ich bin sicher nicht der Einzige, der so denkt, vor allem heutzutage ...«

Verarbeitung von Kriegserlebnissen, von Not und Leid

Vor allem den älteren unter den Künstlern des 20. Jahrhunderts boten Passion und Darstellung der Kreuzigung eine Möglichkeit, ihre traumatischen Kriegserlebnisse aus zwei Weltkriegen zu verarbeiten. Dazu sind die grafischen und malerischen Werke von Lovis Corinth, Karl Schmidt-Rottluff, von Emil Nolde, Otto Dix, Max Beckmann und Oskar Kokoschka u.a. ebenso zu rechnen wie die 60 Grafiken zur Passion von Otto Pankok, in denen er den vom Nationalsozialismus verfolgten Roma ein Denkmal setzte.

Jüngere, heute noch lebende Künstler, wie beispielsweise Herbert Falken, setzten sich in ihren Bildern mit den immer stärker sich aufdrängenden sozialen, gesellschafts- und wirtschaftspolitischen Themen auseinander, mit Hunger und Not, auch mit der Bewältigung von Krankheit, Tod und menschlichem Leid. Es sind Bilder, die aufwühlen und in Erinnerung bleiben.

Auseinandersetzung mit dem Glauben und der Kirche

Eine Reihe moderner und zeitgenössischer Kunstwerke spiegeln den persönlichen Glauben, die Fragen der Künstler nach Transzendenz, nach Gott oder sie widmen sich der Darstellung göttlichen Wirkens. Die einen versuchen dies in Farbklängen, wie Wassily Kandinsky, oder mithilfe meditativer Farbflächen, wie Rupprecht Geiger. Andere wie Emil Nolde und Karl Schmidt-Rottluff drückten ihre Vorstellungen expressiv, in grellen, wenig harmonisch erscheinenden Farben und eckigen Formen aus. Einige Werke, etwa die übermalten Kreuze und Christusköpfe Arnulf Rainers, haben auf manchen Betrachter sogar eine fast destruktive Wirkung.

Immer wieder stellen Künstler der Moderne mit ihren Bildern vor allem Überliefertes in Frage. Sie hinterfragen den Glauben kritisch oder setzen sich auch mit der Institution Kirche auseinander. Ihre Gestaltungen wirken formal oft besonders aggressiv, bisweilen fast selbstzerstörerisch, mit abschreckenden Gestalten und Formen. Zusammengenommen sind all diese Werke jedoch ein Spiegel und Ausdruck unserer Zeit. Darum ist es so wichtig, sie genau zu betrachten, sie ernst zu nehmen, ihnen nachzuspüren.

»Kunst als Sprache des Unsagbaren«

Der Ausspruch Wassily Kandinskys von der »Kunst als Sprache des Unsagbaren« aus dem Jahre 1910 ist einer der Schlüssel zum Verständnis moderner, zeitgenössischer christlicher Kunst. Ganz ähnlich äußerten sich auch Paul Klee, wenn er sich zum Ziel setzte, »Geheimes durch Geheimes« darzustellen und später Marc Chagall: *»Es ist wichtig, die Elemente der Welt, die nicht sichtbar sind, darzustellen und nicht die Natur in ihren Erscheinungen zu reproduzieren.«*

Wenn dies das Ziel der Künstler war, dann erfordert das vom Betrachter noch genaueres Wahrnehmen und noch geduldigeres Deuten, um den verschlüsselten Bildaussagen dieser Bilder zur Bibel auf die Spur zu kommen.

Der Zugang zur modernen, oftmals avantgardistisch anmutenden Kunst wird allerdings dadurch erheblich erschwert, dass sie mit den überlieferten Maltraditionen bricht und oft schon durch ihr äußeres Erscheinungsbild herausfordert. Manchem Betrachter erscheint sie als zu farbig, zu schrill, auch hermetisch, inhaltlich als missverständlich, bisweilen als unästhetisch und sogar anstößig, widerspricht sie doch ganz den an traditioneller Kunst geschulten Sehgewohnheiten.

Das verwundert nicht, wenn man bedenkt, dass zeitgenössische Kunst sich oft unnachsichtig mit der Gegenwart und ihren Problemen auseinander setzt. Sie will aufrütteln, vielleicht sogar im einen oder anderen Fall bewusst schockieren. Leider wird sie aus diesem Grund oftmals vorschnell und unbesehen abgelehnt. Und vielen, die diese Kunst als Zugang zu biblischen Themen nutzen möchten, stellt sich die Frage: Warum soll man sich mit dieser sperrigen und gewöhnungsbedürftigen Kunst ausgerechnet im Unterricht, in der Gemeindearbeit oder im Gottesdienst befassen?

Impulse, die von der Kunst des 20. Jahrhunderts ausgehen können

Doch vieles spricht dafür, sich gerade mit diesen sperrigen Bildern zu beschäftigen und sie für sich und andere zu erschließen:

- Die Bilder sind noch neu und unverbraucht, sie wecken Interesse, sie machen neugierig.
- Wie Seismographen reagieren Künstler auf Zeitströmungen. Ihre Werke spiegeln die Weltsicht unserer Zeit. Es wäre unklug, diese Tendenzen nicht wahrzunehmen und sich mit dieser problematischen Thematik nicht auseinander zu setzen.
- Selbst die unbequemsten Bilder sprechen noch die überlieferte Bildersprache christlicher Symbolik. Besonders die Lichtsymbolik spielt dabei eine wichtige Rolle. Auch das Kreuz ist ein zentrales – wenn auch gelegentlich hinter einer ungewöhnlichen Form verborgenes – immer wiederkehrendes Zeichen.
- Es ist wichtig, den Wandel der christliche Symbolsprache im Vergleich mit anderen überlieferten Bildern zu erkennen und deuten zu lernen.
- Je schwieriger die Darstellungen erscheinen desto geduldigeres Hinsehen verlangen sie. Dabei wird »verlangsamendes Sehen« geschult, eine Maßnahme, die schon länger von Pädagogen gefordert und nun ganz aktuell und zugespitzt auf der 11. Dokumenta 2002 in Kassel mit dem Begriff der »Entschleunigung« in und mit der Kunst propagiert wurde. Es ist wichtig, im Zeitalter multimedialer Bilderfluten wieder zu üben, langsamer und genauer wahrzunehmen und dann das Erkannte sprachlich treffend und differenziert zu beschreiben.
- Moderne und zeitgenössische Kunst ist auch gerade deswegen im Unterricht und in der kirchlichen Bildungsarbeit so hilfreich, weil sie durch ihr nicht immer perfektes Erscheinungsbild – nach dem Motto »das kann ich auch« – viel unmittelbarer dazu einlädt, sich selbst ein Bild zu machen, ganz im Sinne von Joseph Beuys, der den ermutigenden Satz formulierte: »Jeder Mensch ist ein Künstler.«

Um das Arbeiten mit den folgenden sieben Bildbeispielen moderner und zeitgenössischer Kunst zu erleichtern, sind jedem Beispiel ausführliche, mit zahlreichen Nachzeichnungen bekannter Kunstwerke illustrierte Informationen zur überlieferten Ikonografie und Typologie des biblischen Themas und Anregungen zur eigenen kreativen Umsetzung beigefügt.

Sieben Bildbeispiele aus der Moderne

Licht und Raum – Meditative Abstraktion

RUPPRECHT GEIGER: »638/72« (1972)

»Gott ist weder dies noch das.
Wer da glaubt, dass er Gott erkannt habe,
und dabei irgendetwas erkennen würde,
der erkennte Gott nicht.«
MEISTER ECKHART

Dieses großflächige Bild Rupprecht Geigers ist ungegenständlich. Es besteht aus einer hellgrauen Farbfläche mit eingeschriebenem gelben Kreis. Eigentlich ist wenig zu sehen und doch ist das wenige von großer Bedeutung.

Sofort fällt der große gelbe Kreis ins Auge. Oder ist es eine graue Kreisfläche, umgeben von gelbem Rand? Bei genauerem Hinsehen – und das macht die Beschreibung nicht einfacher – ist der Kreis eigentlich kein makelloser Kreis, sondern eher ein leicht gestauchtes, von lichter Aura umgebenes Rund. Möglicherweise wäre es auch richtiger, überhaupt nur von einem gelben Ring in nebligem Grau zu sprechen und dann zu fragen: Warum ist das Gelb, das einem Strahlenkranz gleicht, so eng in das Bildviereck eingespannt, warum ist ihm nicht mehr Raum gegeben? Ein Rätselbild also?

RUPPRECHT GEIGER: »638/72« (1972),
Öl auf Leinwand, 200 × 205 cm,
Diözesanmuseum Freising

Nein, dies Bild ist kein Rätsel, wenn der Betrachtende nur Kreis und Rund, Gelb und Grau, Viereck und Quadrat zu deuten versteht und akzeptiert, dass auch von Figuren und Gegenständen gänzlich »entleerte« Bilder einen meditativ-religiösen Inhalt haben können.

Kreis und Rund

Wie in der alten Mythologie vieler Völker, spielen auch in der christlichen Religion und ihrer Kunst Ur-Symbole eine bedeutende Rolle. So steht der vollkommene Kreis – die Linie ohne Anfang und Ende – als Sinnbild für den sich immer wiederholenden Ablauf von Tages- und Jahreszeiten. Das Rund des Kreises ist zugleich Symbol für die Weite und Unendlichkeit des Himmels, für göttliche Vollkommenheit und für die Ewigkeit.

Die Farbe Gelb

Ähnlich steht es um die Farbe Gelb: Sie ist die Farbe der Sonne, sie bedeutet Wärme und Licht. In der Tradition der Farbensymbolik steht Gelb als Ersatzfarbe für kostbares, wie aus sich selbst leuchtendes Gold, das als Sinnbild göttlicher Vollkommenheit zu deuten ist und ebenso wie der Kreis für die Ewigkeit steht. Goldgründe auf mittelalterlichen Tafelbildern verweisen auf himmlisches Licht, auf das Wirken Gottes und seine Anwesenheit in der irdischen Welt. So sind z.B. goldene Strahlen auf Darstellungen der Verkündigung als Verbindungslinien zu denken zwischen Himmel und Erde, zwischen Gott und den Menschen. Nicht selten schwebt auf Darstellungen der Verkündigung die weiße Taube des Heiligen Geistes über Goldstrahlen zur Erde herab.

Die Zahl Vier und das Viereck

Der gelbe Strahlenkranz erscheint wie in die vier Seiten des Bildquadrates eingespannt. Entsprechend den vier Himmelsrichtungen, den vier Elementen, den vier Jahreszeiten und den vier Paradiesflüssen steht die Zahl Vier symbolisch für die Welt und versinnbildlicht die gesamte Schöpfung. So gesehen lassen Kreis und Gelb, eingeschrieben in die vier Seiten eines Vierecks, eine weitere Deutung zu: das Bild von Gott in Gottes eigener vollkommenen Schöpfung.

»Schwebend, gerundet, ruhig und in sich gerichtet«

So wollte der Künstler nach eigener Aussage diese Form gestalten. Die fast unmerkliche Stauchung lässt diesen Kreis nicht rollen, sondern verharren und ruhen, genau eingepasst in das ihn umgebende Bildviereck. Ein Bild, das nicht nur zur ruhigen Betrachtung einlädt, sondern auch dazu, sehen zu üben, auch feinste Nuancen und Veränderungen wahrzunehmen und darüber zu meditieren. Erleichtert wird dieses Wahrnehmen durch den sensiblen Umgang des Künstlers mit der Farbe.

Fein gesprühter Farbauftrag

Wie samten hingehaucht wirkt die Farbe auf die Leinwand aufgetragen. Keine noch so feine Pinselspur ist zu erkennen, keine Unebenheit auf der Bildfläche zu entdecken. An seiner Innenkante ist der gelbe Ring dicht und sattgelb. Zu den Rändern nach außen hin lässt die Dichte der Farbpartikel nach, der Ring wird schwächer, scheint langsam auszudünnen und sich schließlich ganz zu verlieren.

Das Geheimnis dieser scheinbar makellosen Farbfläche ist eine vor allem in der Werbegrafik verwendete Gestaltungstechnik, die Spritztechnik. Dabei werden flüssige Farben fein wie Nebel mit der Spritzpistole auf den Bildträger gesprüht. Je dichter die Farbe aufgetragen werden soll, desto länger und häufiger wird übersprüht. Es gehört viel Übung und Geschick dazu, vor allem große Farbflächen gleichmäßig zu bearbeiten. Geiger ist ein Meister dieser Technik, zu deren Ausdruckssteigerung er auch Leuchtfarben verwendet.

Von der Mystik der Farbe

Mit dieser Gestaltungs- und Ausdrucksweise entspricht Geiger der Vorstellung der von ihm 1949 mitbegründeten Künstlergruppe »Zen 49«, deren Ziel u.a. war, allein durch den Farbauftrag in verschiedener Konsistenz, Dichte und damit Farbtiefe und gänzlich losgelöst von gegenständlicher Malerei den Betrachter in mystische Bereiche, in »Farbräume« vordringen zu lassen. Wie dies auch im zeitgenössischen Kirchenbau gelingen kann, zeigt die von Geiger gestaltete Stirnwand der St. Ludwigskirche in Ibbenbüren (1971). Sie zeigt – dem hier vorgestellten Bild vergleichbar – vor hellem Grund ein monumentales, leicht gestauchtes monochromes Rund von tiefem Rot, in das der Betrachter wie in ein großes, aufgeladenes Wahrnehmungsfeld einzutauchen und sich zu versenken beginnt.

Farbe und Licht – Die geistige Dimension der Farbe

Farben erhalten ihre Leuchtkraft erst durch das Licht. Je nach Lichteinfall und Intensität scheinen besonders monochrome Farbflächen wie aus sich selbst heraus zu leuchten. Bei längerem konzentrierten Hinsehen beginnen sie zu flirren. Lichtwellen scheinen sich in dieser sog. »Farbfeldmalerei« auszubreiten, sie scheinen zu pulsieren. So gewinnt die Farbe zum Raum hin Tiefe. Sie erfasst und bewegt den

Betrachter, entwickelt geistige Materie. Geiger selbst spricht »von der Mystik der Farbe, von ihrer geistigen und spirituellen Dimension«. Geigers »Gerundetes Gelb« hat diese geistige Dimension, die den Betrachter über ewiges, göttliches Wirken meditieren lässt.

Notizen zur Biografie

Geboren 1908 in München. 1926–29 Architekturstudium, 1937 Heirat, 1941 zum Militär eingezogen, Kriegsmaler zunächst in der Ukraine, später in Griechenland. Das Erlebnis tief herabgezogener Horizonte und intensiver Farbspiele russischer Himmel, die Weite und Ruhe innerhalb des kriegerischen Chaos beeindruckten Geiger tief. Hier begann er zu malen, hier entwickelte sich sein Interesse für die Wechselwirkungen von Licht und Farbe.

Nach Kriegsende bis 1961 als Architekt tätig. 1949 Mitbegründer der Künstlergruppe »Zen 49«, einer Gruppe von »Gegenstandslosen«, die aus Protest und als Reaktion auf die Kritik der Öffentlichkeit gegenüber »abstrakter Malerei« zusammenfand und sich zugleich in der Tradition des »Blauen Reiter« sah. 1965–76 Professur an der Kunstakademie Düsseldorf, Gedankenaustausch mit Joseph Beuys, 1975 Buchveröffentlichung: »Farbe ist Element«.

Geigers Arbeiten sind weltweit geachtet. Außer in Museen sind sie auch in Kirchen (s.o.) und öffentlichen Räumen zu sehen, z.B. als »Kunst in der U-Bahn München« (Station Machtlfinger Straße). Historisch gesehen besteht eine geistige Verwandtschaft mit den Malern der russischen Avantgarde, mit Malewitsch und Rodtschenko (Abstrakte Geometrie), ebenso mit den Amerikanern Mark Rothko und Barnett Newman. Geiger gilt als einer der Entdecker der reinen Farbe und der Farbfeldmalerei, die bis hin zum »Farblichtraum« reicht. Dies Phänomen steigert er durch die Verwendung fluoreszierender Leuchtfarbenpartikel. Farbe ist für ihn ein Urelement, wie Luft, Wasser, Feuer, Licht und Erde. Mit zunehmender Entmaterialisierung und Minimalisierung des Bildgegenstandes, die bis hin zur »Entpersönlichung« des Farbauftrages mithilfe der feinstäubenden Spritzpistole führt, gelingt es ihm, die mystische Wirkung der Farbe zu zeigen.

Literaturhinweise

Rupprecht Geiger. Katalog zu Ausstellungen in St. Petersburg, Dresden und München, Ostfildern 1994

Gottesbild – Bilder des Unsichtbaren (Diözesanmuseum Freising), Regensburg 1997 (das Bild ist dort mit einem anderen Titel angegeben)

Horst Schwebel: Bildverweigerung im Bild. In: Mertin, Andreas/Schwebel, Horst (Hrsg.): Kirche und moderne Kunst. Eine aktuelle Dokumentation, Frankfurt a. M. 1988, S. 113–123

Zur Typologie und Ikonografie des Gottesbildes in der Kunstgeschichte

Bilderstreit: Ist es erlaubt, sich ein Bild von Gott zu machen?

Die Darstellung Gottes im Bild wurde von den Kirchenvätern lange Zeit verurteilt. Sie befolgten damit das erste Gebot: »Du sollst dir kein Gottesbild machen« (Ex 20,4). Andererseits spricht auch die Bibel in menschlichen Darstellungen von Gott. Deshalb wurde die Frage, ob man sich ein Bild von ihm machen dürfe, lange Zeit kontrovers diskutiert. So sehen wir durch die Jahrhunderte bis heute die verschiedensten Ansätze, Gott darzustellen bzw. Zeichen und Sinnbilder für sein Dasein zu finden.

Schöpfergott und Jesus

Vor allem die Vorstellung Gottes im Zusammenhang mit der Schöpfungsgeschichte hat Künstler zu immer neuen Bildideen herausgefordert. Sei es, dass sie ihn sich wie einen Baumeister mit dem Zirkel über der Erdscheibe vorstellten oder ihn im Zyklus der Schöpfungstage malten. Dargestellt wird allerdings bis ins 12. Jh. hinein beim Schöpfungswerk fast ausschließlich Christus, der präexistente Logos: Er ist als noch jugendlicher bärtiger Mann neben den Gestirnen, den Pflanzen und Tieren oder neben Adam und Eva zu sehen. Oft ist auf dem goldenen Heiligenschein ein Kreuz zu erkennen (→ Kreuznimbus), ein sichtbarer Hinweis darauf, dass Gott hier in der Gestalt seines Sohnes gemeint ist, in Anlehnung an Paulus, der Jesus als »Ebenbild des unsichtbaren Gottes« (Kol 1,15) bezeichnete. So sollten sich die Betrachter in der Gestalt Jesu doch zugleich Gott Vater, den Schöpfergott, mitdenken, wie auch auf Darstellungen Jesu als → »Pantokrator«.

Gott als greiser Vater

Im Zeitalter der Renaissance nahm die Scheu, Gott konkret bildlich darzustellen, ab. So schuf ihn Michelangelo auf den Deckengemälden der Sixtinischen Kapelle als eine kraftvoll mächtige Schöpferfigur mit realistischen Gesichtszügen. In der Spätrenaissance, vor allem auf Deckengewölben des Barock mehrten sich Beispiele des »ewigen Vaters«, teils mit wallendem Bart, mit der Weltkugel, auf Wolken thronend oder in einer Engelsgloriole. Beliebt war auch, ihn im Zusammenhang mit dem Marienleben sichtbar darzustellen, etwa bei der Verkündigung, der Geburt Christi oder der Krönung Mariens.

Sinnbildliche Darstellungen Gottes und der Dreifaltigkeit

Schon seit frühchristlicher Zeit wird Gott auch sinnbildlich dargestellt, als »Hand Gottes«, die aus einer Wolke herabreicht oder im Bild des »brennenden Dornbuschs«. Da nach der christlichen Trinitätslehre Gott Vater, Christus und der Heilige Geist eins sind, wurden sie auch als drei aneinander gerückte Personen dargestellt. Sogar Abbildungen von einem Körper mit einem dreigesichtigen Kopf kamen auf. Diese »monströse« Darstellung der Trinität verboten Papst Urban VIII. (1628) und Benedikt XIV. (1745). Etwa seit dem 15. Jh. wurde das Sinnbild des gleichseitigen Dreiecks mit dem eingeschlossenen Auge Gottes beliebtes Zeichen, so auf Caspar David Friedrichs Tetschener Altar (Abb. 15 u. 95).

Später ordnete man die drei Symbole Hand Gottes, Lamm und Taube einander zu (Genter Altar, 1432). Auch drei Fische, zu einem gleichschenkligen Dreieck verbunden, stehen als Symbol für die Dreifaltigkeit. Die drei im Kreis angeordneten Hasen mit nur drei Ohren dagegen versinnbildlichen wohl nicht die Heilige Dreifaltigkeit, sondern als »Mondtiere« den Lauf des Mondes und damit die Flüchtigkeit der Zeit (→ Kosmos).

Darstellungen neuerer Zeit greifen auf ganz unterschiedliche Lösungen zurück. Beispiele dafür sind die barocke Wallfahrtskirche Aufkirchen am Starnberger See (1626, Abb. 17), wo die Lehre von der Dreifaltigkeit in Kurzform als Rundornament an der Stuckdecke zu lesen ist, oder Gottvater in der Engelsgloriole an der im 19. Jh. gemalten Decke von St. Peter und Paul in Feldafing (Abb. 18) und Emil Noldes Darstellung Gottes als der große Gärtner (1940).

Gnadenstuhl und trauernder Vater

Eine Sonderform ist seit dem 12. Jh. der sog. »Gnadenstuhl«. Über oder bei Gott Vater, der das Kreuz mit seinem Sohn hält, ist oft auch die Taube des Heiligen Geistes abgebildet (Abb. 11). Ab dem 14. Jh. ist gelegentlich auch Gott Vater trauernd mit Jesus als Schmerzensmann dargestellt (Gottvater-Pietà). Tizian schuf mit seinem »Triumph der Dreifaltigkeit« einen Bildtypus, der viele Nachahmer (so Dürer) fand (Abb. 13). Er stellte Gott, den Vater gemeinsam mit Jesus auf einem Wolkenthron dar, über dem die Taube schwebt, darunter hierarchisch angeordnet die Kirchenväter und Patriarchen.

Gold, Goldgrund und Gelb – Farben göttlichen Lichts

Die Verwendung von Blattgold, dem edelsten und kostbarsten Metall, auf Bildwerken des Mittelalters und der Buchmalerei versinnbildlicht göttliche Vollkommenheit, Ewigkeit und himmlisches Licht. Ein Goldgrund ist glänzend, aber undurchdringlich. Er kann Zeichen sein für göttliche Herrlichkeit und enthebt eine Bildszene damit der irdischen Alltäglichkeit. Gold symbolisiert himmlische Regionen. Irdische Realität bleibt ausgeschlossen. »Der Goldglanz ist als Spender eines irrealen Lichtglanzes auf die Phänomene des Raumes und der Fläche hin offen« (Wolfgang Schöne, Über das Licht in der Malerei, Berlin 1954, S. 64). Ein Beispiel unserer Zeit ist die ganz mit Gold ausgekleidete Gnadenkapelle der Jesus-Bruderschaft Vollerode.

Gelb als Farbe der Sonne und damit des göttlichen Lichtes und zugleich der Ewigkeit kann auf Bildern der Neuzeit das Gold des Mittelalters mit seinem Symbolgehalt ersetzen.

Gottesbilder. Ein Gang durch die Kunstgeschichte ➤

1 Elfenbeinrelief, Budapest, 11. Jh.

2 Der Schöpfergott als Baumeister der Welt,
Bible moralisée, Frankreich,
Mitte 13. Jh.

3 Miniatur aus der Bibel des
Matteo de Planisio, Neapel, 1362

4 Meister Bertram, Erschaffung der Tiere,
Hochaltar von St. Petri,
Kunsthalle Hamburg, um 1380

5 Gott erschafft die vier Elemente,
Belbello da Pavia, »Este Bibel«,
Ferrara, um 1434

6 Erschaffung der Welt,
Gewölbemalerei,
St. Marien, Pirna, um 1546

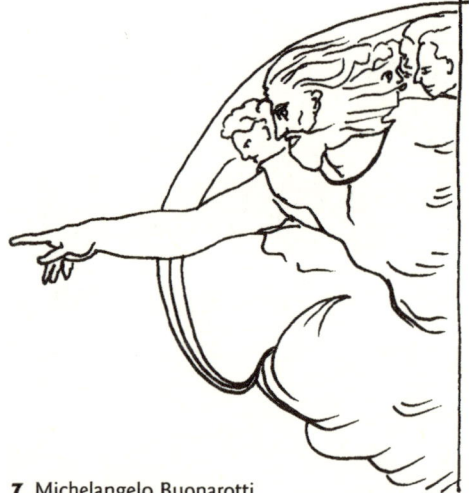

7 Michelangelo Buonarotti
(1475–1564), Deckengemälde der
Sixtinischen Kapelle (Ausschnitt)

8 Meister Bertram, Verkündigung, Petrialtar,
Kunsthalle Hamburg, um 1380

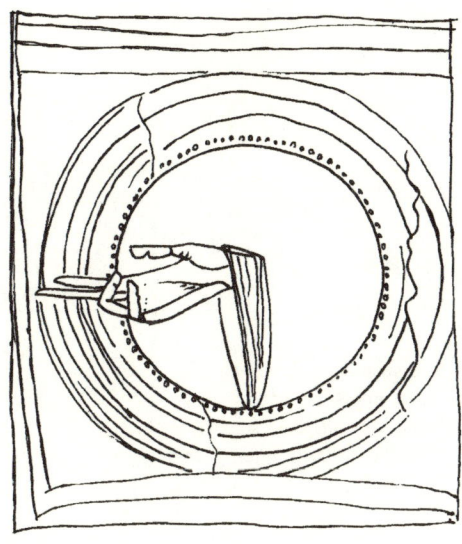

9 Hand Gottes, Wandbild, San Clemente, Tahull, Spanien, 13. Jh.

10 Mose vor dem brennenden Dornbusch, Glasbild, Stiftskirche Wimpfen im Tal, um 1350

11 Vater, Sohn und Hl. Geist, Landgrafenpsalter, um 1212

12 Trinitätsdarstellung, Deckenfresko, St. Jakob, Urschalling (Chiemsee), 13./14. Jh.

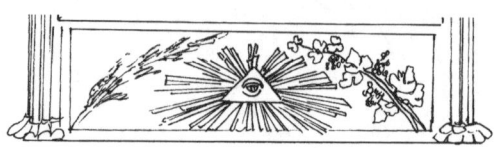

15 Caspar David Friedrich,
Dreieck mit Auge Gottes,
(Ausschnitt aus dem Tetschener Altar)
Staatliche Kunstsammlung Dresden, ·
1807/1808

13 Albrecht Dürer, Allerheiligenbild,
Kunsthistorisches Museum, Wien, 1511

14 Drei Fische, Symbol der Dreifaltigkeit,
frühchristliches Taufgefäß, Seeland

16 Gnadenstuhl,
Wiesenkirche Soest, 13. Jh.

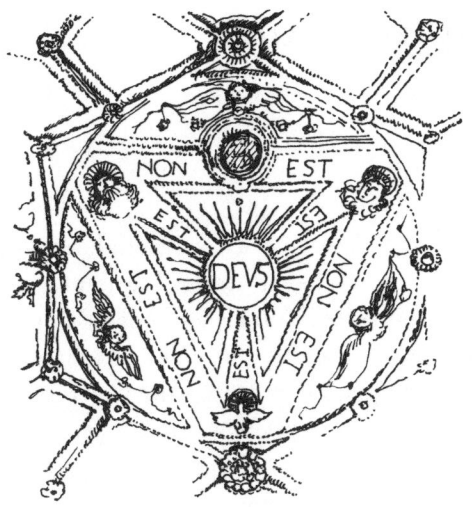

17 Darstellung der Dreifaltigkeitslehre, Wallfahrtskirche Mariä Himmelfahrt, Aufkirchen, 1626

18 Gottvater in der Engelsglorie, Deckenmalerei, St. Peter und Paul, Feldafing, 19. Jh.

GOTTESBILDER – THEOLOGISCHE UND DIDAKTISCHE ZUGÄNGE

Unter den Bildern von Gott in der christlichen Kunst ist wohl Michelangelos Erschaffung des Adam in der Sixtinischen Kapelle das bekannteste. Mit dem wallenden Bart entspricht die Gottesdarstellung den Bildern und Klischees in vielen Köpfen: Gott als Greis, als alter Mann. War das der Sündenfall der christlichen Kunst? In der Religionspädagogik war es vor wenigen Jahrzehnten noch verpönt, mit Kindern Bilder von Gott zu malen. Die anthropomorphen Vorstellungen vom alten Mann mit langem Gewand sollten der Vergangenheit angehören. Was aber war als Ersatz gedacht? Ist der Verzicht auf jegliche Vorstellung von Gott angemessener?

Transzendenz und Immanenz

Im Nachdenken über Gott zeigen sich – in allen drei monotheistischen Weltreligionen, Judentum, Christentum und Islam – zwei gegenläufige Bewegungen. Zum einen gilt es, das Gottesbild vor menschlichen Festlegungen und Vereinnahmungen zu schützen. Gott ist allen menschlichen Vorstellungen voraus, lässt sich in ihnen nicht erfassen und festlegen. Seine Sphäre ist nicht das unserer Wirklichkeit zugehörige Immanente, sondern das ihr Ferne, Andersartige, Transzendente. Dem wurde in der Kunst mit der Beachtung des sog. Bilderverbots (Ex 20,4) Rechnung getragen, im Judentum und Islam noch viel konsequenter als im Christentum. In der Synagoge ist ein Menschenbild undenkbar, in der Moschee sogar jede gegenständliche Darstellung.

Auf der anderen Seite lebt der Glaube an den einen Gott davon, dass Gott in unserer Welt erfahrbar geworden ist, sich Menschen geoffenbart hat und damit in unsere Wirklichkeit eingetreten ist. In Bibel und Koran wird überliefert, wie Menschen mit Gott in Verbindung getreten sind, Weisungen entgegengenommen, Zusagen und Versprechen, Führung und Begleitung erfahren haben. Im Alten Testament ist viel von menschlichen Zügen Gottes die Rede, von Zuneigung und Liebe, von Ärger und Zorn, von Enttäuschung und Reue. In seinen Worten wird Gott zugänglich, in seinem Reden zu den Menschen von Abraham bis zu den Propheten und auch im Reden der Menschen mit Gott. Vor allem im jüdischen Gebet wird der nahe Gott erfahrbar, mit dem auch gestritten werden kann. Im Islam ist diese Brücke Gottes in die Welt der Menschen hinein das Buch der Offenbarung, der Koran. Der kalligrafischen Gestaltung seiner Sätze gilt alle künstlerische Hingabe. Und im Christentum wird Gott im Mensch gewordenen Wort Gottes anschaulich und vorstellbar. In den Christusdarstellungen ist so mit dem Sohn Gottes auch Gott selbst mitgedacht. Und über die menschlichen Bilder von Jesus, in dem sich Gott zu erkennen gegeben hat, ziehen zugleich die Bilder von Gott in die Vorstellungen der Gläubigen ein. Christus und Gott werden in gewisser Weise verwechselbar, etwa in den Pantokrator-Mosaiken oder in Schöpfungsbildern, in denen eigentlich Christus dargestellt wird, der die Welt erschaffende Gottessohn, der von allem Anfang schon bei Gott ist. Es ist nur eine Frage der Zeit, bis sich die Gottes- und Christusbilder voneinander scheiden. Und so wird der Weg frei für den alten Mann mit Bart, bis hin zu den Illustrationen, auf denen er freundlich von einer Wolkenbank herablächelt. Auch die Vorstellungen von dem männlichen Gott verankern sich so tief in den Gottesbildern der Gläubigen.

Bilder halten die Dynamik der Gottesvorstellungen wach

Beim genaueren Hinsehen aber zeigt sich, wie die Künstler in diesem Sog zur Immanenz doch immer auch versucht haben, die Jenseitigkeit Gottes festzuhalten. Da steht Gott der Schöpfung gegenüber, außerhalb von ihr. Handgesten drücken sowohl Nähe als auch Distanz aus. Das gilt auch für Michelangelos berühmtes Fresko. Unter diesem Vorzeichen bekommen die anthropomorphen Gottesbilder der Kunst in der religiösen Unterweisung eine wichtige Funktion. Sie legitimieren zum einen die eigenen Bilder der Kinder von Gott. Kinder brauchen anschauliche Bilder von dem, was ihnen lieb und wert ist. Indem sie zu Gott beten, bilden sie auch ihre Vorstellungen von diesem Gegenüber aus, zu denen meist das freundlich zugewandte Gesicht gehört. Und so entstehen ihre selbst geschaffenen Bilder von Gott. Sie sollten ihnen nicht verwehrt werden. Wichtig sind aber auch Anstöße, die das Andersartige Gottes ins Spiel bringen, nicht als ablehnende Kritik, sondern als Impulse zum Weiterdenken und Weitermalen. Wie kann das zum Ausdruck kommen, dass Gott auch das Jenseits unserer Welt und unserer Vorstellungen ist? Das Bilderverbot erscheint damit nicht als Ablehnung der kindlichen Vorstellungen, sondern als Anstoß zum produktiven Weiterentwickeln, indem beispielsweise anthropomorphe Einzelzüge immer mehr zurückgenommen werden. Da malt etwa ein kleines Kind im Kindergarten zuerst sein Bild von Gott ganz in menschlichen Zügen und löscht diese dann nach und nach mit Deckweiß aus. Andere Kinder färben ihr gegenstandsloses Bild mit goldener bzw. gelber oder weißer Farbe ein. Aus der frühen Buchmalerei ist der zum Kreis geschlossene Regenbogen bekannt, in dem die anthropomorphen Züge Gottes auf die weisende bzw. segnende Hand reduziert sind.

In diese Richtung weist auch das Bild Geigers. Der Kreis, das vollkommene Licht weisen auf Gottes Transzendenz hin. Der viereckige Rahmen, gewissermaßen als der Rahmen unserer Vorstellungswelt, signalisiert weltliche Immanenz. Die Stauchung des Kreises kann so als Anzeige des Offenbarungsgeschehens gelesen werden. Auf der Innenseite des Runds, dort, wo die Farbintensität am dichtesten wird, bricht sie auch unvermittelt ab. Dort, wo die göttliche Energie in die Welt eintritt, kommt die hohe Abstraktion zugleich an ihre Grenzen. Immer weniger Christen kommen mit den Vorstellungen von einem persönlichen Gott zurecht. Abstrakte Vorstellungen von göttlicher Energie erscheinen ihnen zugänglicher. Aussagen des Johannesevangeliums von Gott und Jesus Christus als dem Licht unterstützen dies. Gottes Offenbarung geschieht dementsprechend, indem dieses Licht in unserer Welt zum Leuchten kommt. Geigers Bild lässt sich auch in diesem Sinne deuten. Aber gleichzeitig halten viele Zeitgenossen mit der Zurückweisung der Person-Vorstellung von Gott doch auch an der personalen Beziehung im Gebet fest. Abstrakte Gottesbilder helfen hier nur bedingt weiter.

Für die Begleitung der individuellen Vorstellungen von Gott können beide Bildtraditionen wichtige Impulse geben. Sie drängen zum einen zur Weiterentwicklung der anthropomorph-konkreten Bilder von Gott hin zu abstrakteren und hintergründigeren Vorstellungen. Sie geben Raum für das Zurücklassen der anschaulichen Kinderbilder von Gott und halten zum anderen zugleich die Aufgabe fest, dem Wirken Gottes in unserer Welt nachzugehen und nach angemessenen und auch anschaulichen Worten und Bildern dafür zu suchen. Wenn Christen heute nach ihrem Glauben gefragt werden, dann geht es darum, wie Gottes Wirksamkeit in unserer Welt zu denken sei. Und wie bei den Bildern kann es da keine abschließenden Antworten geben. Glaubwürdig sind vielmehr die Versuche, immer wieder neu den Glauben an Gottes wirksame Präsenz in unserer Welt zum Ausdruck zu bringen. Bilder von Gott helfen mit, solche Suchbewegungen in Gang zu bringen und in Bewegung zu halten. Und genau damit werden sie dem alttestamentlichen Bilderverbot gerecht, indem sie sich gegen unveränderlich gültige Vorstellungen wehren und für motivierende Dynamik zwischen Konkretion und Abstraktion sorgen, die der theologischen Dynamik zwischen Gottes Transzendenz und Immanenz auf der Spur bleibt.

KREATIVE UMSETZUNG: GÖTTLICHES LICHT AUFLEUCHTEN LASSEN

Das Licht als Sinnbild für Göttliches lässt sich am besten frühmorgens in einem Kirchenraum begreifen, durch dessen farbige Fenster das Sonnenlicht in den Chor fällt und dort vielleicht das Gold einer Altartafel aufleuchten lässt. Ein wenig von dieser strahlenden Lichtfülle lässt sich aber auch beim Malen mit intensiv gelber Farbe oder mit transparenten gelben und orangefarbenen Papieren bewusst machen. Es wird auch Kindern nicht nur viel Freude machen, die verschiedenen Lichtintensitäten und die Strahlkraft der Farbe Gelb und anderer Farben zu erforschen, sie lernen zugleich auf unterschiedliche Farbqualitäten zu achten und Licht in den verschiedensten Formen wahrzunehmen.

Mit Symbolen und reinen Farben arbeiten

Wer sich nicht traut, figürlich oder realistisch zu malen, zu zeichnen oder zu gestalten, kann nach dem Vorbild zeitgenössischer Künstler versuchen, sich ungegenständlich mit überlieferten Symbolen auszudrücken, zumal bei einem Thema wie diesem, das ohnehin besser nicht gegenständlich behandelt wird.

Das Arbeiten mit Kreis und Rund, mit Drei- und Viereck und mit lichten, leuchtenden Farben ist ein ebenso einfacher wie wirkungsvoller Vorschlag, am besten mit transparenten, wie aus sich selbst leuchtenden einfarbigen Farbpapieren, mit Gelb und Orange vor leuchtendem Blau.

Ein leuchtendes Fensterbild

Schöne Wirkungen lassen sich mit Transparentpapier erzielen: Zu Beginn einen gelben Kreis in ein blaues Quadrat einpassen, dann mehrere Kreise mit verschiedenem Radius zentriert so übereinander kleben, dass durch die Mehrschichtigkeit gleichfarbiger übereinander liegender Papiere die Farbintensität weiter vertieft wird.

Samtigen Farbauftrag spritzen oder sprühen

Auch ohne teure Hilfsmittel lässt sich Farbe fein über die Papierfläche verteilt sprühen, z.B. mit einem Fixativ-Röhrchen oder noch einfacher mithilfe einer alten Zahnbürste, deren in Farbe eingetauchte Borsten zunächst mit dem Daumen zurückgebogen wurden und dann beim Zurückschnellen Farbe verspritzen. Das kann direkt auf Papier geschehen oder noch raffinierter in mehreren Durchgängen auch über Schablonen (Dreieck, Kreis). Ein wenig Übung ist nötig, aber: Spritzen macht sehr viel Spaß! Am liebsten würden Schüler wohl mit Farbdosen sprühen, um ihren Vorbildern, den Sprayern nachzueifern. Allerdings ist das nicht nur teuer, sondern auch wegen der mit Lösungsmitteln versetzten Acrylfarben nicht ungefährlich.

Vom Schweben der Farben und dem inneren Klang der Bilder

WASSILY KANDINSKY: »PARADIES« (1911/12)

»Kunst ist das Sprechen vom Geheimen durch Geheimes.«
WASSILY KANDINSKY

Dieses kleine Aquarell aus dem Bestand des Lenbachhauses in München ist eines der schönsten, vielleicht sogar eines der kunstgeschichtlich bedeutendsten Werke Kandinskys. Es zeigt seine frühen Bemühungen um Abstraktion und ist ein Versuch, »das Schweben der Farben etc. ›ohne Grund und Boden‹ ...« zu erreichen (Ringbom, S. 97). Inmitten einer farbenfroh, spontan und locker hingetupften Landschaft ist, nur mit wenigen Umrisslinien skizziert, ein Menschenpaar in inniger Zuneigung zu sehen.

Adam und Eva im Farbenparadies

In dem leicht aus der Bildmitte nach rechts gerückten Paar sind unschwer Adam und Eva zu erkennen. Die beiden wandeln eng umschlungen. Eva hält die verbotene Frucht in der linken Hand. Sorglos scheinen sie den Augenblick in der beschwingten, leicht hügelig angedeuteten Paradieslandschaft auszukosten. Es macht Freude, sich von der Leichtigkeit der Farben mitnehmen zu lassen und vom Paradies zu träumen. Da leuchtet großflächig helles Zitronengelb auf, das, von Weiß und einer zartrosa Aura umgeben, fast aufstrahlt. Rechts oben sind sattgelbe Flecken zu sehen und ein großes Rund von tiefem Bordeaux-Rot. Ein wenig Ultramarinblau hinter den beiden Menschenköpfen hebt diese gut sichtbar hervor, ebenso wie das zweierlei helle Grün neben ihren Körpern.

Doch irgendetwas stört diese scheinbar vollkommene Harmonie. Sind es die schmutziggrauen Farbflecken links, die so gar nicht zu den sonst klaren Farben passen oder ist es das unerklärlich spitze rote Dreieck zu ihren Füßen?

33

Schwebende Formen und sich verhakende Konturen

Zwar lässt viel Weiß das Blatt weitgehend offen, gibt den Farben Raum sich auszubreiten, zu fließen und zu schweben. Nichts hat einen festen Stand. Linien beginnen irgendwo, scheinbar unmotiviert und enden abrupt. Wie schwarze Chiffren sind sie eingesetzt: deutbar etwa als Hügellinie, als Weg oder Baum oder unerwartet zu Füßen des Paares. Dort mehren sie sich, dort wird es seltsam eng und schwarze Zacken scheinen sich ineinander zu verhaken. Was bahnt sich da an, zu Füßen des ersten Menschenpaares?

Schlangenlinie und »schwebendes« Schwarz

Scheint der paradiesische Zustand auf den ersten Blick noch in Ordnung, ist der Apfel zwar schon gepflückt, aber noch nicht verzehrt, so sieht man hier doch den Weg bereits versperrt und es stellen sich wie eine Vorahnung Assoziationen bekannter Bilder von der Vertreibung aus dem Paradies ein. So gesehen sind die schwarz geringelte Kontur und das grün-rot gemusterte Schlangenzeichen unten im Bild ebenso bedeutsam wie die Symbolik der Farben Gelb für wärmendes göttliches Licht, wie das kraftvolle symbolische Rot und das »schwebende«, doch seltsam schwer anmutende Schwarz in unmittelbarer Nähe des Apfels.

Kandinsky und das Okkulte

Seit langem beschäftigt Kunsthistoriker Kandinskys Interesse für die damals aufkommende Mode des Okkultismus, für die Schriften zur Theosophie und für die Lehren Rudolf Steiners. Es ist bekannt, dass Kandinsky sich in den Jahren seines Weges zur Abstraktion, also gerade zur Zeit der Entstehung diese Blattes, mit diesen damals viel diskutierten Strömungen auseinander setzte (vgl. Ringbom, S. 85–101). Auf der Suche nach philosophischen Fundamenten für seine Abkehr von der gegenständlichen Malerei und für seine autonome Behandlung der von der Umgrenzung befreiten Farbe, die er ähnlich farbigen Wolken einsetzte, haben ihn diese Schriften fasziniert und in seiner Malerei bestätigt. Vor allem das auffällige Schwarz, das Kandinsky selbst »wie ein totes Nichts nach dem Erlöschen der Sonne« charakterisiert, wäre dann als Gegengewicht des positiven Sonnenlichtes mit weißer und zartrosa Aura links im Bild zu deuten. Auch erhält dann der schwarze Flecken neben dem Apfel in Evas Hand eine bedrohliche Bedeutung. Er verstärkt das Symbol der Schlange und verweist wie sie auf das nahende Unheil des Sündenfalls.

WASSILY KANDINSKY: »PARADIES« (1911/12),
Tuschpinsel und Aquarell über Bleistift,
auf Pappe montiert, 24,0 × 16,0 cm,
Städtische Galerie im Lenbachhaus, München
© VG Bild-Kunst, Bonn 2010

Vom inneren Klang der Bilder – Briefwechsel mit Arnold Schönberg

In die gleiche Zeit fällt auch die Bekanntschaft mit dem Zwölfton-Komponisten Arnold Schönberg. Kandinsky begann sich wie ein Musiker mit dem Klang der Farben auseinander zu setzen. In seinen Schriften spricht er vom Wesen der Farbe und ihrem absoluten, psychologischen und akustischen Charakter. Mit dem ihm befreundeten Komponisten, dessen Harmonielehre zur gleichen Zeit entstand, tauschte sich Kandinsky in einem umfangreichen Briefwechsel aus und sprach »vom inneren Klang der Bilder«. In diesem Sinn charakterisiert Will Grohmann Kandinskys bildnerische Leistung: »*ich würde sie nicht expressionistisch nennen, wie es meist geschieht, sondern improvisierend oder kompositionell, lyrisch oder dramatisch, ugenhaft oder symphonisch*« (in: Erika Hanfstaengl, S. 10).

So gesehen malte Kandinsky das Paradies wie eine Komposition zarter, wie hingehauchter Sphärenklänge, zwischen denen sich allerdings – den Worten der Bibel folgend – schon wie Donnergrollen und tiefschwarz der Sündenfall ankündigt.

Notizen zur Biografie

1866 in Moskau geboren, studierte Kandinsky 1886–1892 Recht und Volkswirtschaft und heiratete seine Cousine Anja (1911 geschieden.) 1896 übersiedelte er nach München, studierte Malerei bei Franz Stuck und wurde 1901 Mitbegründer der Malschule Phalanx. Dort lernte er Gabriele Münter kennen. Gemeinsame Reisen folgten.

1911 begann ein Briefwechsel mit Arnold Schönberg. Im gleichen Jahr veröffentlichte Kandinsky seine Schrift »Über das Geistige in der Kunst«. Er freundete sich mit Marc, Kubin, Klee, Macke, Schönberg und dem Dichter Karl Wolfskehl an und wurde 1912 zum Mitbegründer des »Blauen Reiter« in München

Nach dem Ausbruch des Ersten Weltkriegs ging Kandinsky 1917 wieder nach Moskau und heiratete dort Nina Andreevskaja. 1921 kehrte er nach Deutschland zurück. Er ging zunächst nach Berlin und nahm 1922 ein Lehramt am Bauhaus in Weimar, später Dessau, an.

1933 verließ Kandinsky nach endgültiger Schließung des Bauhauses Deutschland und lebte seit 1934 in Neuilly-sur-Seine bei Paris, wo er 1944 starb.

Literaturhinweise

Erika Hanfstaengl: Wassily Kandinsky. Zeichnungen und Aquarelle. Katalog der Sammlung in der Städtischen Galerie im Lenbachhaus München, München 1974/1981

Wassily Kandinsky: Über das Geistige in der Kunst, 8. Aufl. Bern 1965

Wassily Kandinsky und Arnold Schönberg: Der Briefwechsel 1911–1936, hrsg. v. Jelena Hahl-Koch, Stuttgart 1983

Sixten Ringbom: Kandinsky und das Okkulte. In: Kandinsky und München. Begegnungen und Wandlungen. 1896–1914, hrsg. v. Armin Zweite, München 1982, S. 85–101

Zur Typologie und Ikonografie des Bildthemas Adam und Eva im Paradies

Seit dem frühen 3. Jh., auf Fresken in Katakomben und auf Sarkophagreliefs, ist die Geschichte des ersten Menschenpaares in der christlichen Kunst ein Bildthema. Wie im Buch Genesis beschrieben, werden Mann und Frau nackt dargestellt, aber noch nicht realistisch, wie z.B. an der Adamspforte des Bamberger Doms (um 1230). Später, zur Zeit der Renaissance, als Künstler sich ein genaueres Bild von der Natur machten, war dieses biblische Thema gern genutzter Anlass, den schön gestalteten männlichen und weiblichen Akt ins Bild zu setzen (so Jan van Eyck im Genter Altar, 1432) oder um die Proportionen des ideal-schönen Menschen zu entwickeln (Dürer, Cranach, Michelangelo, Raffael u.a.) bzw. die Natur in ihrer Fülle der Pflanzen und Tiere als irdisches Paradies darzustellen.

Bevorzugt wurden vor allem drei Szenen dargestellt: die Erschaffung von Adam und Eva, der Sündenfall und die Vertreibung aus dem Paradies. Viele Darstellungen finden sich auch in der Buchmalerei. Im Barock lässt das Interesse an der Schöpfungsgeschichte nach. Im 20. Jh. setzen sich z.B. Lovis Corinth, Max Beckmann, Franz Marc, Wassily Kandinsky und Marc Chagall (Verve Bibel) mit dem Thema der Schöpfung auseinander. Bemerkenswert ist auch die gemeinsame Gestaltung eines Paradies-Wandbildes der befreundeten Maler Franz Marc und August Macke 1912, heute im Westfälischen Landesmuseum, Münster.

Das Paradies – Der Garten Eden

In der Schöpfungsgeschichte (Gen 2,8–15) wird das Paradies als ein lieblicher, mit Blumen und Bäumen bewachsener Ort beschrieben, den ein Strom mit vier Flüssen, ähnlich einer Oase, bewässert. Auf frühen Darstellungen meist auf den Baum der Erkenntnis reduziert, werden ab ca. 1400 mit zunehmendem Interesse an der Natur idyllische Gärten mit allerlei Pflanzen und Tieren abgebildet. Zugleich kommt das Genre des → »Paradiesgärtleins« auf, in dem hinter verschlossenen Mauern, mit verschlossener Pforte (Sinnbild der Jungfräulichkeit) und hinter einer hohen Hecke Maria mit dem Jesuskind auf einer Rasenbank oder auf einer mit Blumen umgebenen Wiese sitzt. Dieser verschlossene Garten (hortus conclusus) hat auch für die Darstellungen von »Maria im Rosenhag« und auf Verkündigungsdarstellungen seine Bedeutung. → Mariensymbole, → Pflanzensymbolik → Paradiesflüsse.

Der Baum der Erkenntnis

In der Schöpfungsgeschichte (Gen 2,9) lässt Gott zwei besondere Bäume wachsen, den Baum des Lebens und den Baum der Erkenntnis von gut und böse. In frühchristlicher Kunst ist der Baum des Lebens oft als → Palme oder auch als → Weinstock dargestellt. Im Mittelalter wurden Vorstellungen vom Paradiesbaum mit dem Kreuz verknüpft, denn der Baum des Lebens ist zugleich Sinnbild für das Kreuz Jesu und das durch seinen Kreuzestod erwirkte ewige Leben. Seit dem frühen 5. Jh. sind Darstellungen des Kreuzes als Lebensbaum mit stilisierten Blättern und Früchten, mit Astansätzen, die auf lebendes Holz hinweisen, beliebt. Auf typologischen Gegenüberstellungen des AT zum NT entspricht der Baum der Erkenntnis (Sündenfall) dem Baumkreuz der Kreuzigung (Hildesheimer Bronzetür, 1015). → Lebensbaum.

Der Apfel als Symbol der Sünde, des Todes und der Erlösung

In der Bibel wird die Frucht des Baumes der Erkenntnis nicht näher bezeichnet. Frühchristliche und byzantinische Darstellungen zeigen eine der Feige ähnliche Frucht. Erst später, und vor allem in der westlichen Kunst setzte sich der Apfel durch. In der Antike war der (Granat-)Apfel ein Symbol der Fruchtbarkeit und der Unsterblichkeit, aber auch der Liebe und der Schönheit. Vielleicht ist die Wahl dieser Frucht auch veranlasst von den synonymen Bezeichnungen malum = der Apfel und malum = das Böse. So wurde der Apfel, ganz besonders auch der angebissene Apfel, Attribut sowohl der Eva als auch der Schlange. Ist eine Schlange mit dem Apfel der Versuchung im Maul, zu Füßen des Kindes, der Maria oder des Kreuzes abgebildet, gilt dies immer als Sinnbild für Jesus den Erlöser. Ist der Apfel angebissen, ist dieser Hinweis auf den Sündenfall unübersehbar. Der Apfel in der Hand des »Fürsten der Welt« an der Westseite des Straßburger Münsters beispielsweise weist auf die Sünden der Welt. Drei goldene Äpfel dagegen sind die Attribute des heiligen Nikolaus von Myra.

Die Schlange, Sinnbild der Verführung und des Bösen

In erster Linie ist die Schlange aus der Geschichte vom Sündenfall bekannt. Sie gilt als Verführerin und taucht in unterschiedlichster Verbindung auf bildlichen Darstellungen auf: Maria (Verheißung des Siegs über die Schlange des Sündenfalls, Gen 3,15) oder das Jesuskind setzen triumphierend einen Fuß auf den angebissenen Apfel oder auf die Schlange. Oft hängt die besiegte Schlange nebenan an einem Baum. Auch auf Kreuzigungsdarstellungen ist die Schlange zu Füßen des Kreuzes anzutreffen. Nicht zu verwechseln ist die Schlange des Sündenfalls mit der ehernen Schlange des Mose (Num 21,6–9). Sie gilt als Sinnbild des Heils und als Hinweis auf die Kreuzigung. Das Attribut Schlange kann auch als positives Sinnbild für Klugheit auftauchen. Sie erscheint oft über dem Kelch des Evangelisten Johannes, der nach der Legende einen Giftbecher trinken musste.

Auf frühen Darstellungen des Paradiesbaumes ist die Schlange auch halb Mensch, halb Tier als weibliche Versucherin dargestellt. Ebenso wie der Drache kann sie den Teufel, den Widersacher Gottes meinen und kommt auf den meisten Darstellungen des Sündenfalls vor, z.B. auf der Bronzetür des Domes zu Hildesheim (Anfang 11. Jh.). → Drache, → Erzengel Michael.

Feigenblatt und Feigenbaum

Im Zusammenhang mit dem Sündenfall wird in Gen 3,7 auch von Feigenblättern erzählt, mit denen sich Adam und Eva kleideten, als sie erkannten, dass sie nackt waren. Daher sind auf frühen Darstellungen Feigenbäume mit den typisch dreiseitigen Blättern dargestellt, und der Baum der Erkenntnis ist anfangs oft ein Feigenbaum (später dann ein Apfelbaum, s.o.). Auf dem Weg nach Jerusalem sieht Jesus einen Feigenbaum, der Früchte, aber keine Blätter trägt (Mt 21,18 ff.) und lässt ihn als Sinnbild für das unfruchtbare, bestrafte Israel verdorren, wie es auf zahlreichen Ölbergszenen zu sehen ist. Auf Marienbildern dagegen weist der Feigenbaum als Fruchtbarkeitssymbol auf die Mutterschaft der Maria oder erinnert an die Schöpfungsgeschichte und deutet in diesem Zusammenhang auf Maria, hier als neue Heil bringende Eva.

Adam und Eva. Ein Gang durch die Kunstgeschichte ➤

20 Sündenfall, Fresko, Marcellinus-Petrus-Katakombe, Rom, 1. Hälfte 4. Jh.

21 (Abb. re. o.) Das irdische Paradies, Deckengemälde, St. Michaelis, Hildesheim, 13. Jh.

22 Vertreibung Adams und Evas, Bronze, San Zeno, Verona, um 1100

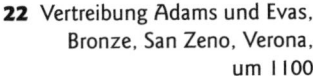

23 Eva, St. Lazare, Autun, Sandsteinrelief, um 1120–30

24 Unbekannter deutscher Meister, Sündenfall und Vertreibung aus dem Paradies, »Nürnberger Chronic«, Holzschnitt, 1493

25 Lucas Cranach d. Ä.,
Adam und Eva im Paradies,
Holzschnitt, 1508

26 Rembrandt Harmensz van Rijn,
Adam und Eva,
Radierung, 1638

43

SCHÖPFUNGSBILDER – THEOLOGISCHE UND DIDAKTISCHE ZUGÄNGE

Das Alte Testament beginnt mit den beiden sog. Schöpfungsgeschichten. Die erste (Gen 1) ist die jüngere und stammt aus der Zeit des babylonischen Exils. Damals wurde nach der Zerstörung Jerusalems durch die babylonische Weltmacht die Oberschicht aus Judäa ins Zweistromland zwischen Euphrat und Tigris verbracht und dort neu angesiedelt. Dieser erste Text ist mit den durch wiederkehrende formelhafte Wendungen deutlich strukturierten Schöpfungswerken ein Lehrgedicht. Er schärft den Ursprung von allem in Gottes gutem Schöpferwillen ein: »Und Gott sprach ... Und es geschah so ... Und es war gut!«

In diesem Schöpfungsbericht haben Erzählungen von der Entstehung der Welt aus anderen Religionen ihren Niederschlag gefunden. Auf dem Hintergrund von Erfahrungen mit bedrohlichen Überschwemmungen wird davon erzählt, wie inmitten der alles umfassenden kosmischen Urflut gleichsam wie in einer Luftblase der Lebensraum unserer Welt geschaffen wurde. Im biblischen Text ordnet der eine Gott Israels in sechs Tagewerken die Zonen der Luft, der Erde und des Wassers und erschafft die sie bevölkernden Lebewesen. Der siebte Tag ist der Ruhetag – damit ist die Feier des Sabbats als jüdisches Identitätsmerkmal fest in Gottes Schöpfungswirken verankert.

Das Vertrauen auf Gott und die Hoffnung auf sein Wirken in der Welt schließt – nach der Erzählung von der zwischenzeitlichen Rückkehr der Urflut – auch das Vertrauen auf den zuverlässigen Bestand unserer Welt ein: Gott der Schöpfer steht zu dieser Welt und wird sie erhalten. Seinen künstlerischen Niederschlag hat dieser Text aus Gen 1 vor allem in Bilderzyklen von der Erschaffung der Welt (z.B. Meister Bertram) gefunden.

Die Erzählung vom Schöpfungsgarten

Ein paar Jahrhunderte älter ist die zweite Schöpfungserzählung (Gen 2). Sie entstand in der frühen Königszeit Israels, als sich mit der Konsolidierung des neuen Staatswesens Israel neues kulturelles Interesse regte und dabei auch nach den Anfängen unserer Welt fragen ließ. Dieser Schöpfungserzählung zufolge entsteht Leben inmitten einer lebensfeindlichen Wüste durch Wasser. Eine Oase wird geschaffen, ein Garten, ein Paradies. Alle Träume von einem guten Leben ohne Mühsal und Not finden in dieser Schöpfungsvorstellung Raum. Die reiche Pflanzenwelt bietet genug Nahrung für alle, die Tiere stehen den Menschen zu Diensten. Und die Krönung all dessen ist das Miteinander von Mann und Frau.

In diesem älteren biblischen Erzähltext erscheint Gott in menschlicher Gestalt, um den ersten Menschen aus Erde zu formen und ihm den Lebensatem einzuhauchen. Aber die Träume finden ihre Grenze an der andersartigen Realität, in der es auch Leid, Mühsal und Tod gibt. So ist der ältere Schöpfungsbericht nur der Anfang einer Erzählung, die mit dem Sündenfall und der Vertreibung aus dem Paradies endet. Um eine solche Grenze geht es schon inmitten des Schöpfungsgartens. Sie ist mit dem »Baum der Erkenntnis« gesetzt, von dessen Früchten zu essen Gott den Menschen ausdrücklich verboten hat. Aber jede Grenze verlockt zum Überschreiten, auch diese. Nicht die Schlange ist schuld am Übertreten der Grenze. Sie macht sie nur als solche bewusst und weckt die Neugier auf ihr Jenseits: Sein wie Gott, allmächtig, grenzenlos. Zu den Wunschträumen gehören auch die Allmachtsfantasien. Gerade sie sind es aber, die den Bezug zur Realität gern verschleiern.

Zwischen Traum und Wirklichkeit

Das Erschrecken folgt der Tat ganz unmittelbar. Das Leben geht dann zwar weiter, aber nichts ist mehr wie vorher. Die Menschen sind inmitten der Realität unserer Welt angekommen. Was bleibt, ist die Sehnsucht nach dem Paradiesgarten, der Traum vom unbeschädigten Leben. Der ältere Schöpfungsbericht hält diesen Traum wach und auch den Blick dafür, wo es – aller Mühsal der Realität zum Trotz – auch in unserer Welt solche Schöpfungsoasen gibt. Sie haben ihre Grenzen, stoßen oft hart an die andersartige Wirklichkeit. Mit dem Glauben an Gott den Schöpfer verbindet sich die Hoffnung, dass uns die Erfahrungen und Bilder der guten Schöpfung Gottes erhalten bleiben mögen.

Wohl in solchem Sinne hat auch Jesus in seiner Bergpredigt auf Gottes gute Schöpfung verwiesen: »Sehet die Lilien auf dem Felde ...« (Mt 6,28) oder in seinen Gleichnissen vom Wachsen in der Natur. Und dann sind die Paradiesbilder auch eingegangen in die Hoffnungen und Erwartungen einer neuen Welt Gottes am Ende der Zeit. Die biblischen Schöpfungsgeschichten fragen also weniger danach, wie die Welt entstanden ist, sondern ob und wie heute und zukünftig Schöpfung erlebt werden kann: als Hoffnung inmitten einer bedrohten Welt.

Künstler als Schöpfer

In Kandinskys Schöpfungsbild finden wir das Schwelgen in den Farben und auch die harten Grenzen; neben der harmonischen Zweisamkeit des Menschen auch die Frucht in der Hand, die auf kommenden Streit und Konflikte verweist;

helle Farben und auch schwarze Flecken. Doch das Bild hält diese Spannung aus und so den Traum der Hoffnung auf die gute, schöne Welt fest. Sie gibt der Hoffnung im Medium der Kunst neue Nahrung.

Bilder der Kunst erinnern daran, dass auch Künstler Schöpfer sind. Mit ihren Werken in Bildern und Tönen leiten sie zum bewussten Wahrnehmen an, stellen neue Sichtweisen auf unsere Welt vor Augen, regen zum eigenen Sehen von Schöpfung an. Sie halten in all ihrem Schaffen Schöpfungsträume lebendig und formen sie mit ihrer Ausdruckskraft neu, ringen und trotzen sie der Wirklichkeit ab. Manchmal geschieht das im Gestalten klassischer Schönheit, manchmal auch in einem verzweifelten Gestalten angesichts des Bedrückenden.

In diesem Sinne sind Glaube und Kunst eng aufeinander bezogen. Glaube braucht Bilder des Vertrauens und der Hoffnung, erinnernde und zukunftsweisende Schöpfungsbilder im weiten Sinne. Künstler schaffen Bilder von und in unserer Welt, in denen sie zum Wahrnehmen und Deuten, zum Staunen und Nachdenken, zu neuen Sichtweisen anregen. Freilich lässt sich der Glaube nicht in bestimmten Bildern einfangen, und Kunst bleibt den religiösen Überlieferungen gegenüber selbstständig. Aber im Betrachtenden, Sehenden und Hörenden selbst kann jeweils beides zusammenfinden, können Bilder und Musik zum Ausdruck des Glaubens werden.

Mit Bildern Zugang zu Deutungen der Schöpfungsgeschichte finden

Immer wieder wird an den biblischen Schöpfungsgeschichten die Frage nach dem wortwörtlich-historischen Verständnis biblischer Texte zum Thema. Naturwissenschaften und Schöpfungsglaube werden einander gegenübergestellt – und die biblischen Texte werden oft als altmodisch und überholt abgelehnt. Vielleicht können Bilder wie das von Kandinsky mithelfen, solche Missverständnisse abzubauen. Zum einen bleibt das Bild im Anschaulichen. Es muss also nicht abstrakt über den Unterschied zwischen Aussage und Bedeutung gesprochen werden, sondern das konkrete Wahrnehmen des Sichtbaren bleibt im Vordergrund. Zum anderen zeigt das Bild, wie der Künstler produktiv-verändernd mit der biblischen Vorlage umgegangen ist. Und das regt dazu an, selbst die biblischen Texte mit interpretierenden, deutenden Augen zu lesen, um so mit- und nachzuvollziehen, wie überlieferte Texte zu Bildern der Zuversicht und der Hoffnung werden.

KREATIVE UMSETZUNG: DIE SCHÖPFUNG – EIN FARBENSPIEL, EINE BILDERGESCHICHTE, EIN COMIC

Thematisch bietet die Schöpfungsgeschichte viele bildwürdige Szenen: die einzelnen Tage der Schöpfung, das Leben im Paradies bis hin zur Vertreibung. Um diese vielen, großartigen Bilder, die sich in der Fantasie einstellen, sichtbar festzuhalten und das Geschehen weiter zu vertiefen, sollten sie am besten als fortlaufende Bilderreihe entwickelt und dargestellt werden.

Zwei Formen, eine fortlaufende Geschichte in Bildern zu erzählen, sind besonders beliebt: die zur Bildreihe zusammengeklebten Szenen eines Faltbilderbuches (Leporello) und die kleinformatige Bildergeschichte in Form eines Comic. Beide lassen sich zeichnend, malend oder als Collage lösen. Man kann aber auch, von Kandinsky angeregt, nur mit leuchtenden Wasserfarben und mit dicken und dünnen Pinseln (für die Linien) experimentieren.

In Farben schwelgen wie Kandinsky

Wer will, beginnt mit der Trennung von Tag und Nacht mit einem leuchtenden Zitronengelb, zu den Rändern hin folgt eher etwas satteres Gelb oder Weiß und ein wenig mit Wasser verdünntes Rosa. Dann kommt die Nacht in verschiedenen Blautönen, bis hin zu Violett und Schwarz. Die Farbe kann getupft, parallel gestrichen oder auch fleckig und locker gesetzt sein.

Nun geht es an die anderen Schöpfungstage, die Fische im Wasser, die Vögel ... alles ganz locker, nur mit ein paar dünnen, dunklen Pinselstrichen andeuten und dann großzügig mit Farben vervollständigen. Andere Szenen folgen: Adam und Eva im Paradies oder der Moment, als der Engel die ersten Menschen vertreibt.

Wichtig bei allen Versuchen ist: viel Papierweiß durchscheinen lassen, also die Bilder nicht bis zum Rand »tot« malen. Nur so lässt sich etwas von der paradiesischen Leichtigkeit andeuten, die Kandinsky in seinem Bild so großartig darzustellen wusste.

Eine Bildergeschichte oder ein Comic

Lange waren Comic-Bildergeschichten mit Denk- und Sprechblasen bei Eltern und Erziehern verpönt. Inzwischen sind sie bei Künstlern und Germanisten durchaus als eigene Ausdrucksform anerkannt und es gibt – allerdings auch umstrittene – Comic-Bibeln. Vor allem aber macht es Kindern und Jugendlichen oft großen Spaß, sich Comic-Kurzszenen auszudenken und sie, obwohl das durchaus Geduld und Ausdauer erfordert, in aufeinander folgenden Minibildern darzustellen.

Ein wenig mehr Planung als ein Bilderbuch erfordert ein Comic schon. Es sind kleine Sequenzen und Handlungsstränge mit entsprechend kurzen Texten zu konzipieren. Je abwechslungsreicher das Format der Szenen auf einer Seite, desto kunstvoller der Strip. Bildausschnitte sind geeigneter als große Panorama-Darstellungen und detailliert in Szene gesetzte Vorgänge. Dafür kommt der witzige Einfall und die knappe und möglichst prägnante Darstellung zum Zug. Und: Denk- und Sprechblasen nicht vergessen! Sie erst würzen den Comic.

Unsichtbares sichtbar machen

PAUL KLEE:
»ENGEL VOLLER HOFFNUNG« (1939)

»Kunst gibt nicht das Sichtbare wieder,
sondern macht sichtbar.«
PAUL KLEE

Wie in einem Zug, nur mit einer einzigen Linie scheint dieser Engel gezeichnet zu sein. Doch dieser erste Eindruck täuscht. Klee setzte mehrmals an, um seinen Engel sichtbar werden zu lassen. Im ersten raumgreifenden Schwung entstanden Kopf und Halslinie. Dann fügte er den einen zugespitzten, dann den anderen Flügel hinzu. Die beiden kurzen Striche ganz unten kamen zum Schluss. Sie deuten nur vage den weiteren Verlauf der Figur an, lassen offen, wie der übrige Körper wohl aussehen könnte. Dem Betrachter wird mit diesen wenigen Linien nur wenig vorgegeben. Er ist ganz auf seine Fantasie angewiesen und darauf, welche Assoziationen sich nach und nach beim Hinsehen einstellen.

Fast wie die Zeichnung eines Kindes

»Das soll ein Engel sein?«, mag mancher vielleicht erstaunt fragen. Im Vergleich mit unseren oftmals schon in früher Kindheit oder aus der Kunstgeschichte geprägten traditionellen Vorstellungen erscheint dieser Engel fremd und unwirklich. Weder ähnelt er jenen schlanken Gestalten in goldenen Gewändern, die von mittelalterlichen Altartafeln her vertraut sind, noch den hoheitsvoll distanzierten Himmelsboten der Renaissance, und erst recht nicht den so beliebten nackten, verspielten Kinderengeln des Barock. Eher fühlt man sich an eine noch unsicher tastende Strichfigur auf einem Kinderbild erinnert.

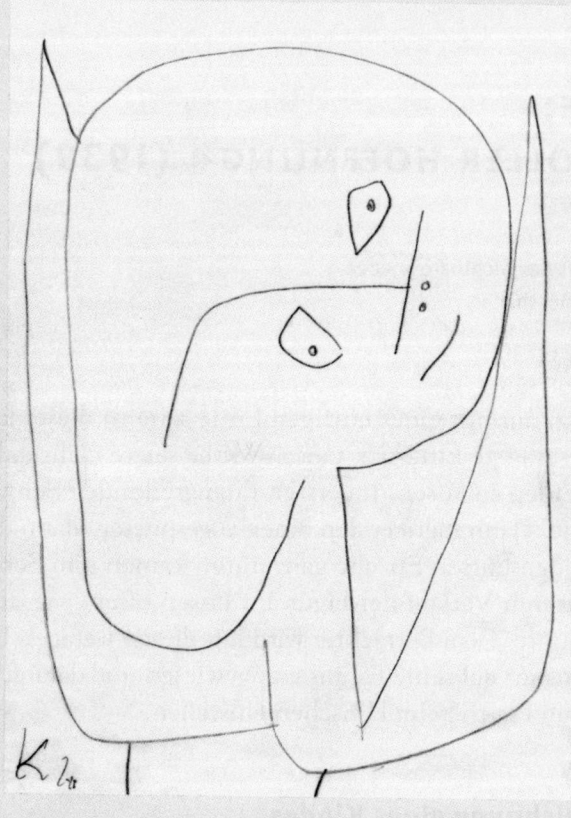

PAUL KLEE: »ENGEL VOLLER HOFFNUNG«, 1939, 892 (WW 12),
Bleistift auf Papier mit Leimtupfen auf Karton,
29,5 x 21 cm
Zentrum Paul Klee, Bern
© VG Bild-Kunst, Bonn 2010

Das Gesicht des Engels

Dennoch: Ungewöhnlich kühn gezeichnet erscheint das Gesicht mit seinem eigenartig sinnenden Blick. Den schief gelegten Kopf durchschneidet mit großzügigem Schwung die Nasenkurve. Seltsam eckig sind die Augen gezeichnet. Sie stehen fast senkrecht übereinander. Sieht Klees Engel uns nun an oder sieht er ins Weite? Oder sieht er gar durch uns hindurch? Die Antwort ist schwierig. Und warum, so fragt man weiter, endet der Nasenstrich überhaupt so abrupt, wie abgeschnitten fast oder gebremst von der kurzen Senkrechten? Rechts daneben die Nasenlöcher wie ein Doppelpunkt! Am meisten allerdings lässt der sensible Mund aufmerken, diese kurze, nach unten verrutschte, etwas unsicher erscheinende Linie. Sie gibt dem Engel etwas Verletzliches, macht ihn sehr menschlich.

Engel in Klees Werk

Dieser Engel ist einer von etwa fünfzig Engeln, die Klee über viele Jahre hinweg immer wieder mit Bleistift auf Papier zeichnete. Vor allem in Zeiten persönlichen Zweifels und Leidens, als Unsicherheiten und Krankheit sein Leben bestimmten, mehrten sich Engel in seinem Werk. Die meisten dieser Zeichnungen entstanden ab 1933. Damals war Klee, von den Nationalsozialisten aus seiner Professur an der Staatlichen Akademie in Düsseldorf vertrieben, nach Bern zurückgekehrt, wo er bis zu seinem Tod 1940 vergeblich auf die Schweizer Staatsbürgerschaft hoffte. Die letzten Lebensjahre des Malers waren zunehmend von einer seltenen, unheilbaren und äußerst schmerzhaften Hautkrankheit überschattet, die ihn mehr und mehr in seinem Schaffen einengte und behinderte. Eine Zeit also von schwindender Schaffenskraft und zunehmender Hinfälligkeit. Klee zeichnete diesen Engel 1939, ein Jahr vor seinem Tod und gab ihm den Titel »voller hoffnung«.

Engel der Hoffnung

In diesem Zusammenhang gesehen bekommt dieser Engel ein ganz anderes Gewicht. Mit schief gelegtem Kopf scheint der körperlose, fast durchscheinende Himmelsbote geduldig auf etwas zu warten. Das Kinn hat er leicht an den Flügel gelehnt, ganz so, als stütze er sinnend und abwartend wie ein Mensch seinen Kopf in die Hand. Weit sind die Augen geöffnet, wachsam fast und doch irritieren sie, so eckig und ungleich, wie sie sind, ziehen sie den Blick immer wieder auf sich. Und, scheint dieser feine Mund, je länger man hinsieht, nicht ein klein wenig zu lächeln?

Haben Engel menschliche Züge?

Fast allen Engeln gab Klee Eigenschaften als Titel. Es gibt »kokette«, »wachsame«, »vergessliche« und »noch unvollendete« Engel, auch »neugierige«, »arme«, »zweifelnde« oder wie dieser hier »voller hoffnung«. Der »Schellenengel« trägt Glöckchen, einer fährt Boot, ein anderer ist »noch im Werden«. Manche Titel scheinen liebevoll ironisch gewählt, ganz so, als wollte der Künstler seine eigenen Schwächen, Eigenschaften, aber auch seine momentanen Befindlichkeiten auf diese Weise und fast ein wenig augenzwinkernd benennen. Vielleicht wollte er auch seinen himmlischen Boten etwas von ihrem überirdischen Glanz, ihrer Unnahbarkeit nehmen, sie einfach menschlich, alltäglicher machen.

Kunst gibt nicht das Sichtbare wieder ...

... sondern macht sichtbar. Dieser viel zitierte Ausspruch Klees trifft ganz besonders auf diese Darstellungen zu. Engel sind unsichtbare, zwischen Himmel und Erde gedachte Wesen. Ihr Erscheinungsbild entsteht in der Fantasie der Menschen. Erst Künstler machen sie sichtbar in Formen und Farben, auf Papier und auf Leinwand, als Fresko, in Glasfenstern, in Bronze gegossen, als geschnitzte oder in Stein gehauene Figuren.

Klees auf Papier gezeichnete Engel sind sichtbar gewordene Fantasiewesen auf hellem Grund. Sie tragen zwar menschliche Züge, bleiben aber im leeren Bildraum seltsam fremd, körperlos und distanziert. Sie bleiben Wesen aus einer anderen Welt, »Engel vom Stern« eben, wie Klee einen anderen Engel benannte.

Weiß – die Farbe der Transzendenz

Klees nur sparsam angedeutete Engel wirken auch deshalb so spirituell, weil sie durchscheinend, zeitlos und nicht »verortet« scheinen. Sie sind nah und zugleich fern, eigentlich nicht zu fassen, durchsichtig und schwerelos. Sie sind flüchtig wie Gestalten aus einem Traum, nur für kurze Zeit auftauchend, ein wenig verweilend und auch wieder verschwindend. Weiß vor hellem Grund sind Klees Engel durchgeistigter und transzendenter als viele Engeldarstellungen vergangener Epochen. Mit seinen Zeichnungen ist es ihm gelungen, Unsichtbares sichtbar und doch nicht zu diesseitig zu machen. So gesehen lohnt es, sich mit Klees Engeln anzufreunden und auch andere Suchende auf sie aufmerksam zu machen.

Notizen zur Biografie

1879 in Münchenbuchsee bei Bern geboren, studierte Klee seit 1900 bei Stuck in München. 1912 tritt er dem »Blauen Reiter« bei und wird 1920 als Lehrer an das Bauhaus in Weimar berufen, 1931 als Professor an die Kunstakademie Düsseldorf . Weil er sich als »Ausländer« weigerte, einen »Ariernachweis« zu erbringen, wurde Klee 1933 nach der Machtübernahme Hitlers fristlos entlassen und emigrierte in die Schweiz. 1940 starb er mit 61 Jahren in Muralto-Locarno. Auf seinem Grabstein ist ein Eintrag aus seinem Tagebuch zu lesen:

> *»Diesseitig bin ich gar nicht fassbar, denn ich wohne grad so bei den Toten wie bei den Ungeborenen. Etwas näher dem Herzen der Schöpfung als üblich. Aber noch lange nicht nahe genug.«*

Literaturhinweise

Carola Giedion-Welcker: Paul Klee (rororo Monographie), Reinbek 1988
Will Grohmann: Paul Klee, Köln 1989
Heinrich und Margarete Schmidt: Vergessene Bildersprache christlicher Kunst, 4. Aufl. München 1981
Dies.: Der Engel im Wandel der Jahrhunderte. In: Annäherung 1 (1991), Heft 3, S. 25–31

Zur Typologie und Ikonografie der Engel in der abendländischen Kunst

Geflügelte Boten als Mittler zwischen Göttern und Menschen tauchen nicht erst in der biblischen und christlichen Überlieferung auf. Sie kommen als Wesen zwischen Himmel und Erde schon viel früher auch in überlieferten Mythen anderer Kulturkreise vor. Dort haben sie die unterschiedlichsten Aufgaben: Sie bewachen heilige Bezirke, begleiten Tote ins Jenseits, treten als Beschützer auf, übermitteln den Willen der Götter oder verweisen mit ihrer Botschaft auf sie.

Auch in den Texten des Alten und Neuen Testamentes verkörpern geflügelte Boten den göttlichen Offenbarungswillen. Sie dienen der Anbetung und dem Lob Gottes, wenn sie preisend seinen Thron umstehen oder sie überbringen Menschen Botschaften und beschützen sie. Sie erscheinen im Traum oder werden in menschlicher, aber geflügelter Gestalt sichtbar.

Engel können ein oder mehrere Flügelpaare haben, einzeln oder in Heerscharen auftreten und verschiedenen himmlischen Hierarchien angehören.

Frühchristliche Kunst

Schon ab dem 2. Jh. treten Engel (griech. angelos = der Bote) in der christlichen Kunst auf. Es sind Jünglinge oder Männer, die den geflügelten Viktorien (Siegesgöttinnen), Eroten und Genien (Schutzgeistern) der griechischen und römischen Antike nachgebildet und wie diese mit langem Untergewand (Tunika) und Manteltuch (Pallium) gekleidet sind. Wohl um sie von diesen antiken Vorbildern zu unterscheiden, werden sie in der christlichen Kunst zunächst ohne Flügel dargestellt. Erst ab Ende des 4. Jh. werden sie durch Flügel und Heiligenschein ausgezeichnet. Das früheste christliche Bild eines Engels ist in der Priscilla-Katakombe in Rom (1. Hälfte 2. Jh.) auf einer Verkündigungsszene erhalten.

Anders als die hell gekleideten Lichtgestalten im Westen sind die Engel der Ostkirche zum Zeichen ihrer Hoheit in purpurfarbene Gewänder gekleidet und vertreten einen feierlich-strengen Engelstyp. Im Westen nehmen Engel im Laufe der Jahrhunderte menschliche Züge an, tragen Stirnreif und liturgische bzw. festliche Gewänder. Immer sind Engel barfüßig.

Mittelalter und Renaissance

In der mittelalterlichen *Buchmalerei* überbrücken Engel den Abstand vom göttlichen zum irdischen Bereich. Auf Darstellungen von Christi Himmelfahrt z.B. verweisen sie, zwischen Maria, Johannes und den anderen Jüngern stehend, mit dem Deutegestus auf den zum Himmel aufsteigenden Jesus oder sie begrüßen ihn in himmlischen Gefilden. Oftmals halten Engel auch den mandelförmigen Heiligenschein (Mandorla), der den thronenden Christus auf manchen Darstellungen umgibt.

In der frühen gotischen *Tafelmalerei* und später in Darstellungen der *Kathedralplastik* erscheinen Engel als schöne, schlanke, jugendliche Figuren mit großen, ausgeprägten Flügeln. Während der streitbare Erzengel Michael wie ein Ritter gerüstet im Westteil vieler romanischer Kirchen zu sehen ist, erscheint auf Verkündigungsbildern des ausgehenden Mittelalters und im Zeitalter der Renaissance der Engel Gabriel in Gestalt eines blond gelockten, kostbar gekleideten, oft androgyn wirkenden Engels. In der Renaissance kommt der Typus der lieblichen Mädchen-Engel hinzu (Fra Angelico). Scharen kleinerer Engel schweben um die Heilige Familie (Stefan Lochner), musizieren zum Lobe Gottes (Grünewald) oder spielen als überirdische Spielgefährten mit dem Kind (Dürer).

In der *Reliefkunst*, z.B. an Portalen (Tympanon) und auf Grabplatten, umschweben Engel den Gekreuzigten, und in einigen Kirchen umgeben an Emporen oder Säulenkapitellen streng wirkende, neutrale Engelsgestalten oder geflügelte Engelköpfe wie himmlische Hüter die Gläubigen im Kirchenraum.

Engel können verschiedene Attribute tragen:
- ein Stirnband um den Kopf und einen langen Botenstab,
- einen Lilienstängel als Zepter, die weiße → Lilie gilt als Zeichen für Licht und Leben, aber zugleich für vollkommene jungfräuliche Reinheit und wurde ein viel verwendetes Attribut der Jungfrau Maria auf Verkündigungsdarstellungen,
- Palmzweige als Zeichen des Sieges,
- Musikinstrumente und schwingende Rauchfässer zum Lob Gottes; musizierende Engel spielen die für das menschliche Ohr nicht hörbare Sphärenmusik, z.B. auf Bildern der Geburt Christi und auf Marienbildern,
- Posaunen als Hinweis auf das Weltgericht am Jüngsten Tag,
- flammende Schwerter, z.B. bei der Vertreibung aus dem Paradies oder bei der Begegnung mit Bileam (Num 22 ff.),
- oder sie tragen das Kreuz und die andere Leidenswerkzeuge Christi, die auf die Passion verweisen. Unter dem Kreuz halten Engel einen Kelch, um das Blut Jesu aus den fünf Wundmalen aufzufangen als Hinweis auf das Kelchwort beim Abendmahl: »Das ist mein Blut, das Blut des Bundes« (Mk 14,24).

Barock

Die stärkste Veränderung erfuhren Himmelsboten im Zeitalter des Hochbarock. Nun umspielen kleine pausbäckige Kinderengel, sog. Putten (von ital. putto = Kind, Knabe) in großer Schar das Innere von Kloster- oder Wallfahrtskirchen. Nur wenig bekleidet, manchmal auch nackt begleiten sie Christus auf Himmelfahrts- und Auferstehungbildern (Rembrandt) oder tummeln sich dekorativ in luftigen Höhen auf Wolken barocker Deckenmalereien. Sie zieren auch die Ausstattungsstücke in Kirchen, Baldachine, Kanzeldeckel oder Taufbecken.

Vermutlich der antiken Gestalt des Liebesgottes Amor bzw. den Eroten nachempfunden, werden sie als überirdische Spielgefährten des Jesuskindes dargestellt, schmücken Marienbilder, können aber auch Heiligenattribute tragen oder halten auf Passionsdarstellungen die Leidenswerkzeuge Christi.

Taufengel in norddeutschen Kirchen

In einigen lutherischen Kirchen in Norddeutschland sind holzgeschnitzte, mit Farben gefasste Taufengel zu finden. Sie tragen kniend (ab 1650) eine Taufschale oder sind auch fliegend (ab 1700; Abb. **43**) dargestellt. Dann hängen sie an einem Seil von der Decke herab und wurden nur zur Taufe herabgelassen. Möglicherweise ließ sich Barlach von ihnen zu seinem berühmten Engel in Güstrow inspirieren.

Klassische Moderne

In der klassischen Kunst der Moderne des 20. Jhs. scheint es Künstlern schwerer zu fallen, die Unanschaulichkeit von Engeln darzustellen. Geschieht dies doch, finden sie wie Chagall oder Klee beeindruckend individuelle Formen. Chagall gelangen Engel, indem er weiche, scheinbar fließende Farbformen zu flüchtigen, schwebenden Gestalten entwickelte, Klee, indem er durchsichtige Strichengel als ganz persönliche, mit menschlichen Unvollkommenheiten ausgestattete Wesen darstellte.

Engel. Ein Gang durch die Kunstgeschichte ➤

29 Nike von Samothrake
(antike Siegesgöttin),
Louvre, Paris

30 Elfenbeintäfelchen,
Liebighaus,
Frankfurt a. Main, 10. Jh.

32 Engel mit Posaune,
Apokalypse aus St. Sever
(Gascogne),
Nationalbibliothek Paris,
um 1050

33 Chorschranke,
Klosterkirche Gustorf,
Landesmuseum Bonn,
um 1160

31 Engel v. Prolog des Johannesevangeliums, Kölner Evangeliar,
Staatsbibliothek Bamberg, um 1050

34 Erzengel Michael, St. Lorenz, Nürnberg

35 Verkündigung an Maria, Goldenes Buch von Echternach, 11. Jh.

36 Verkündigung an die Hirten, Goldenes Buch von Echternach, 11. Jh.

37 Ein Engel erscheint Josef im Traum, Goldenes Buch von Echternach, 11. Jh.

39 Jakobs Kampf mit dem Engel, Psalterium,
England, Bayerische Staatsbibliothek München,
Anfang 13. Jh.

38 Christi Himmelfahrt,
Reichenauer Perikopenbuch,
Herzog August Bibliothek,
Wolfenbüttel, um 1100

41 Hans Bocksberger d. Ä.,
Engel mit dem Schwert,
(1510–1569),
Schlosskapelle Neuburg

40 Fra Filippo Lippi (1406–1469),
Engel der Verkündigung, National Gallery of Art,
Washington D.C.

42 Rembrandt Harmensz van Rhijn,
Abrahams Opfer (Ausschnitt),
Radierung, 1655

43 Taufengel, Norddeutschland, 1716

44 Johann Baptist Straub,
Engel, Klosterkirche Dießen,
Taufkapelle, 18. Jh.

45 Putto, barocker Altarschmuck,
18. Jh.

46 Paul Gauguin, Jakobs Kampf mit dem Engel,
National Gallery of Scotland,
Edinburgh, 1888

47 Christian Rohlfs, Engel, der Licht in
die Gräber trägt, Tempera auf Leinwand,
Museum Folkwang, Essen, um 1925

ENGEL, DIE BOTEN GOTTES – THEOLOGISCHE UND DIDAKTISCHE ZUGÄNGE

In den frühesten Überlieferungen des Alten Testaments, den sog. »Vätergeschichten«, hört Abraham ganz unmittelbar Botschaften von Gott, die ihm dessen Führung und Begleitung zusagen: »Der Herr sprach: Zieh weg aus deinem Land ... in das Land, das ich dir zeigen werde« (Gen 12,1 ff.) Der Leiter der Sippe ist auch Mittler zwischen Gott und Menschen. Er hört und versteht, was Gott ihm zu sagen hat. Dieses unmittelbare Vernehmen Gottes begleitet durch die Geschichte der menschlichen Erfahrungen mit Gott, hin zu den Propheten und bis zu Jesus.

Neben solche unmittelbare Kommunikation mit Gott tritt die Begegnung mit geheimnisvollen Mittlergestalten. Als Gottes Boten vermitteln sie zwischen der göttlichen Sphäre, die unserem Zugriff entzogen ist, und der Welt des Irdischen. In Gen 28 wird von Jakobs Traum erzählt: eine Leiter verbindet Himmel und Erde. Engel steigen herab und hinauf. In diesem Traumbild hört Jakob die Zusage, dass Gott ihn begleiten wird. In der Weihnachtsgeschichte des Matthäus erscheint ein Engel dem Josef im Traum und gibt ihm Anweisungen zum Schutz des Kindes (Mt 2). Auf Bildern tragen diese Boten Flügel. Sie zeigen die Autorität der Engel als Boten Gottes, ihre Herkunft aus Gottes himmlischer Welt an. Nicht mehr im Traum, sondern im bewussten Erleben begegnet der Engel Gabriel Maria und kündigt ihr die Geburt Jesu an (Lk 1). Diese Erzählung hat viele Maler zu Bildern angeregt, in denen sowohl zwischenmenschliche Kommunikation in Körperhaltung und Gestik gut zum Ausdruck kommt, aber auch die Flügel als Ausweis der göttlichen Herkunft prachtvoll gestaltet sind. In der Ostergeschichte sind es die Engel am Grab, die den Frauen als Ersten die Auferstehung Jesu verkünden.

»Es müssen nicht Männer mit Flügeln sein« – dieses Gedicht von Rudolf Otto Wiemer öffnet ein weiteres Spektrum von Engelsvorstellungen, in denen Menschen in der Begegnung mit anderen Gottes Wirken erkennen und diese deshalb als Boten Gottes verstehen können. In diesem Sinne kann jeder einem anderen zum Engel werden. Das Wegweisende seiner Botschaft in Wort und Tat macht ihn dazu. Gott handelt mittelbar durch Menschen – das wird in solchen Engelsvorstellungen betont. So gesehen könnte wohl auch der Kämmerer aus Äthiopien, dem der Apostel Philippus unterwegs in der Kutsche das Verständnis der biblischen Botschaft aufschließt (Apg 8,26 ff.), von der Begegnung mit einem Engel berichten. Wichtig an solchen Engelsvorstellungen ist das menschliche Gesicht, die Zuwendung und Ermutigung – ganz so, wie es Klee in seinem »Engel voller hoffnung« zum Ausdruck bringt.

Engel verdeutlichen die Hoheit Gottes

Die Frage nach der Herkunft der Engel aus überirdischen Sphären führt uns zu den Vorstellungen vom himmlischen Hofstaat, den »himmlischen Heerscharen« (1 Kön 22,19: »Ich sah den Herrn auf seinem Thron sitzen; das ganze Heer des Himmels stand zu seiner Rechten und zu seiner Linken.«). Als die Israeliten gegen die Vielfalt der bei den Nachbarvölkern verehrten Götter den Glauben an den einen Gott stellten, wurde der Götterhimmel zu Begleitern des einen Gottes degradiert. Deren Aufgabe ist es nun, die Hoheit, Würde und Macht des einen Gottes zum Ausdruck zu bringen. Wo Menschen in Visionen Gott schauen, etwa in prophetischen Berufungserlebnissen, da wird auch von Engeln um Gottes Thron berichtet (vgl. Jes 6,2; Ez 1 f.), zuletzt im Neuen Testament in der Offenbarung des Johannes (Offb 4). Auch von einer hierarchischen Struktur der Engelwelt wird berichtet. Ging es bei der Botenfunktion der Engel um die Verdeutlichung von Gottes Immanenz, seinem Wirken in unserer Welt, so bekräftigt ihre Präsenz an Gottes Thron dessen Jenseitigkeit und Transzendenz. Engel verkörpern Gottes Macht, die auch Furcht und Schrecken verbreiten kann. Mit dem flammenden Schwert bewacht der Engel das versperrte Tor zum Paradies (Gen 3,24). Engel verkünden mit Posaunen die Auferstehung der Toten und das Gericht (Mt 24,31). Die Frauen an Jesu Grab reagieren auf die Begegnung mit dem Engel zuerst mit Furcht und Entsetzen (Mk 16,8). Im Koran berichtet Mohammed, bei seiner ersten Offenbarung habe ihn ein Engel gewürgt und so gezwungen, Gottes Weisungen aufzuschreiben. Die Heiligkeit und Unantastbarkeit dieser Worte wird damit unterstrichen.

Auf vielen Bildern begegnen uns musizierende Engel. Mit ihrem Lobpreis bringen sie Gottes Hoheit zum Ausdruck: »Lobt den Herrn, ihr seine Engel« (Ps 103,20). Musik hat ihre Ursprünge im Kult. Mit der Vorstellung eines klingenden Kosmos ergibt sich ein Zusammenhang zwischen der Sphärenmusik, d.h. den Himmelsklängen, mit der Gottes Herrlichkeit gepriesen wird, und dem menschlichen Lob Gottes, das auf Erden in die himmlische Musik mit einstimmt.

Engel als persönliche Begleiter der Menschen

Die Vorstellung von einem persönlichen Schutzengel findet auch in unserer hoch technisierten und säkularisierten Welt große Resonanz. »Ich werde einen Engel schicken, der dir vorausgeht. Er soll dich auf dem Weg schützen und dich an den Ort bringen, den ich bestimmt habe« (Ex 23,20). Das Alte Testament erzählt im Buch Tobit von Tobias, der auf einer großen Reise von dem – bis zum Schluss unerkannten – Engel Raphael begleitet und beschützt wird. Im Neuen Testament wird in der Erzählung von der Versuchung Jesu (Mt 4,1 ff.) ein Psalmvers aufgenommen: »Denn er befiehlt seinen Engeln, dich zu behüten auf allen deinen

Wegen. Sie tragen dich auf ihren Händen, damit dein Fuß nicht an einen Stein stößt; du schreitest über Löwen und Nattern, trittst auf Löwen und Drachen« (Ps 91,11–13).

So wie die Botschaften von Gott durch die Engel als Überbringer in besonderer Weise anschaulich werden, gilt das auch für die Zusage von Begleitung, Schutz und Segen. Damit ist keine Garantie gemeint, und all die tagtäglich sich ereignenden Unglücksfälle scheinen dem auch zu widersprechen. Es geht vielmehr um Vertrauenszeichen als Wegbegleiter. Wie sehr Menschen heutzutage solche Botschaften und Zeichen suchen, zeigt das hohe Interesse an Segenshandlungen, die dem individuellen Leben gelten. Nicht die Zugehörigkeit zur Institution Kirche steht im Vordergrund, sondern der persönliche religiöse Bezug. So passt auch der private Schutzengel zu einer individuellen Frömmigkeit, die am konkreten Leben und seinen Gefährdungen orientiert ist.

Religionspädagogische Aufgaben

In den Engelsvorstellungen wird in besonderer Weise anschaulich, wer Gott für uns Menschen ist. Engel verdeutlichen wesentliche Aspekte der Gott-Mensch-Beziehung: von der Kommunikation über die Betonung von Gottes Transzendenz bis zu Gottes behütender Nähe. Wichtig ist dabei, dass es im Nachdenken über Engel um diese Bedeutung geht. Dazu leisten die Bilder der Kunst ihren Beitrag, indem sie Engel in Funktion, in Tätigkeit zeigen. So gilt es darauf zu achten, dass Engelsbilder nicht zu Dekorationsstücken verkommen, sondern dass sie im Feld des ästhetisch Schönen, der künstlerischen Fantasie das verdeutlichen und gewichten, was für Glaube und Religion grundlegend ist: »Religio« als Rückbindung an das, woher wir kommen, was unser Leben trägt, ihm Ausrichtung und Sinn gibt. Die Boten Gottes geben solcher Rückbindung körperhafte Gestalt.

Kreative Umsetzung: »Lichte Engel« gestalten

Allzuleicht verfallen wir in bekannte Klischees, wenn wir Engel darstellen sollen. Darum ist es sinnvoll, neue Wege zu suchen, abseits von glitzerndem Goldpapier und puppenhaften Figuren. Vielleicht so wie Klee seine Engel sichtbar werden ließ, nur mit ein paar Strichen auf weißem Papier? Doch nicht jedem steht das Zeichnen so zu Gebote. Wie aber stellt man Leichtigkeit des Fliegens sonst am besten dar und wie die durchsichtige Körperlichkeit? Hier lohnt es sich, einmal zu experimentieren!

Mehrschichten-Collage aus hellen, transparenten Papieren

In der zeitgenössischen Kunst ist »weniger oft mehr«. Ähnlich wie sich Klee nur mit wenigen Strichen begnügte, um seine Engel sichtbar werden zu lassen, kann es sinnvoll sein, einmal ohne starke Farben, nur mit weißen, durchscheinenden Papieren zu arbeiten. Die sensibelste Wirkung lässt sich mit mehrfach ausgeschnittenem übereinander gearbeitetem weißen Pergaminpapier erzielen. Auch graues Entwurfspapier, wie es Architekten benutzen, ist geeignet. Auf diese Weise entstehen wunderbar leichte und »lichte Engel«, die der → Grisaille-Malerei vergleichbar, sehr zurückhaltend nur Ton in Ton gestaltet sind.

Die Vorgehensweise ist einfach: weiße Transparentpapierstücke schneiden oder reißen und in der gewünschten Form eines Engels auf einem großen Bogen ebenfalls weißen Transparentpapiers anordnen. Werden Papiere mehrfach übereinander gelegt, z. B. an den Flügeln, entstehen fein nuancierte Helligkeitsstufen, die vor einem Fenster je nach Tageslichteinfall die unterschiedlichsten Wirkungen hervorrufen. Ist alles zufriedenstellend angeordnet und das Blatt gut komponiert, werden die Einzelteile sorgfältig festgeklebt.

Relief aus Seidenpapier

Für ein Relief können auch gefaltete oder gebauschte Seidenpapiere so appliziert werden, dass sie der Engelsfigur Plastizität verleihen. Hier kann der Lichteinfall eines Spotlights Wunder wirken, und auch freischwebend an einem Faden im Raum aufgehängt, macht so ein kleiner »lichter Engel« Freude.

Engel mit einem Hauch Glanz

In Nürnberg auf dem Christkindlmarkt hatten und haben Rauschgoldengel aus gefälteltem Goldpapier, mit Wachsgesichtern und wallendem Haar aus Glaswolle eine lange Tradition. Wir halten es hier einfacher. Warum nicht eine geglückte Kinderzeichnung mit ein paar aufgeklebten Schnipseln Gold- oder Silberpapier bzw. mit Folie zum Glitzern bringen? Das macht Spaß, wirkt in Maßen verwendet nicht kitschig und lässt etwas ahnen von der Arbeit mittelalterlicher Werkstätten, in denen Kunstwerke vergoldet wurden, um irdischen Darstellungen einen Hauch von Jenseitigkeit und Transzendenz zu geben.

Heilsgeschichte und Wirklichkeit – Realitätsnähe und Verinnerlichung

OTTO PANKOK: »DIE GEBURT« (1933)

»Mein Zyklus wurde aus der Not unserer Zeit geboren.«
OTTO PANKOK

Ungewöhnlich dunkel und ernst ist diese Kohlezeichnung angelegt. Da sehen wir in ärmlicher Umgebung, auf einem Haufen Stroh und vor einem Bretterverschlag die Heilige Familie. Das Kind liegt, nur notdürftig in ein Tuch gewickelt und auf eine ausgebreitete Decke gebettet, auf dem Boden. Es schreit kräftig und gestikuliert mit den Ärmchen. Offenbar ist es hungrig und friert. Erschöpft ruht die junge Mutter an einen Strohhaufen gelehnt. Gegen die Kälte der Nacht hat sie eine wärmende Decke übergeworfen. Ihre ganze Habe füllt einen unförmigen Sack, der vor ihr auf dem Boden liegt. Josef hält sich im Hintergrund. Fast schüchtern wirft er einen innigen Blick auf Mutter und Kind. Und ganz links im Bild sind als deutlicher Hinweis auf die Weihnachtsgeschichte Ochs und Esel zu sehen.

Heilsgeschichte und Wirklichkeit

Als Otto Pankok mit dieser Kohlezeichnung seinen 60-teiligen Zyklus zum Leben Jesu und zur Passion begann, war er 40 Jahre alt. Es war das Jahr 1933, das Jahr der Machtergreifung Hitlers und seines Naziregimes. Pankok erkannte früh die Zeichen der Zeit und auf seine Weise lehnte er sich dagegen auf. Viele Jahre hatte er zuerst in Südfrankreich, später, ab 1931, auf dem Heinefeld in Düsseldorf unter Zigeunern gelebt, hatte ihre Lebensweise studiert und sie zu Freunden gewonnen. Nun dienten sie ihm als Modelle für die realistisch und ausdrucksstark dargestellten Menschen seiner Bilder. Er hielt die Gesichter von Dinili und Gaisa fest und auch das von Ringela, die bald im Konzentrationslager Oranienburg auf grauenhafte Weise umkommen sollte. Er gab Maria ihre Züge und legte die kleine Bianca neben sie. Das Leid, das diesen Menschen ins Gesicht gezeichnet ist, hat

OTTO PANKOK: »DIE GEBURT« (1933),
Kohlezeichnung auf Papier, 99 × 119 cm,
aus dem Zyklus »Die Passion in 60 Bildern«,
Otto-Pankok-Museum, Hünxe-Drevenack
© Eva Pankok, Hünxe

Pankok mit eigenen Augen gesehen. Durch die Weltwirtschaftskrise waren sie arbeitslos geworden, sie waren hungrig und sie wurden verfolgt. Ihr Schicksal war ungewiss. Mit seinen Zeichnungen hielt Pankok ihr Leben fest und schuf damit ein bedeutendes Dokument jener Zeit.

Widerstand unter dem Deckmantel der Bibelillustration

Indem er die Botschaft der Bibel mit der Gegenwart verknüpfte, bezog Pankok frühzeitig Stellung gegen Hitlers unmenschliche Politik gegenüber Minderheiten der Gesellschaft. Mit seinen Bildern leistete er auf subtile Weise Widerstand. Natürlich erregten seine Bilder Aufsehen und bald auch den Unwillen der Machthaber. Zwar konnte sein Passions-Zyklus trotz heftiger Ausschreitungen im Westfälischen Kunstverein in Münster 1935 gerade noch gezeigt werden, doch wurde eine andere Ausstellung auf Weisung der Partei vorzeitig geschlossen. Pankok erhielt wie viele Künstler Mal- und Berufsverbot.

Die Vernichtung der Buchausgabe

In dieser angespannten Situation bereitete der Berliner Verleger Gustav Kiepenheuer zusammen mit Stephan Hirzel, dem Leiter des »Evangelischen Kunstdienstes«, eine Herausgabe der 60 Blätter der Passion in Buchform vor. Pater Friedrich Muckermann, Wortführer des katholischen Widerstandes, wollte das Vorwort beisteuern, musste aber über Nacht ins Ausland fliehen. So schrieb Pankok das Vorwort selber. Er wollte keinen seiner Freunde gefährden. Als »Die Passion« dann 1936 endlich erschien, wurde die gesamte Auflage mit dem Vorwurf der »Gotteslästerung« sofort beschlagnahmt und vernichtet. Glücklicherweise gelang es rechtzeitig, die Originale bei Freunden zu verstecken.

Realitätsnähe und Verinnerlichung

Was fasziniert noch heute, fast 50 Jahre nach seinem Erscheinen, an diesem Zyklus? Auf den ersten Blick hat das Bild von der Geburt Jesu so gar nichts Festliches, nichts Weihnachtliches, wie wir es sonst von so vielen kostbar gestalteten Weihnachtsbildern berühmter Meister gewohnt sind. Statt Gold und leuchtenden Farben verwendete Pankok schwarze Kohlestifte, statt Leinwand nur Papier. Das »armselige« Material entspricht der Lebenssituation dieses Neugeborenen mit seinen Eltern zwischen Heu und Stroh hinter einem Holzverschlag.

Wir sehen solche und ähnliche Szenen in den Nachrichten fast täglich. Überall dort, wo Krieg, Vertreibung, Attentate, Dürre und Hungersnot herrschen, müssen Tausende in Lagern und Elend leben, nicht viel anders als die Heilige Familie in der Nacht der Geburt Jesu. Und doch ist hier etwas anders. Deutlich spürbar geht von diesem auf den ersten Blick düsteren Bild etwas Besonderes aus. Trotz aller Dunkelheit gelang es dem Künstler, eine Stimmung der Verinnerlichung und Besinnlichkeit zu vermitteln, ein Gefühl von Ruhe, Geborgenheit und Frieden, das den Betrachter gefangen nimmt und berührt.

Die Heilige Familie – Licht im Dunkel

Trotz der dürftigen Bleibe im Stroh scheint die kleine Familie glücklich. Josef klopft den Strohhaufen zum Schutz gegen den kalten Nachtwind noch ein wenig fester und wird über Mutter und Kind wachen. Maria, warm eingehüllt, wirkt entspannt. Zärtlich wendet sie sich ihrem Neugeborenen zu. Gleich wird sie es streicheln und beruhigen, ihm vielleicht die Brust reichen. Der Kontrast ist groß zwischen dem zugigen Stall und der ruhigen Zuwendung dieser Eltern zu ihrem Kind. Das wird auch an der wunderbar weich gezeichneten Decke deutlich, auf der Mutter und Kind ruhen.

Und noch etwas lässt sich entdecken: Im Zentrum des Bildes ist es hell, ohne dass eine künstliche Lichtquelle zu sehen wäre. Wie eine Aura scheint ein feiner Lichtschimmer diese Mutter mit ihrem Kind zu umgeben und die Szene aufleuchten zu lassen. Licht, von jeher Sinnbild für göttliches Wirken, geht schon jetzt von diesem Kind aus, ganz im Sinne der späteren Worte Jesu: »Ich bin das Licht der Welt, wer mir nachfolgt, wird nicht in der Finsternis umhergehen, sondern wird das Licht des Lebens haben (Joh 8,12). Wie seinem großen Vorbild Rembrandt, der auch in besonderer Weise das »Licht« auf biblischen Szenen darzustellen wusste, gelang es Pankok, mit einfachsten Mitteln etwas von diesem Wunder sichtbar werden zu lassen.

Ein Manifest

»Es erhob sich die Macht über die Liebe,
und die Macht schlug die Liebe zu Boden.
Aber die Liebe war dennoch größer als die Macht.
Man kann den Menschen zu Tode bringen,
seine Liebe geht weiter.«

Diese Worte stellte Pankok 1936 der Buchausgabe seiner Passion voran. Sie klingen wie ein Manifest. Indem er in seinen 60 großen Kohlezeichnungen das Leben und Leiden Jesu darstellte, schilderte er zugleich das Leben und Milieu seiner bedrohten Freunde und prangerte mit den ihm als Maler und Grafiker zur Verfügung stehenden Mitteln die Situation im Dritten Reich an. Er, der hervorragende Porträtist und Bildhauer, zeichnete diese Gesichter, mal hart und verhärmt, dann wieder weich und liebend. Er zeichnete realistisch, gab minutiös die Holzmaserung des Bretterverschlages wieder und die Struktur des Heuhaufens. Aber in den Porträts seiner Freunde zeigt sich auch die Angst der verfolgten Minderheit im Land. Pankoks Credo ist die Liebe, die den Tod überdauert. Sie scheint in den hellen, wie aus sich selbst leuchtenden Partien jedes einzelnen Bildes auf. Seinen Freunden und allen Verfolgten setzte er mit seinen Bilderzyklen ein leuchtendes Denkmal. Es ist gut, sich gelegentlich auch an diese Zeiten zu erinnern, gerade an Festtagen, wie eben an Weihnachten.

Notizen zur Biografie

1883 in Mülheim/Ruhr geboren. Nach dem Kunststudium – seine Vorbilder sind Rembrandt, Millet und van Gogh – Soldat im Ersten Weltkrieg. Nach einigen Jahren in Berlin arbeitete er als Pressezeichner für die Düsseldorfer Tageszeitung. 1921 Heirat mit der Journalistin Hulda Droste.

Studienaufenthalte in Südeuropa, 1929 Holzschnittfolge »Spanische Bauern«. Dort entstehen erste christliche Motive, z.B. ein Abendmahl. In Saintes-Maries-de-la-Mer und später in Düsseldorf lebte Pankok mit Zigeunern zusammen. Nach dem Mal- und Berufsverbot musste er 1936 untertauchen.

1947–1958 Professor an der Düsseldorfer Kunstakademie. Zyklen u.a. »Zigeuner«, Jüdisches Schicksal (1953). Als Maler mit dem Kohlestift, als Holzschneider und Bildhauer erfuhr Otto Pankok hohe Anerkennung. Er gilt als bedeutender Vertreter des expressiven Realismus. Er starb 1966.

Literaturhinweise
Die Passion in 60 Bildern von Otto Pankok, hrsg. v. Friedrich W. Heckmanns, Köln 1992

Zur Typologie und Ikonografie der Weihnachtsgeschichte und der Heiligen Familie

Die Geburt Christi

In frühchristlicher Zeit maß man der Darstellung von Maria, Josef und dem Kind keine große Bedeutung bei. Erst seit 330, unter Konstantin dem Großen, wurde das Weihnachtsfest als Fest der Geburt Jesu gefeiert. Immer mehr durch Legenden ausgeschmückt, fand die Geburtsgeschichte Aufnahme in die nachbiblische Schriftensammlungen der → Apokryphen, etwa in das Protevangelium des Jakobus aus der 2. Hälfte des 2. Jhs. Das Jakobusevangelium war im Mittelalter weit verbreitet und wurde zur Grundlage u.a. der → »Legenda aurea« des Jacobus de Voragine (um 1270), einer Legendensammlung, die bald zu einer der wichtigsten Bildvorlagen für Künstler des Mittelalters wurde. Darstellungen der Geburt Christi wurden etwa seit dem 4. Jh. zu einem beliebten Bildthema in der christlichen Kunst.

Einzelne Bildelemente

DAS WICKELKIND: Beispiele auf frühchristlichen Sarkophagen zeigen das Kind, fest in Binden gewickelt, in einem Korb oder Trog. Über das damals selbstverständliche Wickeln schrieb Plinius: »Kaum dass das Kind dem Mutterleib entschlüpft ist, steckt man es in ein neues Gefängnis ... An Händen und Füßen gebunden, ist es seinen Tränen und Seufzern überlassen ... Wickeln gilt als Schutz; ohne Wickel würde sich das Kind die Augen auskratzen, die Ohren abreißen und die zarten Beinchen brechen. Immer würde es am Penis herumspielen, womöglich sogar auf allen Vieren kriechen wie ein Tier ...« (Marie-Louise Plessen u.a., Zwei Jahrtausende Kindheit, Köln 1979, S. 16 ff.). Bis heute hat sich in der Volkskunst Österreichs und Süddeutschlands diese Form des gewickelten sog. »Fatschenkindes« erhalten.

OCHS UND ESEL: Gelegentlich ist das Kind auch unter offenem Hüttendach liegend dargestellt. Ochs und Esel wenden sich ihm zu. Manchmal sind ein auf das Kind weisender Hirte beigegeben oder die drei Könige. Ochs und Esel sind bei Lukas nicht erwähnt. Vermutlich geht ihre Darstellung auf die prophetische Weissagung bei Jesaja zurück: »Der Ochse kennt seinen Besitzer und der Esel die Krippe seines Herrn« (Jes 1,3), eine Bibelstelle, die schon seit Origenes (um 254) der Krippe von Bethlehem zugeordnet wurde. Andere Kirchenväter deuteten Ochs und Esel links und rechts neben dem Kind als Vertreter von Juden und Heiden bzw. als Vertreter der erlösungsbedürftigen Menschheit.

Mitunter schauen Ochs und Esel unter zwei Rundbogen hervor, als stünden sie, wie in mittelalterlichen Einraum-Hallenhäusern üblich, an den Seitenwänden unter niedrigem Dach mit dem Kopf zum Wohnraum.

MARIA UND JOSEF: Maria ist erst auf späteren Darstellungen, scheinbar unbeteiligt neben dem Kind sitzend, abgebildet. Erst im 5. Jh., nach dem Konzil zu Ephesus (431), als sie als »Gottesgebärerin« anerkannt wurde, erhielt Maria vor allem auf Darstellungen der Ostkirche ihren festen Platz. So zeigt die byzantinische Kunst seit dem 6. Jh. eine Variante der Darstellung: Den Beschreibungen der Apokryphen folgend, wird Christi Geburt in einer Felsenhöhle (Unterschlupf und Behausung von Hirten mit ihrem Vieh) verlegt. Maria liegt erschöpft von der Geburt auf einer Art Matte (antikes Vorbild). Josef, der Nährvater, ist oftmals ein wenig abseits vom Hauptgeschehen zu sehen. Dieser Bildtypus beeinflusste mittelalterliche Darstellungen auch in Westeuropa bis weit ins 14. Jh. hinein. Josef ist – in Anlehnung an die seit dem 2. Jh. vielfach als Vorlage dienende Beschreibung im apokryphen Kindheitsevangelium des Jakobus – auch als Zweifelnder dargestellt.

Etwa ab Mitte des 14. Jhs. entwickelte sich unter dem Einfluss der Mystik und der Franziskaner ein verinnerlichter Darstellungstypus. Innerhalb der Mauern von Bethlehem oder vor dem Stall (dargestellt als Schutzdach einer verfallenen Hütte, später auch als antikisierte Halle, Ruine oder Durchgang zwischen mehreren Gebäuden) wendet sich Maria liebevoll dem Kind zu. Dieses liegt oft auf dem Boden, wird von Engeln und Gläubigen kniend verehrt. Gelegentlich ist das Kind auf ein Tuch oder einen Gewandzipfel von Marias Umhang gebettet. Josef ist nun fester Bestandteil der Szene, die auch genremäßig bereichert wird. Er hilft etwa bei der Bereitung eines Mahls, dann ist der Breitopf über der Feuerstelle zu sehen. Ein besonders schönes Beispiel dafür ist der Wildunger Altar. Vielfach öffnet sich der Blick nun auch auf eine liebliche Landschaft, in der Nebenszenen wie die Verkündigung an die Hirten oder der Zug der drei Weisen dargestellt werden. Einzelne Maler (Meister Francke, Altdorfer, Holbein, Hans Baldung Grien) stellten die Szene auch bei Nacht dar. So ließ sich das Geheimnisvolle des Vorgangs durch besondere Lichtführung zusätzlich steigern. Rembrandt inszenierte seine Darstellung, die in einem realistisch wiedergegebenen Stall spielt, durch einen zurückgezogenen Vorhang und beleuchtete die Familienszene indirekt durch eine nicht sichtbare Lichtquelle. So scheint im Dunkel des Stalls von dem Kind ein helles Licht auszugehen.

Im 20. Jh. sind Darstellungen der Geburt oder der Heiligen Familie seltener geworden. Beeindruckende Beispiele gestalteten u.a. Emil Nolde, Heilige Nacht (1912); Marc Chagall, Heilige Familie (1950); HAP Grieshaber, Weihnachten (1963).

RUINEN, SÄULE, STALL ODER GROTTE: Vorrangig wurden als Ort der Geburt Stall oder Grotte dargestellt, aber auch eine Säule oder neben dem Stall Ruinen. Dieser Bildtypus ist besonders zur Zeit Dürers beliebt. Der Legende nach soll sich Maria während der Geburt an eine Säule gelehnt haben. Säule und Ruinen weisen auf das Prophetenwort des Amos hin (Am 9,11): »An jenem Tag richte ich die zerfallene Hütte Davids wieder auf.«

HEILIGE FAMILIE: Aus den beliebten Darstellungen von Josef und Maria auf der Flucht nach Ägypten oder ruhend auf der Flucht bzw. in Ägypten, bildete sich ab dem 15. Jh. das Bildthema der »Heiligen Familie« mit genrehaften Zügen heraus: Josef bei der Zimmermanns- oder Hausarbeit, Maria bei häuslichen Verrichtungen, die bald um Gegenstände mit Symbolcharakter erweitert wurden. Eine seltenere Sonderform ist die der stillenden Maria; → Maria lactans.

HINWEISE AUF DIE PASSION: Auf vielen Weihnachtsdarstellungen bis in heutige Zeit (Chagall) weist neben dem Kreuznimbus des Kindes auch ein Kruzifix auf die Passion, ebenso ein → Lamm, der → Kreuzstab, oder ein → Schriftband, auch deutet der → Distelfink in der Hand des Kindes auf das zukünftige Leiden.

HIRTEN: Schon auf frühchristlichen Darstellungen der Geburt, z.B. an Sarkophagen, sind Hirten in kurzem, gegürtetem Hirtengewand nach antikem Vorbild zu sehen. Sie sahen als erste Menschen das Kind und konnten seine Geburt bezeugen, vgl. Lk 2,16: »So eilten sie hin und fanden Maria und Josef und das Kind, das in der Krippe lag.«

HEBAMMEN: Eine Variante östlicher Darstellung zeigt, den Apokryphen folgend, gelegentlich ein oder zwei das Kind badende Hebammen. Dieser Bildtypus, auch als Hinweis auf die Taufe zu verstehen, blieb für Westeuropa ohne Bedeutung.

ENGEL: Sie erscheinen ab dem 12. Jh. anbetend und musizierend auf vielen Geburtsbildern, tummeln sich auch im Gebälk des Stalles (Grünwalds Isenheimer Altar, Lochner u.a.).

JOSEFS HUT: ist gelegentlich spitz und weist ihn damit als Vertreter des Judentums aus.

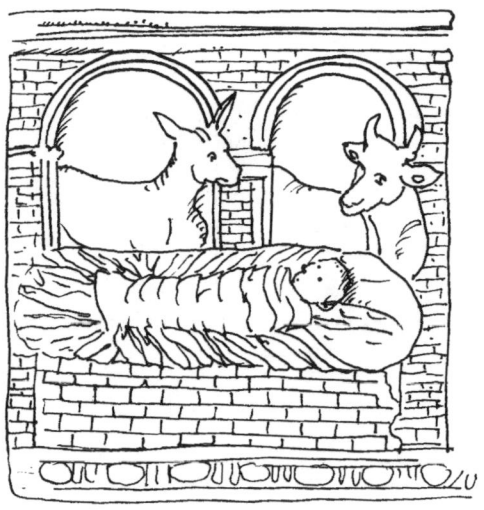

50 Elfenbeintäfelchen, Nevers, 5. Jh.

51 Die Geburt, Elfenbeintäfelchen,
Museum Schnütgen, Köln, um 1150–1170

52 Geburt und Verkündigung an die Hirten, Das Goldene Buch von Echternach, 11. Jh.

53 Geburt Christi, Rheinische Schule,
Louvre, Paris, um 1340

54 Conrad von Soest, Wildunger Altar, 1404

55 Stefan Lochner, Anbetung des Christus-
kindes, Alte Pinakothek, München, um 1445

56 Dreifaltigkeitsaltar, St. Lorenz,
Nürnberg, 1460

57 Hans Baldung Grien, Die Geburt Christi,
Alte Pinakothek, München, 1520

58 Martin Schongauer, Die Geburt Christi,
Kupferstich, um 1470

59 Albrecht Dürer, Paumgartner Altar,
Alte Pinakothek, München, um 1500

60 El Greco, Heilige Familie,
Museum of Art, Cleveland, 1592

GOTT KOMMT IN DIE WELT – THEOLOGISCHE UND DIDAKTISCHE ZUGÄNGE

Erst seit dem 4. Jh. wird Weihnachten, der Geburtstag des Herrn, gefeiert. Als dessen Datum bestimmten damals die Christen in Rom den 25. Dezember, das Fest des »sol invictus«, des unbesiegbaren Lichts. Ist im kirchlichen Festkalender immer noch Ostern das Hauptfest im Jahreskreis, so hat ihm in der Festpraxis der Familien eindeutig das Weihnachtsfest den Rang abgelaufen. Das ist auch ein Beleg dafür, wie sich Familienfrömmigkeit von kirchlichen Traditionen emanzipiert hat.

Woran mag es wohl liegen, dass viele, für die das Kirchenjahr keine Bedeutung mehr hat, dennoch am Weihnachtsfest festhalten, am Heiligen Abend Christvespern und -metten besuchen, zu Hause Lieder mit christlichem Inhalt singen, vielleicht sogar nach dem Anzünden der Kerzen am Christbaum aus der Bibel vorlesen? Gefeiert wird an diesem Tag die Geburt des Kindes – und die Entstehung der Familie. Mit der heiligen Dreisamkeit von Maria, Josef und dem Kind wird indirekt Familie überhaupt mit der Aura des Heiligen umgeben. Die Krippenszene wird als Idyll aufgebaut, die unwirtlichen Umstände der Geburt im Stall werden in dieses Idyll integriert. Sehnsucht nach Geborgenheit in einer heilen Welt kommt darin zum Ausdruck. Bei diesem Fest soll sie mit dem Blick auf die Heilige Familie Wirklichkeit werden. Entsprechende Träume, Erinnerungen und Sehnsüchte aus der Kinderzeit werden wieder lebendig. Die vielen Weihnachtsbilder der christlichen Kunst dienen als deren Bekräftigung und Bestärkung. Mit der Botschaft der Engel »Friede auf Erden« weitet sich die Familienszene zum Wunsch nach Frieden auch in den gesellschaftlichen und politischen Bezügen. Zu Weihnachten gehören auch die Friedensappelle der Politiker. Wird solche Festpraxis den Intentionen der biblischen Weihnachtsgeschichte und der sie auslegenden Bilder der Kunst gerecht?

Botschaft der Weihnachtsgeschichten

Das Lukasevangelium stellt in Kap. 2 seine Sicht der Geburt Jesu in einen weltpolitischen Zusammenhang. Rom galt damals als Mittelpunkt der zivilisierten Welt. Die Pracht, in der sich die römischen Kaiser als göttergleich feiern ließen, wurde noch überhöht durch die offizielle »pax romana« als göttliche Friedensordnung: »Ehre dem Kaiser in Rom und Friede im römischen Weltreich all denen, die in der Gunst des Kaisers leben« – so besang es der Dichter Vergil. Lukas als Kenner der Verhältnisse in Rom und der Situation der dortigen christlichen Gemeinde setzt dem ein anderes Bild entgegen. Er lenkt den Blick auf die Menschen am Rande und im Schatten dieses Weltreichs: Menschen, die von den Steuerbürokraten zu den Herkunftsorten ihrer Familien beordert werden, ohne Rücksicht auf ihre Reisefähigkeit; Schafhirten, die am Ende der Skala gesellschaftlichen Ansehens standen. Sie rücken in die Mitte der göttlichen Heilsgeschichte, als mitten unter ihnen der wirkliche Gottessohn zur Welt kommt. Das Dorf Bethlehem läuft Rom den Rang ab, als das Hirtenfeld kurzzeitig in einen himmlischen Thronsaal verwandelt wird und die Machtverhältnisse ganz anders erscheinen: »Verherrlicht ist Gott in der Höhe und auf Erden ist Frieden bei den Menschen seiner Gnade« (Lk 2,14). In geradezu provozierender Weise werden Wünsche nach Harmonie und Frieden auf das Kommen Jesu bezogen. Mit seiner Geburt ist das entscheidende Datum gesetzt.

Aus dem Matthäusevangelium ist die Szene der Anbetung des Kindes durch die Magier aus fremdem Land bekannt (Mt 2). Sie steht im Zusammenhang der Rechtfertigung des Glaubens an Jesus Christus gegenüber den jüdischen Vertretern der »alten« Lehre. Sterndeuter haben das Besondere dieser Geburt erfasst – im Unterschied zu den jüdischen Gelehrten, die den alttestamentlichen Weisungen gegenüber blind sind, dass in Bethlehem der neue König David zur Welt kommen wird. Der Fortgang der Geschichte erzählt von der Flucht der Heiligen Familie nach Ägypten und dem Kindermord in Betlehem – das erinnert an die Geburt des Mose und seine wunderbare Errettung. Jesus ist auch der neue Mose.

Beide Evangelisten halten auf je verschiedene Weise das ganz Besondere dieser Geburt fest und schauen dabei mit ihrem Glauben an den auferstandenen Jesus Christus auf den Anfang seines Lebenswegs. Von der Auferstehung Jesu her fällt besonderer Glanz auf die Geburtsgeschichte: In diesem Kind kommt der zu Gott Erhöhte, kommt Gott selbst in die Welt. Diese Geburt ist zugleich der Beginn des Weges Jesu, der zu den Benachteiligten am Rande der Gesellschaft führt. Dort richtet er die andere Herrschaft des Friedens auf, die als Hoffnungszeichen gegen die politische Macht steht, an der Jesus dann später, so scheint es zumindest auf den ersten Blick, mit dem Tod am Kreuz scheiterte. Seine Auferstehung aber zeigt: Sein Weg geht weiter. Die Herrschaft Gottes reicht weiter als die der Menschen.

Botschaft der Bilder

Der erste Blick auf weihnachtliche Bilder zeigt uns das Leuchten des göttlichen Glanzes in dieser Szene. Im Dunkel erscheint das Licht – auch in Pankoks Bild ist solche Wärme zu spüren. Engel als die Boten Gottes heben hervor, dass es hier um sein Erscheinen geht. Die besondere Nähe Mariens zu Gott kommt in ihrem blauen Gewand zum Ausdruck, der Farbe des Himmels. Auch andere Personen (Josef, die

Magier) sind festlich gekleidet, ganz der Würde dieses Ereignisses angemessen. Das Kind selbst unterscheidet sich oft von der Hilflosigkeit eines Neugeborenen. Seine Gesten weisen schon auf den segnenden Christus hin.

Erst der zweite Blick zeigt die Ärmlichkeit der Situation: eine Ruine oder ein Stall ohne jegliches wohnliche Inventar; oft das Kind auf dem blanken Fußboden. Hirten mit gegerbten Gesichtern. Moderne Künstler haben diesem zweiten Blick ihr besonderes Augenmerk geschenkt. So auch Otto Pankok, der mit den Zigeunergestalten die gesellschaftliche Randgruppe seiner Zeit ins Bild setzte.

Schon in der Renaissance haben Maler die weihnachtliche Szene in ihr eigenes Umfeld verlagert: in ihre Stadt, in ihre Zeit. Die Personen tragen die Gewänder der Gegenwart, in den anbetenden Magiern sind die Herrschenden der Zeit porträtiert. In anbetender Haltung fordern sie die Betrachter auf, es ihnen gleich zu tun. Diese Weihnachtsbilder sind Andachtsbilder: In dem Kind wird der auferstandene Christus selbst verehrt, der mit seiner Kraft unsichtbar in seiner Gemeinde wirkt. Die Vorstellungen von diesem Wirken weisen auf den Lebensweg dieses Jesus, auf dem er sich den Menschen in Not zugewandt und selbst gelitten hat. So finden sich in vielen Weihnachtsbildern schon das Kreuz oder andere Hinweise auf Jesu Leidensweg.

Religionspädagogische Aufgaben

Weihnachtsgeschichten und -bilder knüpfen an die Sehnsüchte an, die in der Weihnachtszeit wach werden: nach Heil und Frieden in der Familie und darüber hinaus. Sie weisen zugleich auf die Ursprungsgeschichte dieses Fest hin, an der die hohen Erwartungen festgemacht werden können: Mit diesem Kind hat Gott ein Zeichen des Friedens aufgerichtet. In der Geburtsszene zeigt sich schon der Lebensweg dieses Jesus. Sehnsucht nach Heil, Harmonie und Leben bekommen einen Namen, davon kann erzählt werden – und die Weihnachtsbilder werden zu »Lesebildern« dieser Sehnsucht.

Zugleich wirken Geschichten und Bilder der Erstarrung zur Idylle entgegen, indem die Realität derer mit einbezogen wird, die zu allen Zeiten an der Wirklichkeit leiden, die Flüchtlinge und Asylanten, Menschen im Dunkel. Es geht also darum, die weihnachtliche Sehnsucht durchaus ernst zu nehmen und ihr in Geschichten und Bildern auch Resonanz zu geben. Und mit der Zuordnung zum Leben dieses Jesus wird sie zurückgebunden an die Realität mit ihren Herausforderungen und den Aufgaben, denen es sich zu stellen gilt.

KREATIVE UMSETZUNG:
LICHT IM DUNKEL

Otto Pankok dachte sich die Geburt als eine schlichte, aber doch vom göttlichen Licht erhellte Familienszene im Stall. Die menschliche Wärme dieser Familie und die Ausstrahlung, die von dem Kind ausgeht, rührt uns. Wie viel näher ist uns in unserer Zeit eine solche Darstellung, als die prächtigen bunten und vergoldeten Weihnachtskrippen früherer Zeit. Das kann dazu anregen, dass wir versuchen uns mit wenigen einfachen Materialien ein Bild zu machen, statt aus der bunten Überfülle Glitzerndes und Kostbares aufeinander zu häufen.

Hoffnungsbilder in Schwarz und Weiß

Eines der wesentlichen Merkmale christlicher Kunst ist die Gestaltung des Lichtes. Licht als Quelle des Lebens und im übertragenen Sinn auch als Symbol für alles Göttliche lässt auch in dunklen Zeiten, wie auf Pankoks Bildern dargestellt, immer wieder Hoffnung zu. Es lohnt sich, mit einfachen Materialien, z.B. mit weichem Bleistift und Papier, oder, spannender noch, wie Otto Pankok mit Holzkohle auf rauem Packpapier selbst zu versuchen die frohe Botschaft der Geburt aus dem Dunkel aufleuchtend darzustellen. Je dunkler die Nacht im Hintergrund, desto heller das Kind im Stroh. Wie bei Pankok könnte dabei auf alle überlieferten Details verzichtete werden, auf die Krippe und auch auf Ochs und Esel. Ein wenig Weiß, z.B. Tafelkreide, die einige Stunden in Zuckerwasser gelegen hat, um besser zu haften, oder weiße Wachsfarbstifte verstärken den Kontrast und lassen das Weihnachtslicht noch heller leuchten.

Zum Schluss kann hier und da ein Hauch Goldfarbe (Deckfarbe oder Goldstift) das Wunderbare des Weihnachtsgeschehens unterstreichen und das Außergewöhnliche des Geschehens wie auf alten Buchmalereien aufleuchten lassen.

Christusbild und Meditation

ALEXEJ JAWLENSKY: »LIEBE« (1925)

»Kunst ist Sehnsucht nach Gott.«
ALEXEJ JAWLENSKY

Warme, fein abgestufte Farbtöne, kräftiges Apricot, Orange und Rot neben Grau, Lampenschwarz und Weiß lassen dieses ovale Antlitz wie von innen aufleuchten. Zugleich fasziniert der dargestellte Kopf durch seine ungewöhnlich klare, überwiegend auf Senkrechte und Waagerechte hin reduzierte archetypische Gesichtsform. Sie vor allem nimmt den Blick gefangen, prägt sich tief ein.

Wie auf ein Minimum reduziert, ganz zurückgenommen scheint dieser Kopf. Die hellgrauen Gesichtsflächen sind ruhig, wie mit samtener Oberfläche gemalt, die Augen geschlossen, der Blick in sich gekehrt, vielleicht erloschen. Auch der schmallippige Mund ist ohne Ausdruck. Nur ein kreisrunder weißer Fleck mit lichtblauer Aura rechts im Bild scheint zu sprechen, drängt sich vor, leuchtet wie aus sich selbst. Unscheinbarer, hellblau mit gelber Aura ist ein zweiter kreisrunder Fleck links zu erkennen. Was haben beide in diesem Antlitz zu bedeuten?

Von der Fläche zum Relief

Die messerscharfen, wie mit dem Lineal gezogenen Linien von Nasenrücken und Mund, von Augenlidern und Brauen sind scharf herausgearbeitet. Sie vor allem bestimmen diesen Gesichtsausdruck. Jede von ihnen ist unterschiedlich stark mit Weiß »gehöht«. Das heißt, Augenbrauen und Mund heben sich wie plastisch greifbare Stege von der darunter liegenden Gesichtsfläche ab. Fast geben sie dem Antlitz den Charakter eines Reliefs, das man sanft mit den Fingerspitzen berühren und ertasten möchte. Einzig der weiße Kreis bleibt flach und leuchtet.

ALEXEJ JAWLENSKY: »LIEBE« (1925),
Öl auf Pappe, 59,0 x 48,8 cm,
Städtische Galerie im Lenbachhaus, München
© VG Bild-Kunst, Bonn 2010

Überirdische Ruhe

Dieses Antlitz ist kein realistisches Porträt, und doch geht von ihm eine starke, fast individuelle Ausstrahlung aus. Wer sich darauf einlässt, spürt ein »In-sich-Ruhen«, spürt Zuversicht und Harmonie. Obwohl keine Linie und keine der fein aufeinander abgestimmten Farbflächen exakt ihrem Gegenüber entspricht, erscheint dennoch alles ausgewogen und »im Lot«. Rechte und linke Seite, Oben und Unten und sogar Vorder- und Hintergrund befinden sich trotz aller Gegensätze und Brüche wohltuend im Gleichgewicht. So strahlt dies Antlitz, dem der Künstler selbst den Titel »Liebe« gab, eine gewisse Würde und fast überirdische Ruhe aus, die fasziniert und den Betrachter zu fesseln vermag.

Die »Gesichte« des Künstlers

Jawlensky malte unzählige solcher »Gesichte«, wie er selbst sie nannte. Es gibt düster-dunkle und strenge »Gesichte«, leuchtende und weiche, flächige und auch solche, die mit heftigem Pinselstrich, mit kräftigem Duktus kontrastreich gemalt sind. Und es gibt wieder andere, die eine fast derbe, wie aufgewühlte Oberfläche haben. Jeder dieser Köpfe spiegelt eine andere Stimmung wieder, führt zu einer anderen Aussage. Neben dumpfen schwermütigen, fast Angst machenden »Gesichten« gibt es farbenfrohe und solche, die den Betrachter heiter und ausgeglichen stimmen. Die meisten sind in einem kleinen Format gemalt, zu dem der Künstler gezwungen wurde, seit er in den 30er-Jahren an einer zunehmenden Lähmung erkrankte, die seine Hände schmerzhaft, steif und unbeweglich werden ließ, sodass der Radius seiner Pinselführung immer kleiner wurde.

Ein moderner Ikonenmaler?

Auf die Rückseite eines seiner vielen Antlitze schrieb Jawlensky:

> *»Was denke ich?*
> *Was fühle ich?*
> *Ich schaue in mich.*
> *Oh! wie möchte ich*
> *Etwas Göttliches*
> *sagen!«*

Mit seinen immer neuen Versuchen, einen zugleich archetypischen und in seinen verschiedenen Ausdrucksformen doch so menschlichen Kopf mit geschlossenen Augen zu gestalten, hatte Jawlensky im Sinn, das ewig Gültige, das Göttliche im Menschen auszudrücken. Vielleicht wollte er, wie Generationen von Malern vor ihm, in einer Ikone den Kopf des Schöpfers selbst darstellen. Vielleicht erinnern uns seine »Gesichtc« deshalb so sehr an das Antlitz Jesu.

Als gebürtigem Russen waren Jawlensky seit seiner Jugend die kostbaren → Ikonen russisch-orthodoxer Kirchen wohl vertraut. In mehreren Reihen neben- und übereinander sind dort die Bilder verehrungswürdiger Heiliger auf Bilder- wänden, sog. Ikonostasen, in fester Ordnung angebracht. Sie trennen ähnlich dem → Lettner in westlichen Kirchen des Mittelalters das Sanktuarium von dem Raum der Laien. Diese Bilder folgen seit Jahrhunderten in Form und Farbe streng über- lieferten Vorgaben, sodass sie in ihrer Grundform bis heute nur wenig von den Urbildern abweichen. Mit seinen »Gesichten« folgte Jawlensky offenbar diesen Vorbildern, indem er den Kopf Jesu – bzw. das menschliche Antlitz als überper- sönliche Wirklichkeit Gottes, wie eine Ikone – immer von der gleichen einmal gefundenen Grundform ausgehend, wieder und wieder gestaltete.

Malen als Gebet – Aus Jawlenskys Aufzeichnungen und Briefen

In zahlreichen Briefen, vor allem an seinen Freund Pater Willibrord Verkade, bekennt Jawlensky: »*Ich arbeite für mich, nur für mich und meinen Gott ... Meine Arbeit ist mein Gebet, aber ein leidenschaftliches, durch Farben gesprochenes Gebet. Ich arbeite mit Ekstase und mit Tränen in den Augen.*« (1936)

»*Ich verstand, dass ich nicht das malen musste, was ich sah, sogar nicht das, was ich fühlte, sondern nur das, was in mir, in meiner Seele lebte ... Einige Jahre malte ich diese Variationen, und dann war mir notwendig, eine Form für das Gesicht zu finden, da ich verstanden hatte, dass die große Kunst nur mit religiösem Gefühl gemalt werden soll. Und das konnte ich nur in das menschliche Antlitz bringen. Ich verstand, dass der Künstler mit seiner Kunst durch Formen und Farben sagen muss, was in ihm Göttliches ist. Darum ist das Kunstwerk ein sichtbarer Gott, und die Kunst ist ›Sehn- sucht zu Gott‹. Ich habe viele Jahre ›Gesichte‹ gemalt. Ich saß in meinem Atelier und malte, und mir war die Natur als Souffleur nicht notwendig. Mir war genug, wenn ich mich in mich selbst vertiefte, betete und meine Seele vorbereitete in einen religiösen Zustand*«. (1938)

Notizen zur Biografie

1864 in Torholf (Russland) als Sohn einer adligen Familie geboren, hatte Jawlensky 1880 seine erste Begegnung mit Kunst anlässlich der Weltausstellung in Moskau. Jawlensky schreibt dazu in seinen Lebenserinnerungen: »*Meine Seele bekam eine so große Erschütterung ... Seitdem war die Kunst mein Ideal, das Heiligste, nach dem sich meine Seele, mein ganzes Ich sehnte ...*«

1896 Reise nach Deutschland, Freundschaft mit Kandinsky, Mitglied des »Blauen Reiter« in München. Er malt expressionistische Landschaften, allmählich Abkehr vom Gegenständlichen. Weil 1914 als Russe ausgewiesen, lebt Jawlensky während des Krieges in St. Prex am Genfer See in der Schweiz. Seit jener Zeit begann er zahllose »Gesichte« zu malen, die er auch »Meditationen« nannte. 1941 starb Jawlensky in Wiesbaden.

Literaturhinweise
Alexej Jawlensky. Vom Abbild zum Urbild, Wasserburg am Inn 1979
Günter Rombold/Horst Schwebel: Christus in der Kunst des 20. Jahrhunderts, Freiburg u.a. 1983
Clemens Weiler: Alexej Jawlensky. Köpfe, Gesichte, Meditationen, Hanau 1970
Armin Zweite (Hrsg.): Alexej Jawlensky 1864–1941, München 1983

ZUR TYPOLOGIE UND IKONOGRAFIE DES CHRISTUSBILDES

Hauptthema christlicher Kunst ist Christus, seine Geburt, sein Leben und sein Leiden. Da das Aussehen des historischen Jesus unbekannt ist, haben sich Künstler entweder an früheren traditionellen Darstellungen orientiert oder sich ihre eigenen Vorstellungen von Jesus als dem Sohn Gottes gemacht. Im Wesentlichen haben sich zwei Vorgehensweisen herausgebildet und wurden jeder Epoche entsprechend immer weiter verfeinert: Christusbilder, die ein idealtypisches frontales Porträt (vera icon) oder nur Symbole zeigen, und heilsgeschichtliche Darstellungen, die Jesus in seinem Wirkungskreis, als Lehrer, Hirten etc. abbilden sowie seine Leidensgeschichte.

Christusbilder der Frühzeit nach antikem Vorbild

In der Malerei der Katakomben und auf Sarkophagen der ersten Christen wurde Christus entweder als Symbol dargestellt (Lamm, Kreuz, Kranz mit dem Christusmonogramm, Weinstock) oder als zeitlos jugendliche (bartlose) und schöne Gestalt. So konnte er nach dem antikem Vorbild der Philosophenbilder in knielanger Tunika und der üblichen Fußbekleidung inmitten der Apostel als Verkünder des göttlichen Willens (mit Schriftrolle oder Buch) abgebildet sein oder als der gute Hirte mit dem Lamm über den Schultern und umgeben von Schafen, dem Sinnbild für die Gläubigen (Abb. 162).

Der siegreiche Christus

Gelegentlich findet sich im aufgeschlagen dargestellten Buch, das Christus in der Hand hält, der Hinweis auf Johannes 14,6: »Ich bin der Weg und die Wahrheit und das Leben.« Schon frühzeitig wurde Christus auch als Sieger über seine Feinde, über Sünde und Tod dargestellt, mit den Füßen über der Schlange, dem Löwen, Drachen, Basilik usf. stehend. Christus als Leidender und Gekreuzigter wurde erst sehr viel später, im Mittelalter, zum zentralen Bildthema, s. S. 117 ff.

Christus mit Kreuznimbus

Ab dem 5. Jh. bis Ende des Mittelalters ist Christus am → Kreuznimbus zu erkennen. Auf Bildern zur Schöpfung oder anderen Szenen des Alten Testamentes kann Christus mit dem Kreuznimbus auch Gott Vater vertreten (z.B. Schöpfungsbild Meister Bertrams, Abb. **4**).

Christus der Weltenherrscher

In byzantinischen Kirchen, etwa ab dem 6. Jh., erscheint das feierlich strenge Bild des thronenden, bärtigen, männlichen Christus in der Kuppel oder Apsiswölbung. Die frontal ausgerichtete Figur des Pantokrators, des Allherrschers hat die rechte Hand zum ursprünglich antiken Redegestus erhoben, der in der christlichen Kunst zum Segensgestus umgedeutet wurde.

Zu unterscheiden sind der griechische und der lateinische Segensgestus. Beim griechischen sind Zeige- und Mittelfinger ausgestreckt, der Daumen berührt Ring- und kleinen Finger, beim lateinischen Segensgestus, auch Drei-Finger-Gestus genannt, sind die drei ersten Finger gestreckt, die letzten angelegt. In der linken Hand hält Christus der Weltenherrscher das Buch, Sinnbild für das Wort Gottes (vgl. Joh 1,1 ff.: »Am Anfang war das Wort, und das Wort war bei Gott, und das Wort war Gott.«).

»Majestas Domini« und »Salvator mundi«

Als abendländisches Gegenstück zu den Allherrscherdarstellungen der Ostkirche entstand der strenge und starr wirkende Bildtypus der Majestas Domini. Er geht auf die Gottesvision der Apokalypse zurück und zeigt den bärtigen, männlich-ernsten Christus als Weltenherrscher, der auf einer Weltkugel sitzt, umgeben von einem mandelförmigen Nimbus (Mandorla) und den Symbolen der vier Evangelisten (Engel, Löwe, Stier, Adler).

Diese strenge Form wurde später abgelöst von der Darstellung Christi als Weltenrichter und »Erlöser der Welt«, als »Salvator mundi«, als der er mit weicheren Gesichtszügen die Weltkugel mit dem Kreuz in Händen hält oder auf ihr steht.

Der gütige Christus und der »Schöne Gott« (Beau Dieu)

In der Gotik des 13. Jhs. erscheint das Christusbild allmählich milder und menschlicher und von großer Anmut und Schönheit. Das führte vor allem in der französischen Kathedralplastik zum Typ des Schönen Christus, zum → Beau Dieu, mit schulterlangem Haar und geteiltem Bart, gekleidet mit Tunika und Pallium. Ein tiefgreifender Wandel in der Frömmigkeit beeinflusst zu dieser Zeit das Christusbild, das möglicherweise, auch geprägt vom Minneverständnis mittelalterlicher Ritterwelt, die Liebe zu Gott wecken soll.

Der leidende Christus der Passion

Erst im späteren Mittelalter, etwa ab dem 13. Jh., setzt das Interesse, das Leiden Jesu nachzuempfinden, ein. Der mystischen Sehnsucht der Gläubigen entspricht das Bild des leidenden Christus, in dem das Schreckliche seiner Passion seinen Ausdruck findet. Daher werden besonders in der Zeit der Mystik Kreuzigungsszenen, der Schmerzensmann, die Pietà, das gemarterte Antlitz des leidenden Erlösers mit der Dornenkrone, Darstellungen der Beweinung und andere Andachtsbilder zu zentralen Bildthemen in der christlich-abendländischen Kunst. Zugleich wird im Gegensatz dazu der Liebreiz des Kindes auf Krippendarstellungen besonders hervorgehoben.

Der verklärte Christus der Auferstehung

Oftmals im Kreisrund oder Oval einer Gloriole göttlichen Lichtes (besonders beeindruckend Grünewalds Isenheimer Altar) wird die leuchtende Gestalt des aus dem Grab auferstehenden Jesu als eine übernatürliche Erscheinung vor dunklem Hintergrund dargestellt. Die übernatürliche Wirkung des Geschehens wird mit den kraftlosen, außer Gefecht gesetzten Soldaten am Grab (Höhlengrab oder Sarkophag) noch gesteigert.

Das Christusbild der Renaissance

Entsprechend dem aufkommenden Interesse der Renaissance an der realen Welt, an Naturbeobachtung, Perspektive und Naturgesetzen sowie an den Versuchen, in der Malerei alles naturalistisch genau wiederzugeben, wird nun auch Christus bärtig und – nach antikem Ideal – in vollkommener Körperschönheit dargestellt. Diese Schönheit ist Ausdruck seiner Göttlichkeit, er wird zwar realistisch, zugleich aber in übersteigerter Übermenschlichkeit (Michelangelo) gezeichnet.

Das Mystisch-Geheimnisvolle mittelalterlicher Vorstellungen verliert sich in den prachtvollen Gemälden bedeutender Renaissancekünstler, die Christus als Mensch ihrer Zeit mit individuellen harmonischen Zügen darstellen und das biblische Leben und Wirken Jesu in ihre historische Zeit und in reale Landschaften versetzen. So wurden bald Heilige, Apostel und andere Begleiter neutestamentlicher Szenen zunehmend durch Porträts von Zeitgenossen ersetzt und der Maler mischt sich mit seinem Porträt unter die Menge. Mit Dürers großartigem frontalen »Selbstporträt im Pelzrock« aus dem Jahr 1500 wagt ein Künstler erstmals quasi die Umkehrung: Er porträtiert sich selbst, aber in derart stilisierter Form, dass die Proportionen und die Ebenmäßigkeit des Bildes an die »vera ikon« byzantinischer Ikonenmalerei erinnern.

Die Folge der »Natur-Experimente« der Renaissance, z.B. auch extreme Verkürzungen der Figur (Mantegna), waren oftmals Verweltlichung und der Verlust visionär-jenseitiger Darstellungen. Erst Raffael gelang es wieder, mit ausgewogenen Kompositionen und mit besonderer Schatten- und Lichttechnik die scharfe irdische Realität zugunsten einer angedeuteten außerirdischen, himmlischen Welt zu mildern, ganz im Sinne des ihm zugeschriebenen Ausspruchs: »Es gibt nicht nur Abbilder, sondern Ideen, das Schöne muss sich dem Ideal verbinden.« → Abb. 114.

Zum Beispiel: Leonardo da Vincis Abendmahl

Als außergewöhnlich beeindruckende Darstellung Jesu und seiner Jünger im Stil der Renaissance gilt bis heute Leonardo da Vincis Abendmahlsbild (1448) in S. Maria delle Grazie in Mailand. Leonardos Christus hat ebenmäßig weiche Züge, sein Kopf ist bartlos und von langem, gewellten Haar gerahmt. Die Jünger umgeben ihn in kleinen, beredten Gruppen. Leonardos Darstellung hat sich so eingeprägt, dass selbst noch die von Figuren gänzlich entleerte Architektur eines Ben Willikens Assoziationen an dieses Abendmahlsbild wachruft.

Das Christusbild im Zeitalter des Barock

Mit neuen Techniken und raffinierten Perspektiven widmeten sich Maler des Barock vor allem den Themen Passion, Auferstehung und Himmelfahrt. Als Reaktion auch auf die Reformation erscheint vor allem an Deckengemälden von Wallfahrtskirchen Christus als himmlische Lichtgestalt in einer hell gleißenden Gloriole, die in unendlich weit aufgerissene Himmel aufsteigt. Dort thront Gott Vater bzw. die Dreifaltigkeit inmitten von Heiligen und Engeln.

Selbst im streng reformiert-calvinistischen Norden Europas malte Rembrandt Christusgestalten, die zwar alltäglich gekleidet sind, von denen aber ein Leuchten wie von unsichtbarer Quelle ausgeht und die ihn wie ein Wunder erscheinen lassen. Es gelang Rembrandt wie kaum einem anderen Maler seiner Zeit, das Antlitz des Auferstandenen und auch des himmelfahrenden Christus sich wie in Licht auflösen zu lassen, wobei der starke Hell- und Dunkel-, Licht- und Schattengegensatz seiner Bilder diesen Eindruck zusätzlich verstärkte. Rembrandt malte einen für die damalige Zeit ungewöhnlich subjektiven, verstehenden und sehr menschlichen Jesus.

Die Vorstellungen der Romantik

Auf seinem Bild »Das Kreuz im Gebirge« (1808), dem sog. Tetschener Altar (Abb. 95), stellte Caspar David Friedrich das Kreuz mit dem abgewandten Gekreuzigten auf einen entfernten Hügel vor untergehender Abendsonne. Der Gekreuzigte ist hier Teil einer stimmungsvollen romantischen Landschaft, ist eins mit der Natur, in der allein die Künstler jener Zeit das Wirken Gottes sahen. Nur wie am Rande ist auf dem schweren goldenen Rahmen die christliche Symbolik untergebracht: Engelsköpfe und, zwischen Ähren und Trauben, das Auge Gottes im Dreieck, Sinnbild der Dreifaltigkeit (Abb. 15).

Die Nazarener und Thorvaldsens »Segnender Christus«

Die Kunst des Historismus der 2. Hälfte des 19. Jhs. war bestimmt vom Rückgriff auf überlieferte Formen. Die Christusdarstellungen vor allem der Nazarener hielten sich an Vorbilder aus der Renaissance ohne jedoch deren kraftvolle Gestaltungen zu erreichen. Die historisierenden, großen Wandgemälde stellten das Leben Jesu von der Geburt bis zur Auferstehung dar. Zahlreiche, auch farbige Nachdrucke dieser Bilder und vor allem Repliken des klassizistisch, harmonisch aber kühl gestalteten »segnenden Christus« des dänischen Bildhauers Bertel Thorvaldsen beeinflussten das Christusbild des Bürgertums bis ins 20. Jh. maßgeblich.

Das Christusbild der Moderne

Diesem heute oftmals süßlich erscheinenden Christusbild des ausgehenden 19. Jhs. setzten vor allem die Expressionisten, die Künstler der »Brücke« und des »Blauen Reiter« ein derbes, kantiges und weitgehend vereinfachend abstrahiertes Bild Christi entgegen. Es entstanden zahlreiche tief beeindruckende, vom Leid und Elend ihrer persönlichen Kriegserlebnisse geprägten druckgrafische Zyklen zur Passion, teils noch im impressionistischen Duktus (Lovis Corinth, Oskar Kokoschka), teils in expressivem Stil. Hier sind vor allem die Arbeiten von Karl Schmidt-Rottluff und Otto Dix zu nennen. In kantiger Schnitttechnik entstanden so die bis zur Hässlichkeit reduzierten, herben Christusbilder der klassischen Moderne, die provozierten und Anstoß erregten, sodass sie den Nazis noch über 20 Jahre später als »entartete Kunst« galten und die Künstler deswegen geächtet wurden.

Das Christusbild. Ein Gang durch die Kunstgeschichte ➤

65 »Nicht von Menschenhand gemaltes Bild Christi« (vera icon), Ikone von Nowgorod, 12. Jh

66 Christuskopf vor Lilienkreuz, gotischer Schlussstein, St. Lorenz, Nürnberg

64 Der gute Hirte, frühchristlich, Vatikanische Museen, 3. Jh.

68 Christus als Richter, Glasbild, Ulmer Münster, Bessererkapelle, um 1431

67 Christus als Weltenrichter zwischen Evangelistensymbolen, gotisches Tympanon

69 Christus als Weltenrichter

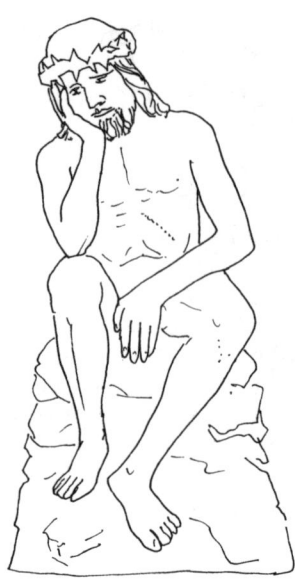

70 Christus im Elend, niederländisch, Catharijneconvent, Utrecht, um 1500

71 Christus, Weltenherrscher und Salvator mundi, Wallfahrtskirche Mariä Himmelfahrt, Aufkirchen, 1626

72 Die heilige Veronika mit dem Schweißtuch, National Gallery, London, um 1420

73 Albrecht Dürer, Selbstbildnis mit Pelzrock, Alte Pinakothek, München, 1500

74 Claude Mellon, Christus auf dem Schweißtuch der Veronika, Radierung, 1649

75 Bertel Thorvaldsen, Segnender Christus, Frauenkirche Kopenhagen, 1821

CHRISTUSBILDER – THEOLOGISCHE UND DIDAKTISCHE ZUGÄNGE

Wer war Jesus Christus? Mit den biblischen Christustiteln (Menschensohn, Messias, Gottessohn) können viele Zeitgenossen kaum mehr etwas verbinden und suchen deshalb eher nach Anhaltspunkten in dem, was die Überlieferungen von seinem menschlichen Leben berichten: Jesus als beeindruckender Heiler, als klarsichtiger Gesellschaftskritiker, als engagierter Verkünder seiner religiösen Botschaft, als deren kompromissloser Verfechter, als vorbildlicher Mensch.

Der Mensch Jesus

Bereits in der Aufklärung widmete sich die theologische Forschung dem anspruchsvollen Programm, hinter den dogmatischen Interpretationen (»wahrer Gott und wahrer Mensch«) greifbare Einzelzüge des Menschen Jesus von Nazareth freizulegen. Damit sollte das Wesentliche des christlichen Glaubens ganz konkret am Reden und Verhalten Jesu festgemacht werden, um ihn so als Vorbild des christlichen Glaubens zu gewinnen. Aber am Ende dieser Leben-Jesu-Forschung stand das Gegenteil des Angestrebten: Über die historische Gestalt Jesu sei nicht mehr zu sagen als das »Dass seines Gekommenseins« (Rudolf Bultmann). Der Wunsch nach Konkretion des historischen Jesus endete in der Enttäuschung. Dennoch hat jüngste sozialgeschichtliche Forschung neue Facetten des Jesusbilds gezeichnet: Jesus der Jude, eingebettet in jüdische Frömmigkeit; Jesus als radikaler Wanderprediger in einer Zeit dichter religiöser Erwartungen. »Christologie von unten« zeigt uns den Jesus, der die Not der »kleinen Leute« sah und für sie Partei ergriff; feministische Theologie geht dem Jesus nach, der bestehende Hierarchien zwischen Mann und Frau infrage stellte.

Der Auferstandene ist der irdische Jesus

Die biblischen Überlieferungen stellen demgegenüber ein Christusbild in den Vordergrund, das von Jesu Auferstehung her bestimmt ist: Jesus Christus übt an der Seite Gottes seine Herrschaft aus und ist so seiner Gemeinde nahe. Von diesem Bekenntnis her wird in den Evangelien von Jesu Leben und Wirken erzählt und das Bild von Jesus gezeichnet. Es geht um die Gegenwart Gottes, die sich in ihm ereignet. Er ist zugleich derjenige, den man als Jesus von Nazareth kennen gelernt hat, zu dem man als Mensch und Mitmensch Zugang gefunden hat. In ihm hat Gott menschliche Züge angenommen. Der Weltherrscher und Richter ist derselbe, der sich den Menschen mit ihren konkreten Sorgen zugewandt hat. Der Pantokrator hat auch die vertrauten Züge des irdischen Jesus. In seiner Gestalt kommt beides zusammen. Der auferstandene Herrscher ist auch der irdische Jesus, und dieser ist bereits der Gottessohn. Bilder der Kunst sind dementsprechend daraufhin zu befragen, wie sie diesen Zusammenhang zum Ausdruck bringen: Wo setzen sie die Akzente, was wollen sie verdeutlichen?

Unterschiedliche Akzente in den Evangelien

Die Evangelien selbst zeigen uns schon verschiedene Umgangsweisen mit dieser Spannung auf:

- Bei *Markus*, dem ältesten, beginnt es mit einer nach alttestamentlichem Vorbild gestalteten Adoption Jesu als Gottessohn in der Taufe: »Du bist mein geliebter Sohn!« (Mk 1,11). In den menschlichen Zügen blitzt das Göttliche gleichsam auf in der besonderen Vollmacht Jesu, in der er Menschen heilt und Dämonen austreibt. Die Menschen erschrecken ob dieser Vollmacht, aber im Grunde bleibt diese göttliche Seite eher versteckt und verdeckt, bis hin zum Todesschrei Jesu: »Mein Gott, warum hast du mich verlassen?« (Mk 15,34).
- Bei *Matthäus* sind es die tröstenden und mahnenden Reden, bei denen die Gemeinde den auferstandenen Christus in dem lehrenden Jesus wiederfinden kann. In Jesu Worten wird anschaulich und lebendig, was für sie jetzt unter der Herrschaft des Auferstandenen als dem unsichtbaren Haupt der Gemeinde gilt.
- *Lukas* zeichnet den fürsorglichen Jesus, der dem Verlorenen nachgeht und so verdeutlicht, was der Auferstandene seiner Gemeinde schenkt und was er zugleich von ihr erwartet.
- Im *Johannesevangelium* schließlich ist Jesus Christus schon von Anfang der Welt an bei Gott. Er begibt sich in die Niedrigkeit der Welt, erscheint als das Licht in der Finsternis.

Theologische Zugänge durch Christusbilder der Kunst

Der Auferstandene trägt die menschlichen Züge des Jesus von Nazareth – das zeigen die frühen Darstellungen des guten Hirten. Deutlich wird es auch in den Bildern des leidenden Jesus, wie sie in der Gotik entstanden. In ihnen können die Menschen viel von sich selbst wiederfinden und fühlen sich so dem Gott nahe, der im Gottessohn selbst leidet. Das Bild Jesu wird in besonderer Weise zum Andachtsbild. Ob mit oder ohne goldenen Nimbus – in der Gestalt des leidenden Christus wird der wiedererkannt, der selbst Gott ist. Gilt das auch noch für die etwa zur selben Zeit und dann v.a. in der Renaissance entstehenden vollkommen schönen

Christusbilder? Sind sie nur unter dem Zeichen zunehmender Säkularisierung zu lesen, in der der Mensch zum Maß aller Dinge wird? Oder könnte nicht auch in der besonderen Schönheit der enge Bezug zu Gott seinen Ausdruck finden? Wo immer Christusbilder in der Tradition des Andachtsbildes stehen, kann dies angenommen werden. Ganz bestimmt gilt das für die Ikonen, in denen Jesus Christus mit ebenmäßigen Gesichtszügen gezeichnet ist. In solcher Tradition steht auch Alexej Jawlensky. In unzähligen Variationen hat er seine schöpferische Kraft diesem einen Gesicht gewidmet, um in je neuen Abstraktionen dessen Einzigartigkeit auf den Punkt zu bringen. Der Prozess des Malens wurde ihm zur meditativen Versenkung in dieses Bild des Menschen, in dem sich Gott gezeigt hat.

Religionspädagogische Aufgaben und Chancen

Welche religionspädagogischen Chancen eröffnet die Beschäftigung mit Christusbildern der verschiedenen Epochen? Gegen die bloße Frage nach dem Interessanten an diesem Menschen, gegen die Reduktion auf seinen Vorbildcharakter könnte in den Bildern deutlich werden, wie das Jesusbild nur von den theologischen Voraussetzungen her angemessen verstehbar ist: als Träger von Gottes Botschaft, als Repräsentant von Gottes Dasein in unserer Welt. Deutlich kann so werden, wie Kunst auf je verschiedene Weise diese Voraussetzungen mit ganz verschiedenen künstlerischen Mitteln zum Ausdruck bringt. Andererseits kann dies dazu beitragen, den oft zur bloßen Formel erstarrten Titel »Sohn Gottes« wieder aufzulösen in die Spannung zwischen Gottes Präsenz in Jesus Christus und seinem menschlichen Leben in dieser Welt. Zusammenhänge könnten entdeckt werden zwischen dem Ringen der Kunst um das angemessene Christusbild und dem Anliegen der Evangelisten selbst, vom Bekenntnis zum Auferstandenen her den Menschen Jesus als Zeitgenossen und Menschenbruder in den Blick zu nehmen. Wie wird die menschliche Darstellung durchsichtig auf seinen besonderen Auftrag, auf sein besonderes Wesen, sein Gott-Sein? Wie wird der Gottessohn in die menschlichen Zusammenhänge hineingestellt? Vielleicht gelingt es so, wieder neu zur theologischen Auseinandersetzung mit Jesus Christus anzuregen, die für viele in der Sackgasse eines unverstandenen »Halbgotts« stecken geblieben ist.

Kreative Umsetzung:
Christusbilder übermalen

Die Erfindung des Kopiergerätes und die erstmals von Arnulf Rainer erprobte Übermalung von Fotos und Kunstwerken ermöglicht eine ganz individuelle Auseinandersetzung mit Werken bedeutender Künstler.

Mit Kopiergeräten können Vervielfältigungen eines Bildes ohne großen Aufwand beliebig oft und in verschiedenen Größen angefertigt werden, um sie dann nach dem Vorbild des Wiener Malers zu übermalen. Rainer machte mit seinen zuerst Aufsehen und Ärgernis erregenden »Übermalungen« deutlich, wie durch partielle Überdeckungen eines Bildes auf das »Darunter« neugierig gemacht werden kann, wie der Blick geschärft wird, Bestimmtes hervorgehoben werden kann und eine individuelle Auseinandersetzung beginnt. Dabei können Akzente neu gesetzt, individuelle Stimmungen übertragen oder überhaupt erst bewusst werden.

Kopien variieren

Keine Sorge: Wer grau gerasterte, kopierte Bilder von Kunstwerken frei und flächig übermalt, oder in anderer Weise kreativ verändert, begeht keine Verunglimpfung, sondern schafft eine eigenständige Auseinandersetzung auch mit dieser Vorgabe. Insbesondere wer sich in künstlerischen Techniken unsicher fühlt, kann hier mit ganz einfachen Hilfsmitteln, mit farbigen Stiften, mit Kreiden oder Pinsel und Deckfarben, ja sogar durch Überklebungen (Collage mit farbigen Papieren) erstaunliche Entdeckungen machen. Individuelle Farbwahl und differenzierender Farbauftrag – tupfend, strichelnd, flächig, changierend – ermöglichen so eine ganz persönliche Auseinandersetzung mit Jawlenskys »Gesichten«.

Vervielfältigungen haben noch einen weiteren Vorteil: Es lassen sich mehrere, immer neue Variationen gestalten. Erst langsam entwickeln sich das Fingerspitzengefühl und die Freiheit, auch gewagt und eigenständig mit dem Vorbild umzugehen. Gestaltungen mit Kopien gelingen oft erst beim zweiten oder dritten Versuch.

Aufruf zum Handeln – Bilder der Hoffnung

THOMAS ZACHARIAS: »DIE HEILUNG DES GELÄHMTEN« (1992)

> »... sprach er zu dem Gelähmten: Ich sage dir,
> steh auf, nimm dein Bett und geh heim!
> Und er stand auf, nahm sein Bett
> und ging alsbald hinaus vor aller Augen.«
>
> MARKUS 2,10–12

Übereinstimmend berichten die Evangelisten von der Heilung eines Gelähmten, dem Jesus seine Sünden vergab und ihm befahl: »Steh auf, nimm dein Bett und geh!« Viele große Künstler haben diese und andere Geschichten von Wunderheilungen zwar je auf ihre Weise, doch immer ähnlich dargestellt: Jesus als große, herausgehobene Gestalt inmitten Kranker und Hilfesuchender, der Heiland zwischen Blinden und Lahmen.

Doch keiner hat das Geschehen so wörtlich und zugleich so hintergründig und dramatisch ins Bild gesetzt ohne Jesus selbst abzubilden, wie Thomas Zacharias dies auf seiner Radierung für die 1992 für die Jugend herausgegebene Auswahlbibel getan hat.

Ein zügig ausschreitender Mann

Was ist zu sehen? Oberflächlich betrachtet schreitet ein kräftiger, muskulöser Mann weit aus. Er trägt einen großen, rechteckigen Gegenstand unter dem Arm. Der Schritt des Mannes ist forsch, die Last scheint nicht allzu schwer. Stutzig macht allerdings die auf der dunklen Fläche dieses Gegenstandes sich heller abzeichnende menschliche Figur. Trägt er nun so etwas Ähnliches wie eine Liege oder trägt er ein Bild?

THOMAS ZACHARIAS: »DIE HEILUNG DES GELÄHMTEN« (1992),
Radierung, 7 × 11 cm (Abbildung in Originalgröße),
aus dem 121-teiligen Zyklus »Radierungen zur Bibel«
© VG Bild-Kunst, Bonn 2010

Beides ist richtig. Was der Mann unter seinem Arm mit sich trägt, ist Liege und Bild zugleich. Offenbar hat sich über Jahre der Krankheit der Abdruck seines Körpers auf dem Krankenlager eingeprägt und ist gut zu erkennen. Mager und abgezehrt, nahezu unbeweglich und an sein Bett gefesselt hatte der Gelähmte gelegen. Da seine Muskeln mehr und mehr schwanden, war er immer abhängiger von der Zuwendung und Hilfe seiner Freunde geworden. Sie trugen ihn zu Jesus. Voller Hoffnung, dass er den armen Mann heilen möge. Und Jesus sprach den Mann an und sagte: »Steh auf, nimm dein Bett und geh!« Und das Wunder geschah. Vor aller Augen stand der Mann auf, nahm sein Lager unter den Arm und ging weg.

Eine Simultandarstellung

Indem Zacharias auf der Tragbahre den Abdruck des Kranken sichtbar werden lässt, nimmt er diese vorangegangene Szene mit in das Bild, ohne den Kranken vor seiner Heilung zu zeigen, wie es beispielsweise Kinderbibelillustratoren oft machen, wenn sie sehr bildhaft ein Haus mit abgedecktem Dach malen, von dem die Bahre herabgelassen wird.

Die Idee, den Körperabdruck darzustellen, ermöglichst es uns sozusagen gleichzeitig (simultan), den Kranken und den Geheilten zu sehen. Wie auf alten Buchmalereien wird das Vorher und das Nachher zugleich dargestellt.

Vor diesem Hintergrund wird das Geschehen, wird die Heilung um so wunderbarer, die Gesundung des nun tatkräftig zupackenden Mannes umso offensichtlicher. Wie erlöst schreitet er aus und lässt die Dunkelheit hinter sich.

Der Gegensatz von Hell und Dunkel

Auch das fällt auf: Das Bild ist dreigeteilt, die Felder werden von links nach rechts immer heller. Der Mann, wie durch ein Wunder von der Dunkelheit seiner Krankheit erlöst, tritt auch auf dem Bild aus dem dunklen Hintergrund heraus und schreitet erst über das zweite hellere, schließlich in das dritte, ganz freie Feld. Die Erinnerung an dunkle Zeiten, symbolisiert durch das schwarze Lager, schleppt der Mann noch mit sich. Auch sein Bein, das wie im Stechschritt voranstrebt, ist noch beschattet, doch bald ist er im Hellen, ganz im Licht.

Eingeschlossene und aktive Figur

Der Künstler selbst kommentiert seine Arbeit: *»Von den vier senkrechten Elementen des Breitformates erscheint das rechte abgeräumt und gekippt in die drei restlichen eingeschoben: eine dunkle Liege mit dem helleren Bild einer Figur. Sie ist unbeweglich und eingeschlossen. Anders die aktive Figur, die die Liege mit sich fortträgt.«*

Offenbar wollte Zacharias vor allem den Wandel von passiver, weil gelähmter, zu aktiver Haltung darstellen. Dieser Mann schreitet aus, nimmt die Vergangenheit scheinbar lässig unter den Arm und beginnt Neues. Ihm sind seine Sünden vergeben, er ist von einer Last befreit, er kann das Leben wieder aus eigener Kraft meistern.

Neue Freiheit

»Nimm dein Bett und geh!« Dies Bild aus dem Neuen Testament hat Zacharias in doppelter Weise wörtlich übersetzt. Er erweiterte das bisher übliche Repertoire der Radiertechnik, indem er ungewohnt und kreativ mit dem rechteckigen Plattenformat umging: Sägend und bohrend veränderte er die Platten und erzielte so inverse und über den ursprünglichen Rand hinaus freigestellte Motive. So ist auf diesem Blatt beispielsweise rechts das Lager ausgesägt und ragt frei, ohne Hintergrund in den Raum. Das gibt der Darstellung Frische und ungewohnte Freiheit, ganz im Sinne der intendierten Bildaussage.

Notizen zur Biografie

Geboren 1930, von 1966–1995 Professor an der Akademie für Bildende Kunst in München. Schwerpunkte der künstlerischen Arbeit von Thomas Zacharias: Druckgrafik, Zeichnung, Collage. Außer den Radierungen zur Bibel gestaltete er die weit verbreiteten 24 »Farbholzschnitte zur Bibel« (1966). Er lebt am Starnberger See.

Literaturhinweise

Die Bibel in Auswahl nach der Übersetzung Martin Luthers mit Bildern von Thomas Zacharias, Stuttgart 1992
Radierungen zur Bibel von Thomas Zacharias. Bilder und Betrachtungen, Stuttgart 1993

ZUR TYPOLOGIE UND IKONOGRAFIE VON BIBLISCHEN HEILUNGSGESCHICHTEN

Schon in den frühen Katakombenmalereien Roms finden sich Darstellungen einiger von Jesus vollbrachter Wunder, besonders von Krankenheilungen und Totenerweckungen. Sie zeigen die Hoffnung der Gläubigen und ihr Vertrauen auf die Macht Jesu. Zugleich verweisen sie auf seine Auferstehung.

In der frühen Kunst ist Christus im → Bedeutungsmaßstab dargestellt. Er überragt die anderen Bildfiguren, oft sogar die nur wie eine Kulisse angedeutete Architektur.

Am häufigsten und schon auf frühchristlichen Sarkophagen findet sich die Auferweckung des Lazarus. Dort ist Lazarus, nach antiker Sitte in Binden und Tücher gewickelt, vor einer Grabhöhle zu sehen. Auf Darstellungen nördlich der Alpen dagegen ist er nackt aus einem Grab heraussteigend wiedergegeben (Rembrandt).

Sehr beliebt waren auch folgende Bildthemen: Die Rettung des Petrus auf dem Wasser des Sees Genezareth, die Stillung des Seesturms, der Fischzug des Petrus und die wundersame Brot- und Fischvermehrung als Hinweis auf die Eucharistie.

Ab dem 12. Jh. ließ das Interesse an dieser Art der Wunder-Darstellungen zugunsten von Heilungen nach, die man von Maria und von Heiligen (Reliquienverehrung) erhoffte.

Wer sich außer für Wundergeschichten auch für die Erschließung von Bildern zu Gleichnissen
interessiert, sei ausdrücklich noch auf folgende Veröffentlichungen verwiesen:
Margarete Luise Goecke-Seischab/Frieder Harz: Bilder zu neutestamentlichen Geschichten, Lahr
1994
Margarete Luise Goecke-Seischab: Werner Juza: Der verlorene Sohn, in: Katechetische Blätter
6/1995, S. 431–437

Wundergeschichten. Ein Gang durch die Kunstgeschichte ➤

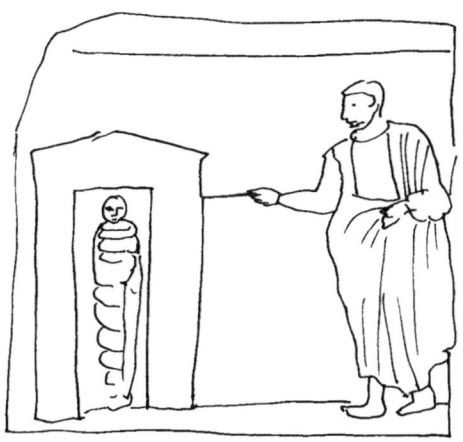

77 Auferweckung des Lazarus,
Katakombe, Via Anapo, Rom

78 Auferweckung des Lazarus,
Kathedrale von Chichester (Sussex),
2. Viertel 12. Jh.

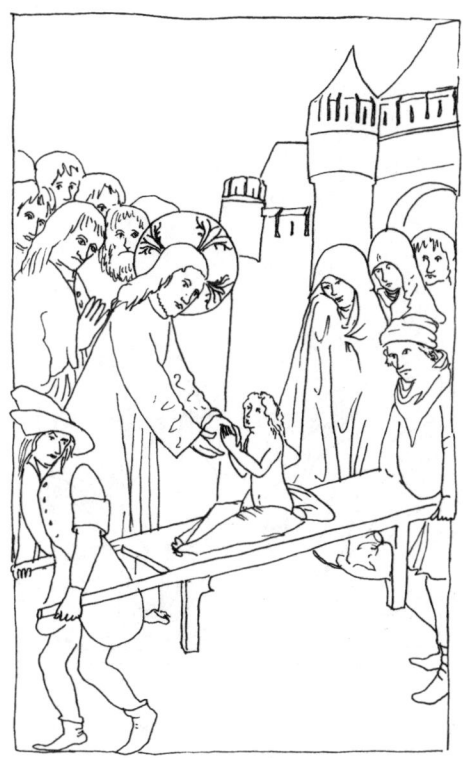

80 Friedrich Overbeck, Auferweckung
des Lazarus, Kunsthalle Karlsruhe, 1822

79 Meister der Darmstädter Passion,
Auferweckung des Jünglings zu Naim,
Alte Pinakothek, München, um 1410

82 Heilung des Blinden, Freskenzyklus,
S. Angelo in Formis, Capua, 11. Jh.

81 Heilung des Blinden, Holztür von St. Maria
im Kapitol, Köln, um 1065

83 Heilung des Besessenen, Magdeburger Antependium, um 970

84 Heilung des Aussätzigen, Evangeliar
v. Echternach, um 1040

85 Die Heilung des Gelähmten,
karolingische Elfenbeintafel

86 Jan van Hemessen (1500–1566/75),
Steh auf, nimm dein Bett und geh!,
National Gallery of Art, Washington D.C.

WUNDERGESCHICHTEN IM NEUEN TESTAMENT – THEOLOGISCHE UND DIDAKTISCHE ZUGÄNGE

An den neutestamentlichen Wundergeschichten entzündet sich immer wieder die Frage: »Ist das wirklich so passiert?« »So etwas gibt es nicht«, meinen die einen. Ihnen sind diese Geschichten Beweis dafür, dass biblisch orientierter Glaube mit unserer heutigen Wirklichkeit nichts zu tun habe und eher der Märchenwelt zuzurechnen sei. Etliche Christen dagegen sehen ihren Glauben bewusst im Gegensatz zur Wirklichkeitswahrnehmung: »Bei Gott ist alles möglich!« Gerade was man nicht verstehen könne, sei Inhalt des Glaubens.

Über den Gegensatz zwischen Glauben und Verstehen hinaus führt die Frage, welche Botschaften denn im Gewand dieser Geschichten an die Hörenden und Lesenden gerichtet werden: »Was teilen uns diese Geschichten mit?« Mit dieser Frage kommt man auch den Darstellungen der Kunst näher. Denn in ihnen geht es nicht um bloßes Abbilden von Ereignissen, sondern um deren Deutung.

Wundergeschichten als Ausdruck der Autorität Jesu

Aus der Entstehungszeit des Neuen Testaments wird von vielen Wunderheilern berichtet. Das Bannen krank machender Dämonen stand damals im Vordergrund. Die entscheidende Frage, die an Jesus gerichtet war, lautete aber: »Mit welchem Recht tust du das alles?« (Mt 21,23). Verwunderung und Erschrecken begleiten nach den Evangelienberichten die Taten Jesu und weckten die Frage: »Was ist das für ein Mensch?« (Mk 4,41).

In etlichen Fällen stellt sich Jesus mit seinem Wirken gegen die religiösen Vorschriften und übertritt sie in geradezu provozierender Weise. Er heilt am Sabbat (Lk 13,10 ff.) und verteidigt das mit klugen Argumenten. Bei der Heilung des Gelähmten durchbricht er die damals anerkannte Geltung des Tun-Ergehens-Zusammenhangs, nach dem Krankheit die Konsequenz vorangegangener Verfehlung und Sünde war. »Wie kannst du die Krankheit verursachende Sünde vergeben und aufheben?«, fragen die anderen kritisch: »Das kann doch nur Gott selbst!« (Mk 2,7). In all seinem Tun verweist Jesus auf die Autorität, die ihm ganz unmittelbar von Gott gegeben ist. Ist Jesus auf den Bildern zu Heilungsgeschichten mit abgebildet, so ist auch zu fragen, ob und wie diese Vollmacht in der Deutung des Künstlers zum Ausdruck kommt.

Heilung als Neuanfang

Heilung ist im Verhalten Jesu nicht auf medizinische Vorgänge reduziert, sondern bezieht sich auf den ganzen Menschen. Jesus wendet sich den Kranken zu, spricht mit ihnen, rührt sie an. Er stellt so eine Nähe her, die der sozialen Ausgrenzung widerspricht, die mit der Zuschreibung der Sünde gegeben war. Auf neue Weise wird Beziehung und Gemeinschaft gestiftet. Dabei wird das Gegenüber Jesu nicht nur zum passiven Empfänger der Zuwendung Jesu, sondern selbst in die Aktivität gerufen. So fragt Jesus den blinden Bartimäus: »Was willst du, dass ich dir tun soll?« (Mk 10,51) und fordert die Frau mit dem verkrümmten Rücken in der Synagoge auf, nach vorne zu kommen (Lk 13,12). Viele Darstellungen der Kunst rücken diese Beziehung zwischen Jesus und dem kranken Menschen in den Vordergrund.

Die Gebrechen der Menschen weisen nicht nur auf bestimmte physische Beeinträchtigungen hin, sondern auf deren Auswirkungen auf alle Lebensvollzüge. Lähmung steht so auch für Entmutigung, Kraftlosigkeit und Verlust der eigenen Aktivität. Der gekrümmte Rücken steht für all das, was belastet und niederdrückt. Aussatz steht für Aussonderung und Ausgrenzung aus den Beziehungen zu anderen. Blindheit steht für Dunkelheit, in der ein Leben versinkt und bedeutet auch Trostlosigkeit. Stummheit und Taubheit stehen für die unterbrochene Kommunikation mit anderen und die damit verbundene Isolation. Und dementsprechend hat der Zuspruch Jesu »Sei frei von deiner Krankheit« auch eine weite Bedeutung: »Steh auf und geh!« bezieht sich auf die Fülle neu geweckter Energien, und das neue geschenkte Sehen auch auf ein neues Lebensgefühl. Auf solches ganzheitliche Neuwerden hebt auch Thomas Zacharias in seinem Holzschnitt ab: Kraftvolles Ausschreiten steht im Gegensatz zu der Erstarrung, die jetzt nur noch als Erinnerung mitgenommen wird.

Mitten im Alten beginnt Neues

Das neue Leben, das Jesus im Auftrag Gottes schenkt, ist Zeichen des anbrechenden Reiches Gottes. Jesu Heilungtaten sind Wegweiser auf Kommendes hin. So wunderbar die einzelnen heilenden Taten Gottes in Jesu Wirken sind, auf so wunderbare Weise wird Gott künftig Kräfte des Lebens gegen die des Todes zur Geltung zu bringen. Wundergeschichten sind deshalb Hoffnungsgeschichten, die der scheinbaren Endgültigkeit von Beeinträchtigungen und Begrenzungen des menschlichen Lebens entgegenstehen. Sie öffnen neue Perspektiven und wecken Erwartungen. Inmitten andersartiger Realität wächst die Hoffnung, dass in ihr Neues geschehen kann und wird. Ein wichtiger Aspekt ist daher, inwiefern in den Darstellungen der Kunst dieser Hoffnungsaspekt zum Tragen kommt.

Neutestamentliche Wundergeschichten sind nicht auf eine bestimmte Auslegung festgelegt. Sie öffnen vielmehr einen Spielraum möglicher Bedeutungen, in denen das Geschenk des neuen Lebens zum Ausdruck kommt, von körperlicher Heilung bis zur eher symbolhaften Darstellung des Neuen.

Bilder laden dazu ein, der Deutung des Künstlers nachzugehen und mit ihr die Meinungen und Überzeugungen der am Gespräch Beteiligten ins Spiel zu bringen. Nicht die eine »richtige« Deutung ist herauszuarbeiten, sondern die Vielfalt all dessen, was in dieser Befreiung zum neuen Leben steckt.

Entwicklungspsychologische Bedingungen

Kleinere Kinder, etwa bis ins Grundschulalter hinein, trennen noch nicht so scharf wie ältere zwischen Realität und Fantasie und nehmen deshalb kaum Anstoß an der Wunderhaftigkeit des Geschehens. In den folgenden Jahren stehen die konkreten Operationen (vgl. Piaget) im Vordergrund. Wie passen diese Geschichten der Bibel zu dem Bemühen, das Geschehen in unserer Realität nach den Gesetzmäßigkeiten von Ursache und Wirkung zu ordnen und zu verstehen? Hier wird es vor allem darauf ankommen, die sozialen Bezüge und deren Veränderung zu thematisieren. In der Begegnung mit Jesus verändert sich die Sicht der Wirklichkeit, wird Selbstbewusstsein gestärkt, neues Vertrauen gestiftet. So kann dem Neuwerden in der Vielfalt seiner Aspekte nachgegangen werden. Mit dem Jugendalter wächst die Fähigkeit, zwischen der Ebene der Erzählhandlung und der ihrer Bedeutung zu unterscheiden. Jetzt fällt es leichter, die Hoffnungsbotschaft, die in diesen Überlieferungen steckt, zu erfassen, und sich explizit mit der Botschaft der Wundergeschichten auseinander zu setzen.

Bilder der Kunst regen dazu an, Impulse aufzunehmen, die diese Differenzierung zwischen Erzählinhalt und Erzählbedeutung voranbringen. Der Künstler, der sich nicht mit einer bloßen Abbildung des Erzählten zufrieden gegeben hat, wird zum anregenden Vorbild in der Suche nach Bedeutungen, die im Gewand dieser Heilungsgeschichte die Hoffnung auf ein von Gott geschenktes neues Leben zum Ausdruck bringen.

KREATIVE UMSETZUNG:
EINE MONOTYPIE ANFERTIGEN

Die Technik des so genannten »Einmaldruckes« kommt einem spannenden und trotzdem nicht sehr aufwändigen Experiment gleich. Die Monotypie steckt voller Reize. Obgleich eine Druckwalze und Druckfarbe verwendet werden, ist sie eigentlich überhaupt keine richtige Drucktechnik. Schon Kinder im Grundschulalter können mit ein wenig Anleitung sehr schöne Ergebnisse erzielen.

Mehrfarbige Druckvariationen gestalten

Über eine hauchdünn mit Druckfarbe eingewalzte Platte (Kunststoff oder Glas) wird vorsichtig ein Bogen weißes, saugfähiges Papier gelegt. Nun zeichnet man mit einem Stift sorgsam und ohne die Hand aufzulegen z.B. den weit ausschreitenden Kranken mit seinem Bett. Das soll sehr frei geschehen und ohne direkt vom Bild des Künstlers abzuschauen.

Nun kommt der entscheidende, aber kritische Moment: Das Blatt wird vorsichtig abgezogen und umgedreht. Hat man es richtig gemacht, ist darauf jetzt eine Strichzeichnung in Druckfarbe zu sehen – seitenverkehrt natürlich, da alle Drucke immer umgekehrt werden. Sollte man zu viel Druck ausgeübt haben, sodass das Blatt zu fleckig erscheint, dann gleich einen weiteren Versuch wagen.

Mit ein wenig Übung bekommt man schnell ein Gefühl dafür, wie feucht die Farbe sein muss und wie stark dazu der Druck des Stiftes. Harmoniert beides, erhält man ein Blatt, das am besten nach dem Trocknen noch mehrmals auch mit anderen Farben »bedruckt« werden kann. Dazu walzt man eine andere Farbe auf, legt wieder das Blatt auf und fährt – diesmal um einige Millimeter versetzt – die Figur nochmals nach. Natürlich lässt sich das beliebig oft wiederholen. Man kann aber auch z.B. in einer anderen Farbe nur leichte Hintergrundschattierungen von der Farbplatte »abdrucken«. Aus den sicher vielen Versuchen werden dann die besten ausgesucht, gerahmt oder durch Überzeichnen z.B. mit schwarzem Fineliner noch kunstvoller ausgestaltet.

Zwei Tipps für Experimentierfreudige: Gleich versuchen, seitenverkehrt zu zeichnen, wie Rembrandt es angeblich konnte, oder die Zeichnung bei jedem weiteren Farbüberdrucken etwas in der Haltung, beispielsweise des Oberkörpers, zu verändern. Dann bekommt das Bild noch mehr Bewegung.

Scandalum crucis – Provokation zum Sehen

HERBERT FALKEN: »UNVOLLENDETES DOPPELKREUZ« (1969)

»Das Kreuz Christi ist eine Last von der Art,
wie es die Flügel für die Vögel sind.
Sie tragen aufwärts.«
BERNHARD VON CLAIRVAUX

Manch eiligen Betrachter wird dieses Werk erschrecken, vielleicht sogar abstoßen: Zu hart konfrontiert der Künstler mit seiner sperrigen und scheinbar jenseits jeder Bildtradition stehenden Darstellung des Kreuzes und des Gekreuzigten.

Vor dunkelbraunem Grund ist ein blutrot gemalter menschlicher Torso ohne Kopf dargestellt. Darüber ragt die Silhouette eines weißen Oberkörpers auf. Die Arme des oberen wie des unteren Torsos sind waagerecht wie zum Kreuz ausgestreckt. So fügen sich beide Körper zu einem Kreuz mit doppeltem Querbalken zusammen. Die Gliedmaßen des Corpus scheinen wie vom Bildrand abgeschnitten. Das verleiht der Darstellung zusätzliche Härte und Brutalität. Zwei Schriftbänder entlang des oberen Bildrandes beschließen die ungewöhnliche Komposition. In lateinischer und deutscher Sprache ist in den Bildgrund eingeritzt »Jesus von Nazareth, König der Juden«. Im unteren Bildteil links ist in dunkler Farbe zu lesen: »Den Heiden eine Torheit«, und rechts, nur schwer zu entziffern: »Gott ist tot – es lebe Gott«.

Vom Kreuz zum Doppelkreuz

Die Bildidee, den Gekreuzigten nicht traditionell am Holzkreuz abzubilden, sondern seinen Körper selbst zum Kreuz werden zu lassen, ist nicht neu, wohl aber die Konsequenz, mit der Falken noch einen Schritt weitergeht. Er amputiert den selbst zum Kreuz gewordenen Gekreuzigten, stellt nur noch den Rumpf dar,

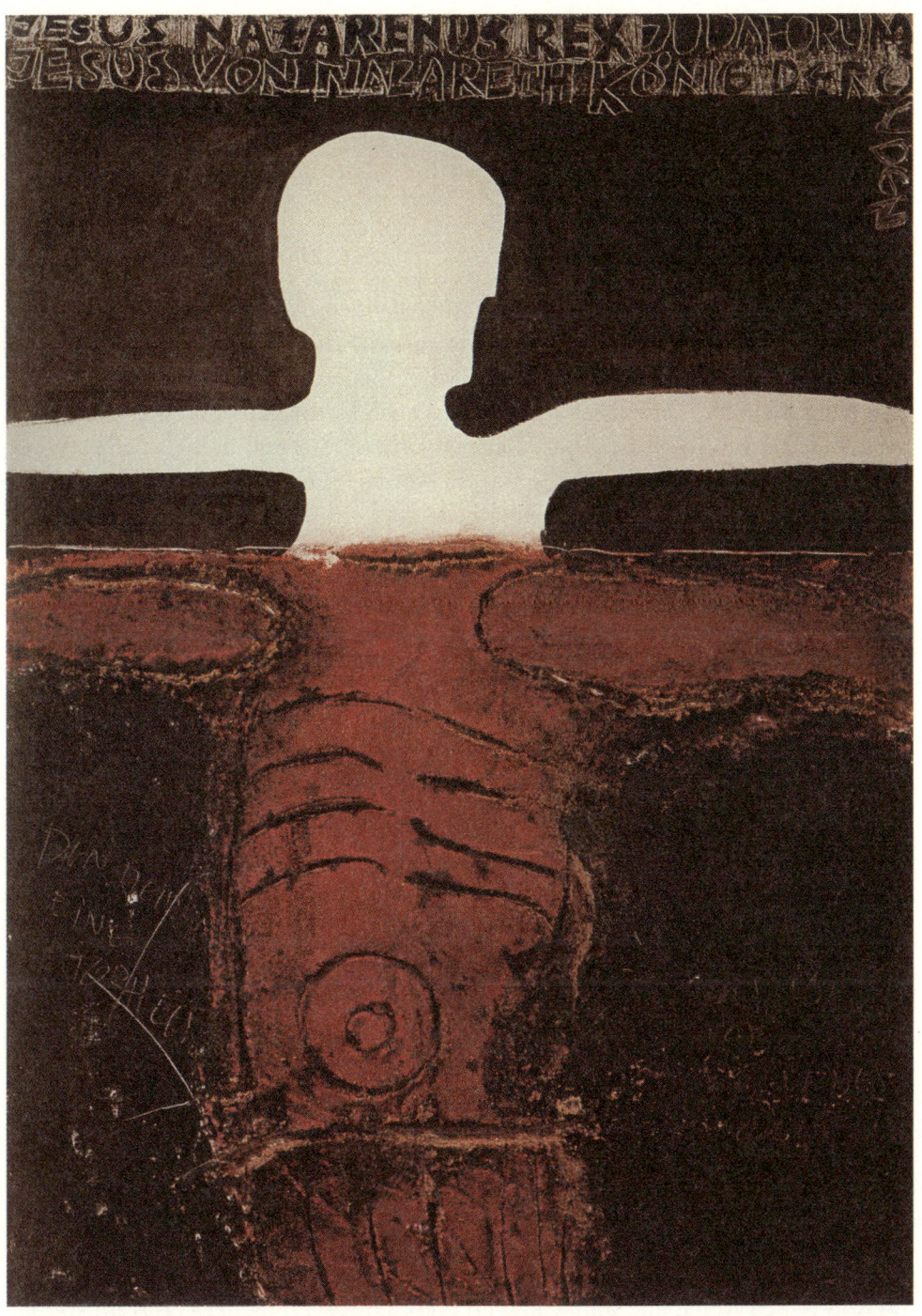

HERBERT FALKEN: »UNVOLLENDETES DOPPELKREUZ« (1969),
Öl und Sand auf Leinwand, 130 × 90 cm,
Nr. 14 aus dem 15-teiligen Zyklus »scandalum crucis«,
Suermondt-Ludwig-Museum, Aachen
Foto: Anne Gold, Aachen

aus dem anstelle des Hauptes ein neuer weißer Oberkörpers auftaucht. Die Armstümpfe beider Fragmente ergänzen sich parallel zum Doppelkreuz. Diese ungewöhnliche Komposition macht deutlich: Hier, direkt aus dem Leiden am Kreuz, entsteht etwas Neues, eine weiße »Lichtgestalt«. Merkwürdig nur: Sie ist ungemalt, sie ist weiß geblieben und eigentlich nur ein leer gebliebener Umriss.

Verfremdung durch Stilbruch

Unübersehbar mischt Herbert Falken auf seinem Bild unterschiedliche Bildtechniken: Figürliche Malerei erklärt er mit Schrift und ergänzt sie mit einer wie ausgeschnitten wirkenden weißen Fläche. Das Ergebnis ist Stilbruch und Verfremdung zugleich. Zudem schockiert der krasse Hell-Dunkel-Gegensatz. Dieses Vorgehen macht die Bildabsicht Falkens deutlich: Hier soll in mehrfacher Weise aufgerüttelt, assoziiert und weitergedacht werden – auch in dem Sinne, dass die weiße Leerform als noch unvollendet gedacht werden kann: Zwar weist sie über den Gekreuzigten – ganz im Sinne christlicher Tradition –, über das Leid der Passion hinaus auf Ostern und die Hoffnung auf Auferstehung, doch ist sie leer, ganz offen bzw. »noch im Werden«.

Weiß – Farbe des Lichtes

Im engeren physikalischen Sinn ist Weiß keine Farbe und doch steht sie, ebenso wie Gold und Gelb, in der christlichen Farbsymbolik für göttliches Licht, für Verklärung und für Auferstehung. Weiß denken wir uns die Gestalt des verklärten Christus und erinnern uns an bedeutende Oster- und Auferstehungsbilder der Kunstgeschichte, z. B. auf dem Seitenflügel des Isenheimer Altars des Matthias Grünewald. Dort steht Jesus, getragen von einer Lichtgloriole, aus dem Grab auf, während sich sein Gesicht im gelb-weißen Auferstehungslicht fast ganz aufzulösen und zu verklären scheint. So gesehen steht und bleibt Falken in der christlichen Tradition, aber er provoziert durch die Härte und Konsequenz seiner Darstellung. Er verweigert jede Konkretion, jede Festlegung.

Vom »scandalum crucis« zur »Lichtgestalt«

Falken nannte seinen 15-teiligen Bilderzyklus »scandalum crucis«, Skandal des Kreuzes. Mit diesem Titel erinnert er nicht nur daran, dass zu Jesu Zeiten die Kreuzigung die brutalste und menschenverachtendste Todesart war, zu der damals im Römischen Reich allenfalls Sklaven und Schwerverbrecher verurteilt werden konnten, wie bei Cicero zu lesen ist: »*Das bloße Wort Kreuz soll fern sein, nicht nur vom Leib römischer Bürger, sondern auch von ihren Gedanken, Augen und Ohren. Denn nicht nur der tatsächliche Verlauf dieser Hinrichtungsweise, sondern auch deren Anblick, ja ihre bloße Erwähnung sind eines römischen Bürgers und freien Mannes unwürdig.«* Falken spitzt diesen Skandal des Kreuzes auf seine Weise weiter zu, indem er den zum Kreuz Gewordenen nicht nur amputiert, sondern auch köpft (vgl. HAP Grieshaber, »Kruzifix«, 1941). Zugleich aber, und das entspricht der im christlichen Glauben verankerten Hoffnung auf Auferstehung und auf ewiges Leben, lässt er anstelle des Kopfes den Umriss einer weißen, »verklärten« Gestalt aufscheinen, als unmissverständlichen Hinweis auf die Auferstehung Jesu und als Zeichen der Hoffnung auf das ewige Leben.

Zwischen Betroffenheit und Hoffnung

Als Priester, Seelsorger und Mensch hat Falken jahrzehntelang Drogenkranke, Sterbende, Leidende und Unterdrückte begleitet. Als Zeichner und Maler setzt er sich immer von neuem mit diesen Grenzbereichen menschlicher Leiderfahrung auseinander und versucht, seine Anteilnahme in seinen Bildern zu verarbeiten. Dabei bedient er sich unkonventioneller gestalterischer Mittel und scheut auch nicht davor zurück, seine Betroffenheit und den Prozess seiner inneren Auseinandersetzung mit dem Thema sichtbar werden zu lassen. Treffend charakterisiert Adam C. Oeller das innere Ringen Falkens um Religion und Kunst sowie um den Menschen der Gegenwart in einem Aufsatz mit der Überschrift: »Zwischen Betroffenheit und Hoffnung«.

Falken selbst sagt über sein Werk: *»Meine Bilder sind das Ergebnis meiner bisherigen Betrachtungen des Kreuzweges Jesu Christi. Sie versuchen den Kreuzweg der Menschen einzubeziehen.«* Und an anderer Stelle: *»Ziel für mich ist das eine Bild Jesu Christi, in welchem sich alles verdichtet, die Erfahrung von Leid und Schrecken und das Heil der Erlösung, beides zugleich, durchlebt und durchlitten, glaubhaft und anschaulich.«*

Eine Aufforderung?

Ist etwas unvollendet, kann es noch vollendet werden, sei es vom Künstler oder sei es in den Augen des Betrachters, der sich das Kunstwerk weiterdenkt. Falkens Titel »Unvollendetes Doppelkreuz« könnte eine solche Aufforderung sein: Denkt die weiße, verklärte Figur weiter! Denkt dabei an Helle und Licht, erinnert euch an den Ausspruch Jesu: »Ich bin das Licht der Welt.« So gesehen mündet auch diese auf den ersten flüchtigen Blick sehr grausam anmutende Darstellung versöhnlich ein in die Hoffnung auf das »ewige Licht«, auf ein Leben nach dem Tod.

115

Notizen zur Biografie

1932 in Aachen geboren, beginnt Falken 1950 als Autodidakt zu malen. 1953 Abschluss einer Kaufmannsgehilfenlehre. Es folgen Abendgymnasium und von 1958–1964 Studium der Philosophie und Theologie. 1964 Priesterweihe, 1968–1977 Seelsorger in Aachen, seither in Schevenhütte. Der Zyklus »scandalum crucis« entstand 1969.

Literaturhinweise

Philipp Boonen (Hrsg): Herbert Falken. Christusbilder, Aachen 1986

Adam C. Oellers: Zwischen Betroffenheit und Hoffnung. Zum künstlerischen Werk von Herbert Falken. Sonderdruck aus: Das Münster 4/1990

Horst Schwebel: Die Christus-Identifikation des modernen Künstlers. In: Wieland Schmied (Hrsg): Zeichen des Glaubens – Geist der Avantgarde, Stuttgart 1980

ZUR TYPOLOGIE UND IKONOGRAFIE VON KREUZIGUNGSDARSTELLUNGEN

Seit dem 4. Jh. taucht das Kreuz in der christlichen Kunst als Symbol des Leidens Jesu und zugleich als Sinnbild seiner Macht auf. Als Zeichen seines Sieges und der Hoffnung auf das ewige Leben wurde es eines der zentralen Symbole der Christenheit und für Christus selbst.

Wie das einfache Kreuz gehört auch das Kruzifix, das Kreuz mit dem Corpus Jesu, zu den wichtigsten Gegenständen christlicher und damit abendländischer Kunst. Über die Jahrtausende bis in unsere Zeit erfuhr es unterschiedliche Ausformungen und Ausdeutungen, immer abhängig vom Glaubensverständnis der jeweiligen Zeit, von den Künstlern und ihrer Weltsicht.

Die Anfänge von Kreuzigungsdarstellungen seit dem 5. Jahrhundert

Es hat lange gedauert, bis erste Kreuzigungsdarstellungen überhaupt auftraten. Die ersten sicher datierbaren Kreuzigungsbilder stammen aus dem 5. Jh., und es gab sie offenbar zunächst nur vereinzelt. Das hatte mehrere Gründe: Zum einen fehlten antike Vorlagen für die bildliche Bewältigung dieses für das Christentum so bedeutenden, aber auch schmerzlichen Themas. Wie bei Cicero zu lesen (s.o.), wurde diese Todesart, bei der die ans Kreuz Geschlagenen, von ihrem eigenen Gewicht nach unten gezogen, langsam ersticken mussten, nie römischen Bürgern, sondern nur Sklaven und Schwerstverbrechern zugemutet. Verständlich also die Scheu der Alten Kirche, Christus in so erniedrigter Haltung zur Schau zu stellen. Wir dürfen nicht vergessen, dass diese schmachvolle und grausame Bestrafung von Verbrechern noch bis ins 4. Jh. hinein üblich war und allen als grauenvoll marterndes und unmenschliches Abschreckungsmittel vor Augen stand. Es war der Kirche wichtiger, Christi Sieg über den Tod, also Christus als Auferstandenen darzustellen, statt als den schmachvoll Hingerichteten.

Christus als Triumphator

Dies ist wohl der Grund dafür, dass die frühesten Darstellungen den Gekreuzigten nicht als den leidenden, erniedrigten Menschen zeigen, sondern als den, der den Tod überwunden hat: Christus als gekreuzigten Triumphator. Eines der frühesten, noch erhaltenen Beispiele dieses Bildtyps befindet sich auf der Holztür von Santa Sabina in Rom (um 430).

Majestätisch, aufrecht in der Haltung, mit erhobenem Haupt und offenen Augen, an den Füßen oftmals abgestützt von einem Fußbrett (dem »Schemel für seine Füße«, vgl. Mt 5,35 und Jes 66,1), so zeigte ihn die Ostkirche. Auf diesen Darstellungen trägt Jesus oft einen goldenen Nimbus und ist, römische Kaiserbilder nachahmend, in ein langes, meist ärmelloses Gewand gehüllt. Diese Bilder zeigen also nicht den in der Bibel beschriebenen historischen Vorgang der Kreuzigung, sondern seine Heilsbedeutung.

Der leidende Christus

Erst allmählich, im 13. Jh. etwa, setzen sich in der westeuropäischen Kunst Darstellungen des sterbenden und am Kreuz Folterqualen leidenden Erlösers durch. Kraftlos, mit zusammengesunkenem Körper wird er dargestellt, aus tiefen Wundmalen blutend. Auf dem zur Seite geneigten Kopf trägt er eine Dornenkrone. Das Gesicht ist schmerzverzerrt, die Augen sind geschlossen. Nun trägt der Gekreuzigte ein Lendentuch. Typisch werden jetzt die sog. Dreinagelkruzifixe. Die beiden Füße sind übereinanderliegend mit einem Nagel am Kreuz befestigt, die Arme sind nicht mehr waagrecht ausgespannt, sondern leicht nach oben gestreckt.

Zur Rechten und zur Linken umgeben den Gekreuzigten häufig sog. → Assistenzfiguren, Maria, seine Mutter, immer zur bevorzugten Rechten und der Lieblingsjünger Johannes zur Linken Jesu gemäß dem Bericht des Evangelisten Johannes in Joh 19,25–27 (→ Raumsymbolik; rechte und linke Seite). Etwa seit dem 14. Jh. ist auf gemalten Bildtafeln und auf geschnitzten Altären eine Erweiterung des Schauplatzes und eine zunehmende Zahl der den Gekreuzigten umgebenden Figuren zu beobachten. Da werden beispielsweise weitere Szenen aus der Passion in die weit in die Tiefe führende Landschaft eingefügt. Außer den Assistenzfiguren und den beiden Schächern können klagende Frauen (vor allem Maria Magdalena), römische Soldaten (auch würfelnd), Longinius mit dem Speer oder gaffendes Volk dargestellt sein. Diese erweiterten Kreuzigungsdarstellungen werden auch Kalvarienberg genannt (Schädelstätte, lat. calvaria = Schädel).

Beispiele von der beginnenden Renaissance bis zur Romantik

Grünewalds Expressivität

Noch in der Nachfolge der seit dem 13. Jh. vorherrschenden Vorstellung eines vom grenzenlosen Leiden und den Schmerzen des Foltertodes grausam Gezeichneten steht Grünewalds Darstellung des gekreuzigten Christus auf der Werktagsseite des Isenheimer Altars (1512–1515/16). Bis heute zieht diese schmerzverzerrte, mit

Dornen gespickte Gestalt, deren Hände im Todeskampf verkrampft sind, den Betrachter in Bann. Viele Künstler des 20. Jhs. haben diese Darstellung aus der Zeit zwischen Mittelalter und Renaissance zum Maßstab und Vorbild für eigene Gestaltungen genommen (z.B. Picasso, Stelzmann und sogar Tinguely mit seinen mechanischen Objekten).

Gesetz und Gnade (Lucas Cranach)

Eine besonders für die protestantische Bildikonografie typische und mithilfe von Holzschnitten weit verbreitete Darstellung zeigt die in der Werkstatt Lucas Cranachs d. Ä. um 1535 entstandene Bildtafel: »Gesetz und Gnade«. Zur Rechten des dornengekrönten, leidenden Gekreuzigten, der der Stilform der Renaissance entsprechend in schräger Seitenansicht wiedergegeben ist, weist Johannes der Täufer den sündigen Menschen auf den Gekreuzigten hin. Am rechten Bildrand besiegt der auferstandene Christus vor dem leeren Grab mit dem Schaft der Siegesfahne Tod und Teufel in Gestalt des Drachen. In der seit der Renaissance üblichen perspektivischen Bildtiefe der Landschaft sind weitere Szenen zu erkennen. Links hinten das leere Kreuz, in der Mitte die Verkündigung an die Hirten, und rechts oben am Bildrand sind eben noch die Füße des entrückenden, zum Himmel fahrenden Christus zu sehen.

Rembrandts »Christus am Kreuz zwischen den beiden Schächern« (Die drei Kreuze)

Eine der beeindruckendsten Darstellungen der Kreuzigungsszene im Zeitalter des Barock schuf Rembrandt mit seiner Radierung »Christus am Kreuz zwischen den beiden Schächern« von 1653. Er stellt die Szene inmitten einer riesigen Menschenmenge dar. Es ist nachtdunkel, doch vom Himmel fällt ein Lichtkegel gleißender Helle auf die Gekreuzigten und zugleich auf die Umstehenden. Rembrandt gelang eine den Worten der Bibel entsprechende dramatisch gesteigerte Darstellung, so als risse der Himmel auf und tauche das Geschehen in übernatürliches Licht. Dieses Blatt inspirierte zahlreiche Künstler, nicht zuletzt auch Musiker, wie den Schweizer Komponisten Frank Martin (1890–1974), der eigenen Aussagen zufolge den Anstoß für sein Passionsoratorium »Golgatha« der Begegnung mit dieser Radierung verdankte, die er 1945 in einer Ausstellung im Museé d'Art et d'Histoire in Genf gesehen hatte.1946 bemerkt Martin in einer Vorlesung dazu: *»Gegen allen inneren Widerstand nahm mich dieser Stoff gefangen, vor allem aber diese ganz neue Sicht der Passion, die Rembrandts Bild mir vermittelte. Auf dem Bild fällt ein unwirkliches weißes Licht senkrecht auf eine dunkle Umgebung und eine Menschenmenge, die dort um die drei Kreuze herum, an denen Jesus und die beiden Übeltäter sterben, in einer Art Kniefall verharrt (…) Auf dieser kleinen Fläche sieht man die historische Stunde, in der die fundamentale Gegensätzlichkeit unserer materiellen Welt und der Welt des*

Geistes so eindrucksvoll offenbar wurde. Mit wenigen Strichen, dunkel und hell, hat Rembrandt auf einem kleinen Rechteck aus Papier diesen tragischen Gegensatz, aber auch die übermenschliche Hoffnung eingefangen, die das wunderbare Licht, das vom Himmel auf die drei Kreuze herabströmt, zu uns bringen konnte.« Und weiter: *»Getreu meiner Ausgangsidee, die mir die Radierung Rembrandts eingab, suchte ich also das ganze Licht auf die Person Christi zu konzentrieren, wobei ich alle übrigen Personen im Schatten beließ.«*

Die Vorstellungen der Romantik (Caspar David Friedrich)

Auf seinem Bild »Das Kreuz im Gebirge« von 1808, dem sog. Tetschener Altar, stellte Caspar David Friedrich das Kreuz mit dem abgewandten Gekreuzigten auf einen entfernten Hügel vor untergehender Abendsonne. Der Gekreuzigte ist hier Teil einer stimmungsvollen romantischen Landschaft, ist eins mit der Natur, in der allein die Künstler jener Zeit das Wirken Gottes zu erkennen glaubten. Nur wie am Rande ist auf dem schweren goldenen Rahmen die christliche Symbolik untergebracht: Engelköpfe, und zwischen Ähren und Trauben das Auge Gottes im Dreieck, Sinnbild der Dreifaltigkeit (Abb. **95**).

Darstellungen des Gekreuzigten in der Klassischen Moderne

Je mehr die Kirche als Auftraggeber in den Hintergrund trat und je individueller die Künstler sich mit diesem Thema auseinander setzten, desto vielfältiger wurde das Erscheinungsbild gerade dieses Bildtypus und ließ sich immer schlechter einzelnen Stilformen zuordnen.

Die Darstellungen wurden grausamer, sie wurden verfremdet, abstrahiert, mystifiziert, auch symbolisiert und transzendiert. Mit der Wahl des Bildthemas des Gekreuzigten und der Passion verarbeiteten Künstler immer wieder auch ganz persönliche, biografische Erlebnisse wie Kriegstraumata, Angst vor der ökologischen Katastrophe, vor körperlichem oder seelischem Leid. Sie rüttelten auf, protestierten, klagten an und provozierten.

Mit dem zum Skandal gewordenen Kreuzestod Jesu weisen sie auf die Not gegenwärtigen Leidens in unserer Gesellschaft hin und prangern sie an wie Herbert Falken. Doch lassen viele von ihnen, und das ist das Tröstliche, auch ganz im Sinne christlicher Heilsgeschichte, wenigstens einen Lichtschimmer der Hoffnung.

Marc Chagall: »Die weiße Kreuzigung«

Chagalls »Weiße Kreuzigung« ist keine traditionelle, irdischer Zeit und Örtlichkeit entrückte Kreuzigungsdarstellung mehr. Chagalls Kreuzigung geschieht im Europa des Jahres 1938, als Juden verfolgt und von den Nazis in Konzentrationslagern umgebracht wurden. Das Bild zeigt den Gekreuzigten vor hellem Hintergrund, in den wie in einen Bildteppich Grauen erregende Kriegszenen eingewirkt scheinen. Da setzt ein johlender Trupp Soldaten mit schreienden Frauen und Kindern im Boot über einen Fluss. Dort stürmt ein anderer Haufen waffenschwingend auf eine Ansiedlung zu. Häuser brennen oder stehen Kopf. Türen sind aus den Angeln gerissen. Auf der gegenüberliegenden Seite hat ein Soldat die Synagoge angezündet. Eine Feuerlohe schießt aus der Tür. Auf der Treppe liegen, herausgezerrt und in den Schmutz geworfen, sakrale Gegenstände. Auch heilige Bücher sind weit verstreut. Vorne flieht eine schreiende Mutter, ihr Kind fest an sich gedrückt. Und ein alter Mann, offenbar desorientiert, irrt durch das Inferno.

Im Zentrum des Bildes sehen wir, scheinbar unberührt, den Gekreuzigten. Er ist als Jude dargestellt, mit zum Gebet bedecktem Kopf und einem jüdischen Gebetsschal um die Lenden. Wie entrückt auf einem breiten weißen Lichtstrahl, der von oben in das Bild hereinbricht und auch das Kreuz weiß werden lässt, sehen wir Christus, »das Licht der Welt«, geradezu friedlich schlafend. Zu seinen Füßen ein wie mit einer Aura umgebener siebenarmiger, ruhig brennender Tempelleuchter.

Chagalls »Weiße Kreuzigung« erscheint durch das Licht ebenso unirdisch und transparent wie Rembrandts »Drei Kreuze« (Abb. **94**). Es scheint so, als fiele auch hier das göttliche Licht, »das Licht der Welt«, durch den Tod Jesu am Kreuz auf alle Menschen, es nimmt auch die mit hinein, die marodierend durch Chagalls Bild ziehen.

Joseph Beuys: »Kreuzigung« 1962/63

Beuys' Objekt aus Flaschen, Holz, Elektrokabel und drei roten Kreuzen auf Zeitungspapier hat weder einen Corpus noch erinnert es sonst an traditionelle Kreuzigungsdarstellungen. Und doch werden durch die verwendeten Materialien und Symbole Assoziationen geweckt, die dazu führen, sich mit dem Werk und dem beabsichtigten Sinngehalt auseinander zu setzen.

Beispielsweise stehen die beiden leeren Flaschen wie traditionelle Assistenzfiguren zu beiden Seiten neben dem Holz des Kreuzes. Mit aufgeklebten, rot gemalten Kreuzen erinnern sie an Blutkonserven. Das Rote Kreuz als weltweit bekannte und agierende Hilfsorganisation kommt ins Spiel, auch Nägel (Leidenswerkzeug) sowie die Zahl Drei und die Farbe Weiß, mit der die Flaschen einst bemalt waren, sind Sinnbild für Göttliches bzw. Transzendenz. Ein Werk also, das nur auf Umwegen zu deuten ist und mithilfe alltäglicher Abfallmaterialien den tieferen Sinngehalt der Kreuzigung Jesu in neues Licht rückt. Vielleicht wollte Beuys es in dem Sinne verstanden wissen: Liebe durch den Tod am Kreuz, Liebe als Kraftquelle (Elektrokabel), Handeln und Helfen im Namen Christi. Das alles könnten die Botschaften dieses Objektes sein.

Vom Dunkel zum Licht – Passion und Auferstehung

Das Dunkel des Kreuzes steht auf vielen Kunstwerken bis heute in direktem Bezug zum Licht der Auferstehung. So haben schon seit Jahrhunderten Baumeister in Kirchen, die Steinmetze und Holzschnitzer, die Maler und Objektkünstler, die Bildhauer, Glasmaler und Grafiker in ihren Werken dieses Mysterium der Auferstehung bildlich darzustellen versucht.

In Kirchen geschah dies, indem man sie nach Osten hin, zur aufgehenden Sonne ausrichtete (ex oriente lux), das Licht durch hohe Chorfenster hereinbrechen ließ oder indem man vergoldete Altäre erst durch Kerzenlicht und später, im Barock, gezielt durch Lichtsäulen und indirekte Lichtquellen aufleuchten ließ.

In Buchmalereien und auf Tafelbildern wurde zunächst mit dem Auftrag von leuchtendem Blattgold, später durch gemalten Lichteinfall und aufglühende Farben oder wie bei Rembrandt mithilfe des Hell-Dunkel-Gegensatzes die Kreuzigung mit dem Licht der Auferstehung in Verbindung gebracht.

In der neueren Kunst schließlich finden sich immer wieder Beispiele, bei denen Künstler in einem Bild die Darstellung des irdischen Leibes Jesu direkt in die lichterfüllte Gestalt des Auferstandenen zu transformieren versuchen. So wie es Grünewald gelang, das verklärte Gesicht Jesu in einer Lichtgloriole aufscheinen zu lassen, so gelang dies Herbert Falken, indem er die Lichtgestalt am Kreuz leer und ungemalt ließ.

Kreuzigung. Ein Gang durch die Kunstgeschichte ➤

88 Kreuzigungsgruppe, Holztür,
Santa Sabina, Rom, um 430

89 Triumphkreuz,
Dom, Münster, 12. Jh.

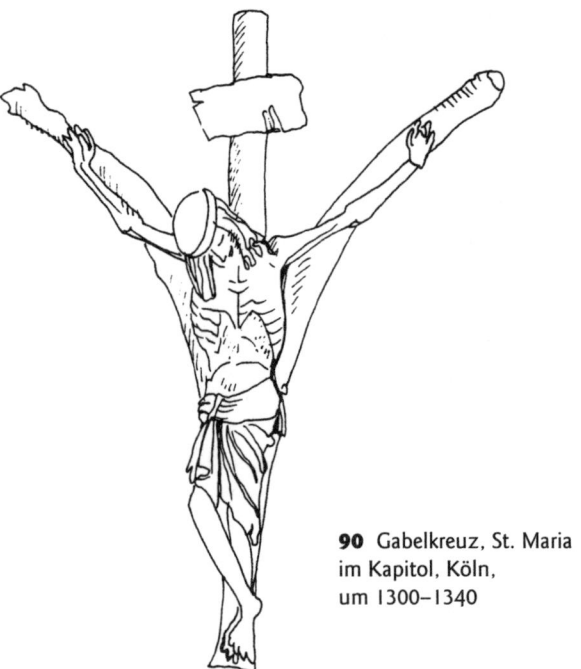

90 Gabelkreuz, St. Maria
im Kapitol, Köln,
um 1300–1340

91 Kreuzigung,
Sankt Galler Sakramentar,
11. Jh.

92 Matthias Grünewald,
Kreuzigung, Isenheimer Altar,
Museum Unterlinden,
Colmar, 1512–1515/16

93 Lucas Cranach d. Ä., Gesetz und Gnade,
Nürnberg, Germanisches Nationalmuseum,
um 1535

94 Rembrandt Harmensz van Rhijn,
Die drei Kreuze (Ausschnitt), Radierung,
The British Museum, London, 1653

95 Caspar David Friedrich, Kreuz im Gebirge
(Tetschener Altar), Staatliche Kunstsammlung
Dresden, 1807/1808

KREUZ UND AUFERSTEHUNG –
THEOLOGISCHE UND DIDAKTISCHE ZUGÄNGE

In den Diskussionen zum Kruzifix in Schulräumen zeichneten sich zwei unterschiedliche Positionen ab: Die einen sahen das Kreuz als ein eher abstraktes Symbol, das für die überlieferten christlichen Werte stehe, die auch in der säkularisierten Gesellschaft verpflichtend seien. In solchem Sinne tragen viele ein Kreuz als Schmuck, ohne damit Zugehörigkeit zur christlichen Gemeinde ausdrücken zu wollen. Die anderen hoben auf das Kreuz als Mitte des christlichen Glaubens und theologischer Theoriebildung ab. Der gewaltsame Tod Jesu am Kreuz ist Anstoß zum Bedenken seiner Bedeutung für Christen. Programmatisch hat das der Apostel Paulus formuliert mit dem Satz, der auch auf Herbert Falkens Bild zu finden ist: »Denn das Wort vom Kreuz ist denen, die verloren gehen, Torheit; uns aber, die gerettet werden, ist es Gottes Kraft« (1 Kor 1,18). Als Instrument der Hinrichtung ist es abstoßend und es erscheint geradezu skandalös, religiöse Gewissheit auf solch ein Scheitern zu setzen – Falken nennt seinen ganzen Kreuzzyklus »scandalum crucis«. Wie kann an ihm Anteil an Gottes Kraft gewonnen werden?

Überlieferte Kreuzestheologie

Von der Auferstehung und der Erhöhung Jesu Christi an die Seite Gottes her werden solche Deutungen des Todes Jesu möglich. Anknüpfungspunkte bietet das Alte Testament. Die Texte vom leidenden Gottesknecht, der um der anderen willen leidet, haben sich aus christlicher Sicht im Leiden Jesu erfüllt: »Er wurde durchbohrt wegen unserer Verbrechen, wegen unserer Sünden zermalmt. Zu unserem Heil lag die Strafe auf ihm, durch seine Wunden sind wir geheilt« (Jes 53,5). Verbunden mit alttestamentlicher Opfertheologie bekommt dieses stellvertretende Leiden weitere Konturen: Die Brandopfer im Tempel sind überflüssig geworden durch das eine und letzte Opfer, in dem sich Jesus Christus als der eigentliche Hohepriester selbst dargebracht hat (Hebr 9,12). In dieser Deutung zeigt sich das Christentum als Erlösungsreligion. Durch Adam ist die Sünde in die Welt gekommen, durch Jesus Christus die Erlösung von ihr, schreibt Paulus im Römerbrief (Röm 5,12 ff.).

Das Leiden und Sterben Jesu als Vollzug des göttlichen Heilsplans rückt die grausame Hinrichtung Jesu in das Licht seiner Auferstehung und nimmt ihr so den Stachel des Unerträglichen. Das gilt auch von den letzten Worte Jesu am Kreuz im Lukas- und Johannesevangelium: »Vater, in deine Hände lege ich meinen Geist«

(Lk 23,46) und »Es ist vollbracht« (Joh 19,30). Das »Für uns gestorben« wird zum Schlüsselwort christlicher Theologie.

Die andere Seite dieser heilsgeschichtlichen Deutung ist der Ausschluss derer, die ihr nicht folgen können oder wollen. Das trifft in erster Linie die Juden, deren Weigerung, an Jesus Christus zu glauben, ein neues Licht auf ihre Mitwirkung an Jesu Tod warf. Sie erschienen als die Feinde Jesu. Schon bei seinen Heilungen am See Genezareth wird von ihrem Wunsch gesprochen, ihn zu töten (Mk 3,6). Die Abgrenzungsversuche und Konflikte zwischen Juden und Christen spiegeln sich insbesondere im Matthäus- und Johannesevangelium und bieten so Nahrung für antisemitische Strömungen. Neuere theologische Forschung betont dagegen, dass Jesu Verurteilung in erster Linie der römischen Militärverwaltung anzulasten sei, die auf religiöse Hintergründe wenig Rücksicht nahm.

Andere Zugänge zum Verständnis des Leidens und Sterbens Jesu

Zur überlieferten Theologie des Kreuzes Jesu finden immer weniger Zeitgenossen Zugang. Der Zusammenhang zwischen seinem Sterben damals und der Vergebung der Sünden heute erscheint wenig einsichtig und eher spekulativ. Ist diesen Menschen deshalb der christliche Glaube abzusprechen oder gibt es auch andere Zugänge zum Verständnis von Sterben und Auferstehen Jesu Christi? Eine andere Deutung setzt an bei der Konsequenz, in der Jesus seine Botschaft vertrat und so seinem göttlichen Auftrag treu geblieben ist. Mit seiner Verkündigung des anbrechenden Reiches Gottes in Wort und Tat musste er in Konflikt geraten mit den Ansprüchen der Mächtigen im Land. Seine Zuwendung zu den Menschen am Rande der Gesellschaft stand in Widerspruch zu den gewohnten Ordnungsstrukturen. Jesus ging seinen Weg bis zum Scheitern an den Strukturen der Realität. In den Verhören widerrief er nicht, sondern blieb seiner Botschaft treu. »Mein Gott, warum hast du mich verlassen?« sind Jesu letzte Worte im Markus- und Matthäusevangelium (Mk 15,34): Sie zeigen jenseits aller frommen Verklärung das schreckliche Ende in einem Tod, der das Misslingen zu besiegeln scheint. Aber mit der Auferstehung wandelt sich das Scheitern mit der unsichtbaren Gegenwart des Auferstandenen und der Beauftragung der Jünger zum neuen Anfang (Mt 28,19 f.). Verzweiflung und neue Kraft, Ende und Anfang, Tod und Leben stehen hart und unausgeglichen nebeneinander. Die Spannung zwischen Kreuz und Auferstehung wird ausgehalten. Und sie wirft auch einen Blick auf Gott: Der Allmächtige, der Jesus auferweckt hat, bleibt zugleich der Ohnmächtige, der in Jesu Leiden selbst mitlitt, das Scheitern seiner Botschaft selbst zu ertragen hatte.

Dieser Zugang zu Tod und Auferstehung Jesu wurde zunächst nicht in der theologischen Lehrbildung entfaltet, sondern hat in der christlichen Kunst Gestalt angenommen und blieb lange von der Theologie unbeachtet. Als in der Gotik eindrückliche Bilder vom Leiden Jesu die romanischen Kruzifixe mit dem siegreich-königlichen Christus am Kreuz ablösten, da konnten sich Menschen mit ihrer eigenen Not im Leiden Jesu wiederfinden. Und damit wurde Jesu Auferstehung auch zu ihrer Hoffnung auf Leben. So hatte auch schon Paulus Jesus Christus als den Ersten der Entschlafenen und auch der Auferstandenen verstanden (1 Kor 15,20), dem alle Christen folgen werden. Mit tastenden Bildern sucht der Apostel das neue Leben der tödlichen Realität unseres Lebens entgegenzusetzen: »Was gesät wird, ist verweslich, was auferweckt wird, unverweslich. Was gesät wird, ist armselig, was auferweckt wird, herrlich ... Gesät wird ein irdischer Leib, auferweckt ein überirdischer Leib« (1 Kor 15,42 f.). Der Blick auf Jesu Leiden und Sterben lässt auch das vielfache Scheitern, das sinnlose Leiden und Sterben in unserer Welt sehen und spricht gleichzeitig Anteil am neuen Leben zu. In solchem Sinne stellt moderne Kunst solches Leiden in Beziehung zum Kreuz: Alle Orte des Sterbens in unserer Welt können zu Golgatha werden. Drücken sie auch die Hoffnung auf neues Leben aus?

Deutlich geschieht dies jedenfalls in Herbert Falkens Bild. Hart sind Tod und Leben aneinander gerückt. Als »König der Juden« steht Jesus zum einen für das Scheitern am Kreuz, das in der Signatur des gequälten Körpers gezeichnet ist. Und darüber in Wiederaufnahme der Körperhaltung am Kreuz der Lebendige, als reine Kontur das Zeichen der Hoffnung auf das Wirksamwerden des Reiches Gottes in unserem Leben und in unserer Welt. Jesu Leiden und Auferstehen wird so zur Antwort des Glaubens auf die großen Fragen der Zeit: »Warum lässt Gott das zu?« Es geht nicht mehr darum, das Leiden im Verweis auf Gottes Heilsplan zum Guten zu wenden. Sondern es gilt, diese Fragen mit all den Erfahrungen des Leidens, die hinter ihnen stehen, auszuhalten. Dann muss Glaube nicht länger als Erklärung zum Sinn des Leidens formuliert werden, sondern kann sich als Hoffnung zeigen, dass Gott Neues schenken wird – einen neuen Anfang, Licht im Dunkel. Bilder der Kunst können so ein Schlüssel zu neuen Sichtweisen des Glaubens sein, wo überlieferte theologische Denkmuster nicht mehr überzeugen. Sie können den Anschluss an die Fragen und Zweifel heutiger Menschen herstellen und mit ihnen nach neuen Antworten des Glaubens Ausschau halten. Sie verweigern den bloßen Rückzug auf den göttlichen Heilsplan und öffnen Zugang zu Worten und Bildern der Hoffnung, dass Gott Neues schaffen wird, so tastend und unfertig all die Versuche auch bleiben werden, dieses Neue zu benennen und zu beschreiben.

KREATIVE UMSETZUNG:
EINE PASSIONSKRIPPE AUS PAPIER

In einigen Gegenden Süddeutschlands und Österreichs haben sich außer alten Weihnachtskrippen auch sog. Passionskrippen erhalten. Sie werden alljährlich in der Osterzeit in Kirchen oder Museen ausgestellt und zeigen in großen Panoramen das Passions- und Ostergeschehen in ihren einzelnen Stationen. Leider ist diese alte Kunst nicht mehr weit verbreitet. Es lohnt, sie wieder aufleben zu lassen.

Gemeinsam ein Aufstellbild entwerfen

Für einen Einzelnen ist die Darstellung der ganzen Passion oder auch einer großen Kreuzigungsszene sicher zu umfassend, aber es kann eine schöne Aufgabe für eine Gruppe sein. Je nach Alter und Anzahl der Teilnehmer können die Aufgabenverteilungen angepasst werden: Das Geschehen kann mit wenigen Figuren vereinfacht dargestellt oder zu einem umfangreicheren Szenario ausgebaut werden.

Technisch ist die Passionskrippe kein Problem: Alle Figuren (Menschen, Tiere, Staffage, Bäume, Büsche, Torbogen etc.) der einzelnen Stationen werden auf dünner, stabiler Pappe möglichst in gleicher Größe aufgezeichnet, ausgemalt und ausgeschnitten. An den Figuren darf ein tragfähiger Aufstellfuß nicht vergessen werden. Der wird gleich mitausgeschnitten, umgeknickt und bei Bedarf noch durch eine Strebe verstärkt.

Am besten beginnt man chronologisch mit dem Einzug in Jerusalem. Das letzte Abendmahl ist zu sehen, ebenso wie das Gebet Jesu neben den schlafenden Jüngern am Ölberg. Dann folgen Verrat und Gefangennahme und so fort bis hin zur großen Szene auf Golgatha, wo unter dem Kreuz auch die trauernde Mutter Maria zusammen mit Johannes, Maria Magdalena und einigen anderen Jüngern aufgestellt werden. Anhaltspunkt und Vorbild für die Figurenanordnung der Kreuzigungsszene können die Radierung von Rembrandt oder andere Darstellungen der Kunst sein.

Ein großes Wandbild gestalten

Auch eine große Bilderpedigt in Form eines Wandbildes ist eine vielversprechende Arbeit für eine Gruppe. Dies kann auf unterschiedliche Weise geschehen. Sei es, dass Kinder vorab einzelne Szenen malen und diese anschließend auf einem großen Bogen Packpapier oder Wellpappe aufkleben, sei es, dass Ältere nach einem Entwurf ihre Szene in die jeweils vorgegebene Bildfläche einarbeiten. Diese etwas schwierigere Methode hat den Vorteil, dass die verschiedenen Stationen nach dem Vorbild der Passionskrippen ineinander übergreifen können, während die gleich großen, starr neben- und übereinander angeordneten Einzelbilder eher an die mittelalterlichen Leben-Jesu-Darstellungen mit ihren vielen Einzelszenen erinnern.

Wahrnehmen, deuten und gestalten – Kunst in Schule und Gemeinde

Warum Bilder für den Religionsunterricht so wichtig sind

Trotz und gerade wegen der Inflation an Bildmaterial, die schon Kinder täglich zu verarbeiten haben, erfüllt das einzelne, gut ausgewählte Kunstwerk, das im Religionsunterricht genau betrachtet und einfühlsam gedeutet wird, einen wichtigen didaktischen Zweck. Es hilft, biblische Geschichten und Glaubensinhalte besser zu verstehen, sich über ungewohnte Deutungen Gedanken zu machen und darüber miteinander ins Gespräch zu kommen. Nicht zuletzt lockert eine gut vorbereitete Bildbetrachtung den Unterricht auf, sie motiviert zum eigenen kreativen Umgang mit dem biblischen Thema und macht ganz einfach Freude.

Glücklicherweise steht mit den überlieferten Kunstwerken ein unerschöpflicher Vorrat an zeitlos gültigen Bildbeispielen aus allen Epochen zur Verfügung, bei deren intensiver Betrachtung nicht wie beim Umgang mit anderen Medien eine unnötige Reizüberflutung der Kinder zu befürchten ist.

Bilddidaktik hat Tradition

Mit der Bildbetrachtung im Religionsunterricht folgen wir einer langen Tradition. Seit frühester Zeit statteten Christen ihre Gotteshäuser mit umfangreichen Bildprogrammen aus. Damit setzten sie auf die Didaktik des gemalten Wortes, das selbst die zahllosen Gläubigen, die nicht lesen konnten, zu deuten und zu meditieren wussten. Heute, im Medienzeitalter erreichen wir Kinder und Jugendliche möglicherweise sogar leichter über das Bild als über das Wort. Um aber die Bilderflut nicht unnötig zu verstärken, sondern Akzente zu setzen, sollten Bildauswahl und Bildbetrachtung sorgfältig vorbereitet werden.

Bilder tragen die Symbolsprache abendländischer Kunst und Kultur weiter

Kunstwerke machen mit der überlieferten Tradition christlicher Bildsprache (Ikonografie) vertraut, die in unserer bibelfernen Zeit mehr und mehr in Vergessenheit zu geraten scheint. Da die gesamte abendländische Kunst überwiegend christliche Kunst ist, mit der ihr eigenen, ganz spezifischen Symbolsprache, trägt die Bildbetrachtung ausgewählter Kunstwerke dazu bei, diese überlieferte Bildersprache deuten zu lernen. Wo könnte dies besser geschehen als im Religionsunterricht vor biblischem und theologischem Hintergrund?

Bilder können ein Leben lang in Erinnerung bleiben

Mit jeder Bildbetrachtung im Religionsunterricht lernen Schülerinnen und Schüler ein neues bedeutendes Kunstwerk abendländischer Kunst kennen – und behalten es vielleicht ein Leben lang in Erinnerung, wie der bekannte jüdische Religionsphilosoph Schalom Ben-Chorin von sich berichtet. Er schreibt in seiner Autobiografie »Jugend an der Isar« (1988): »*In rückblickender Ehrlichkeit wird mir klar, dass ich vom Bild und nicht durch das Wort zur Gestalt Jesu kam, die mich nicht mehr loslassen sollte. Der überdimensionale Finger des Johannes wies sie mir, aber die Hand des Matthias Grünewald führte mich vor sie. So weit zurück liegen die entscheidenden Erkenntnisse, die den Menschen formen und zur Formung bewegen.*«

Langsam den Bildbestand ausbauen

So kann mit der Zeit und von einer Jahrgangsstufe zur nächsten der Kanon der im Religionsunterricht betrachteten Bilder stetig anwachsen und ein Grundrepertoire alter und neuer abendländischer Kunst erschlossen werden. Außer dem oben genannten Isenheimer Altar von Grünewald sollten dazu gehören: Dürer und Rembrandt, das eine oder andere Werk aus der italienischen Renaissance, ein illusionistisches Deckengemälde aus dem Barock, aber auch Beispiele aus der mittelalterlichen Buchmalerei, gotische Glasbilder und vielleicht ein Altar mit einer Bilderfolge zum Leben Jesu. Aus der klassischen Moderne dürfen die Expressionisten ebenso wenig fehlen wie Chagall und das eine oder andere ausgesuchte Werk zeitgenössischer Kunst.

Gelingt es nach und nach über verschiedene Jahrgangsstufen hinweg diesen Bildbestand zu erweitern, so werden nicht nur Grundkenntnisse abendländischer Kultur und ihrer Bildersprache vermittelt. Häufig wecken wir zugleich das Interesse für alte und neuere Kunst. Das geschieht am besten, wenn nicht nur Werke einer Bildgattung besprochen werden, sondern im Wechsel Altar- und Tafelbilder,

Glasbilder, Buch- und Wandmalereien, Andachtsbilder und Reliefkunst und hin und wieder auch ein Beispiel aus der Druckgrafik.

Kunstwerke als Spiegel ihrer Zeit sorgsam auswählen

Gute Darstellungen zur Bibel veranschaulichen und illustrieren nicht nur den biblischen Stoff, sie deuten ihn auch auf eine sehr individuelle Art, denn der Künstler, der sie gemalt hat, visualisiert darin nicht nur sein ganz persönliches Bibelverständnis, sondern auch das seiner Epoche. Das gilt ganz besonders auch für die zeitgenössische Kunst, deren christlicher Inhalt oftmals nicht auf den ersten Blick zu erkennen ist. Über die didaktische und kunsthistorische Bedeutung hinaus ist aber immer auch zu fragen: Lohnt dieses Kunstwerk den Aufwand? Führt es inhaltlich und emotional weiter?

Autonomie der künstlerischen Aussage

Es würde Kunstwerken zur Bibel nicht gerecht, würde man sie im Unterricht nur als Illustrationen zum biblischen Text verwenden, d.h. dazu, noch einmal die wichtigsten »Stationen« einer Geschichte nacherzählend festzuhalten. Kunstwerke repräsentieren die eigenständige Auseinandersetzung des Künstlers mit der biblischen Vorlage. Sie sind Deutung der biblischen Botschaft und zugleich Auslegung aus der Sicht des Malers und aus der Sicht seiner Zeit.

Die Botschaft suchen

Biblische Geschichten sind oft von der Unterscheidung zwischen »gesagt« und »gemeint« bestimmt. Ihre Botschaft weist hinter die Vordergründigkeit der erzählten Vorgänge zurück. Nicht die historischen Details sind das Wichtigste, sondern das weniger Anschauliche unserer Beziehung zu Gott. Bloße Illustrationen wirken oft kontraproduktiv, indem sie das Vordergründige hervorheben.

Gesehenes vertiefen – Sich auch selbst ein Bild machen

Ebenso wichtig wie die Bildbetrachtung und Bilddeutung im Religionsunterricht ist das eigene kreative Gestalten biblischer Themen. Im Idealfall wird beides in produktiver Weise miteinander verknüpft: Dabei kann es sogar sinnvoll sein, die eigene Gestaltung entweder direkt im Anschluss an die Bildbetrachtung oder in der darauf folgenden Stunde zu beginnen. Ist das »Vorbild« aus der Kunstgeschichte nicht mehr vor Augen, ist auch kein Plagiat zu befürchten. Schülerinnen und Schüler sind viel zu kreativ, um einfach Bildideen anderer zu kopieren.

Zusammenfassung

Was Kunstwerke zur Bibel im Unterricht alles bewirken können:

- neugierig machen auf die dargestellte Geschichte,
- ungewohnte Blickwinkel eröffnen, z.B. dazu anregen, den Bibeltext neu zu bedenken, statt in eingefahrenen Denkmustern zu verharren,
- mit den Augen des Künstlers und seiner Zeit die biblische Geschichte betrachten,
- das Interesse an weiteren Geschichten der Bibel wecken,
- zu Gesprächen anleiten oder sogar zu kontroversen Diskussionen verführen,
- die überlieferte Bildersprache christlicher Kunst und ihre Symbole kennen lernen,
- überlegen, welche Bedeutung die Darstellungsweise für die Bildaussage hat,
- und nicht zuletzt Anregung und Lust bekommen, »sich selbst ein Bild zu machen«.

Zur Methodik der Bildbetrachtung

Das Bild im Religionsunterricht und in der Gemeindearbeit

Kunstwerke helfen biblische Vorlagen besser zu verstehen

Mit ihrer bildhaften Auslegung biblischer Überlieferungen setzen Künstler bestimmte Akzente und schlagen entsprechende Deutungsrichtungen ein. Damit helfen ihre Werke biblische Inhalte nicht nur besser, sondern möglicherweise auch mit anderen Augen zu sehen. Ebenso wie die biblische Botschaft hinter die Vordergründigkeit der erzählten Vorgänge zurückweist, nehmen uns Kunstwerke mit hinein in die Suche nach Deutungen des biblischen Geschehens. Sie laden dazu ein, mehrere Sinnschichten zu entdecken und sich mit der individuellen Auslegung des Künstlers auseinander zu setzen.

In Kunstwerken öffnen sich tiefere Dimensionen unserer Wirklichkeit

Bilder der Kunst sind eine eigene Welt, in die Kinder und Jugendliche durch neugieriges und staunendes Betrachten eintauchen. Beim genauen Hinsehen entdecken sie Neues, begreifen Zusammenhänge und vertiefen, was sie gehört oder gelesen haben. Spielerisch und fantasievoll stellen sie immer wieder Mutmaßungen über die Bedeutung von Gegenständen, über Handlungen, Beziehungen und Gedanken dargestellter Personen an. Bald erkennen sie, dass Kunstwerke andere Dimensionen unserer Wirklichkeit zugänglich machen, dass sie nicht nur vordergründig abbilden, sondern darüber hinaus deuten und auslegen. Schülerinnen und Schüler erfahren, wie Kunstwerke helfen unsere Vorstellungen von Hintergründigem und Transzendentem zu klären.

Bilder vermitteln ermutigende Botschaften für das eigene Leben

Kinder suchen in Bildern Bezüge zur eigenen Lebenssituation. Beispielsweise identifizieren sie sich mit Personen, die sich in Herausforderungen bewähren und wünschen sich die Anerkennung, die diese erfahren. So träumen sie sich in Perspektiven des Gelingens hinein, die sich ihren Helden eröffnen. Bei der Bildauswahl und der Vorbereitung auf das zu erarbeitende Gespräch sollten diese Möglichkeiten bedacht und einbezogen werden.

Bildbetrachtung erzieht zum genauen Hinsehen

Die gemeinsame Erkundung eines Kunstwerkes im Religionsunterricht erzieht dazu, genau hinzusehen. Sie spornt dazu an, immer Neues zu entdecken, auf das Ganze ebenso wie auf Details zu achten, das Entdeckte genau und zusammenhängend zu beschreiben und nicht zuletzt über den vom Künstler beabsichtigten Sinn nachzudenken. Diese Fähigkeiten einzuüben kann gerade in unserer Zeit der flüchtigen Bilder und der virtuellen Bildwelten nur von Gewinn sein.

Jede Bildbetrachtung ist ein Wagnis

Bei vielen Bildbetrachtungen vor allem moderner und zeitgenössischer Kunst hat sich gezeigt: Je provozierender die Darstellung und je höher die damit verbundene Gefahr einer ersten Ablehnung, desto intensiver und fruchtbarer ist in der Regel das anschließende Gespräch. Trotzdem ist jede Bildbetrachtung auch ein Wagnis. Sie kann sowohl zu überraschenden, weil konstruktiven Überlegungen und Unterrichtsbeiträgen führen, sie kann aber auch scheitern, wenn das Bild abgelehnt wird.

In diesen seltenen Fällen ist es sinnvoll, die Betrachtung selbst vorzunehmen und ganz behutsam die historischen oder biografischen Umstände zu erläutern, die zu dieser Darstellung führten. Die Praxis zeigt, dass gerade die zunächst ungewohnten und provozierenden Darstellungen nach anfänglichem Zögern vor allem von älteren Jugendlichen interessiert angenommen werden und sie nachhaltig beschäftigen. Diese »schwierigen« Kunstwerke sind es oft, mit denen es am besten gelingt, neue Zugänge zu den mitunter als zu bekannt abgewiesenen Überlieferungen zu finden.

Immer wieder wird gefragt: Sollte die Bildbetrachtung besser vor oder nach der Begegnung mit der biblischen Geschichte stattfinden? Beide Wege haben etwas für sich: Ist die Geschichte bekannt, können Unterschiede schneller festgestellt, Bildinhalte und Deutungsabsichten sofort besprochen werden. Im umgekehrten Fall macht das Bild neugierig auf die Geschichte. Oft aber wird viel geraten und der Weg zum Ziel prägt sich unter Umständen stärker ein als der biblische Inhalt.

Tipps für die Planung und Durchführung einer Bildbetrachtung

- Wählen Sie ein Bild nicht nur nach didaktischen, sondern auch nach künstlerischen Gesichtspunkten aus: Lohnt die Bildqualität den zeitlichen und gedanklichen Aufwand? Streuen Sie Bilder nie nur als »Füllsel« ein.
- Kündigen Sie die Bildbetrachtung als etwas ganz Besonderes an, als ein Unterrichtselement, auf das man sich freuen kann. Lassen Sie Ruhe einkehren. Geben Sie genügend Zeit zum genauen Hinsehen und zum »Sich-Hineinsehen«.
- Ermutigen Sie dazu, das Gesehene nach dem Motto »Und was hast du entdeckt?« mit eigenen Worten möglichst vollständig zu benennen. Lassen Sie der Reihe nach aufzählen, noch ehe mit der Deutung begonnen wird. Als Fragestellung hilft dabei: Was fällt sofort ins Auge? Was erkennen wir erst bei genauerem Hinsehen, auf den zweiten Blick?
- Es lohnt sich, nach und nach einzuüben, wie man eine Bildbetrachtung auch systematisch durchführen kann: erst das Wesentliche im Bildvordergrund und in der Bildmitte beschreiben, dann das »Drumherum«, also Assistenzfiguren, die neben den Zentralgestalten stehen, Szenen in der Bildtiefe usw.
- Strukturieren Sie mit Impulsen und Unterrichtsbeiträgen auf das vorgesehene Lernziel hin. Lassen Sie alle Deutungsvorschläge zu, relativieren Sie aber vorsichtig, wenn Deutungen zu abenteuerlich erscheinen oder zu voreilig vorgenommen werden.
- Lenken Sie das Unterrichtsgespräch auch auf die Szenenauswahl, auf Komposition und bildnerische Technik. Wurde beispielsweise etwas weggelassen? Welche Szene der biblischen Geschichte war dem Künstler so wichtig, dass er sie in den Vordergrund rückte? Stellte er das Geschehen im Freien, in einem Innenraum oder vor Goldgrund dar? Hat er etwa gar mehrere Szenen in einem Bild untergebracht? Welche ist dann die Haupt-, welche die Nebenhandlung?
- Wichtig ist die genaue Beschreibung der Menschen, ihrer Mimik und Gestik. Wie deuten wir ihre Gebärden (→ Segens- und → Deutegestus), wie die Gesichtszüge der Dargestellten? Zeigt ihre Kleidung die Rangordnung oder Standesunterschiede? Hat der Künstler eine Person besonders hervorgehoben

(→ Bedeutungsmaßstab) oder bestimmte Farben gewählt? Und wenn ja, was beabsichtigte er damit (→ Farbensymbolik)?

- Bei Werken der klassischen Moderne und der zeitgenössischen Kunst sollte der persönliche Malstil, der Zeichenduktus, die Farbwahl und alles, was dies Werk von anderen, traditionelleren Darstellungen abhebt, benannt und charakterisiert werden.
- Zu diesem Fragenkomplex könnte dann auch die Wirkung des Bildes auf den Betrachter gehören. Stößt mich die Malweise, die Auswahl und Darstellung der Figuren, die Farbzusammenstellung ab? Beunruhigt mich das Bild oder sehe ich es gern an?
- Ich selbst frage mich bei der Bildauswahl: Lässt sich mit diesem Bild etwas von dem vermitteln, was für den Religionsunterricht oder die Gemeindeveranstaltung, die Predigt wichtig ist? Kann ich als Pädagogin oder Pädagoge überhaupt damit arbeiten?

In der Praxis haben sich folgende Fragen als Anregungen zur Planung und Durchführung einer Bildbetrachtung und Bilddeutung bewährt:

Was ist dargestellt?	Wir erzählen spontan und teilen einander mit, was auf dem Bild alles zu sehen und zu entdecken ist.
Wie ist es dargestellt?	Wir machen uns bewusst, wie der Künstler das Bild im Einzelnen gestaltet und aufgebaut hat. Dazu gehören genaue Beobachtungen zur Szenenauswahl, der Komposition der äußeren Darstellungsweise und der Symbolik, auch im Vergleich mit dem Bibeltext und mit anderen Kunstwerken gleichen Themas.
Wozu ist es dargestellt?	Was will der Künstler mit diesem Bild, mit der gewählten Thematik aussagen? Welchen Sinngehalt entnehmen wir dem Bild? Vorsichtige Vermutungen zur Biografie, dem herrschenden Weltbild etc. können bei der Deutung helfen. Aber: Vorsicht vor Überinterpretationen!

Während diese hier sehr vereinfacht wiedergegebenen Fragestellungen mehr der kunstgeschichtlichen Zugangsweise entsprechen, ergänzen zwei weitere Fragestellungen den Fragenkatalog aus theologisch-religionspädagogischer Sicht:

Was löst das Bild in mir aus?	Spricht es mich mit seinem Thema, seiner Darstellung und Farbgebung an oder stößt es mich ab? Identifiziere ich mich mit dem Bild? Wo finde ich mich in dieser Darstellung wieder? Betrifft mich das biblische Geschehen auf dem Bild? Provoziert mich die besondere Art der künstlerischen Aussage? Bringt sie mich weiter?
Zu welchen Fragen des Glaubens bietet das Bild einen Beitrag an?	Welches Thema kommt zur Sprache? Zu welcher Perspektive führt dieses Thema? Was erscheint an diesem Zugang zum Thema ungewöhnlich? Welche Fragen werden geweckt? Welche Aussagen und Positionen des Künstlers werden erkennbar?

Behutsam, Schritt für Schritt versuchen wir die Bilder – dem Alter entsprechend – zu deuten, ihre tiefere Sinnebene zu entschlüsseln, die Symbole und ihre Bedeutung kennen zu lernen. So ließe sich z.B. fragen: Warum ist der Verkündigungsengel barfuß und schwebend dargestellt? Warum flattert sein kostbares, mit Gold verziertes Gewand im Wind (→ Pneumazipfel), wenn er doch in Marias Kammer, also in einem Innenraum spricht? Und was bedeutet der goldene Strahl, der durch das Fenster auf Maria fällt und was die weiße Taube?

Bereits nach kurzer Zeit sind Kinder und Jugendliche in der deutenden Bildbetrachtung so geübt, dass sie die Symbolik des Dargestellten nicht nur mühelos wieder erkennen, sondern sie auch wie selbstverständlich in ihren später selbst gestalteten Bildern verwenden: z.B. den Heiligenschein, den blauen Mantel der Maria oder den Goldhintergrund ...

Wenn Verfremdung, Abstraktion und Ungegenständlichkeit sehr weit gehen

In einem modernen, unseren Sehgewohnheiten weniger entsprechenden Bild können Symbole sehr versteckt und Sinndeutungen schwieriger erscheinen. Vor allem stark verfremdete, abstrahierte oder ungegenständliche Bilder erschweren die Deutung und lassen Biblisches nicht immer auf Anhieb erkennen. Da hilft nur geduldiges Wahrnehmen und Rekapitulieren, was wir über die überlieferte Symbolsprache wissen, z.B. über die Farbensymbolik und über die Darstellung des Lichtes in der christlichen Kunst. Vielleicht handelt es sich auch um ein Meditationsbild, das auf der Grundlage von Aussagen zu Dunkelheit und Licht zugleich eine Assoziation von Ruhe und göttlichem Frieden vermitteln möchte.

In jedem Fall erfordert es Zeit und Muße, ein Kunstwerk intensiv anzuschauen und wirklich geduldig zu erforschen. Nur wer sich auf das Werk einlässt, wird über das, was der Künstler im Einzelnen darstellte, herausfinden, welche Deutung die Bibel und die christliche Religion durch dieses besondere Bild erfährt. Natürlich setzt das aber auch die genaue Kenntnis des biblischen Textes voraus.

Alte Bilder oder neue Bilder?

Beides ist gleich wichtig. Alte Bilder, die in klaren, schön gemalten Szenen und mit Figuren wie aus einem kostbaren Bilderbuch von der Bibel erzählen, sind sicherlich besonders für jüngere Kinder geeignet. Sie sollen sich ja erst an das Entdecken und genaue Betrachten gewöhnen. Das schließt aber nicht aus, dass sogar das eine oder andere der hier besprochenen modernen Werke für sie nicht ebenso gut geeignet wäre. Kandinskys »Paradies« beispielsweise oder auch Pankoks Weihnachtsbild bieten viele Anknüpfungspunkte, nicht zuletzt, um sich auch selbst ein farbenprächtiges Bild vom Paradies vorzustellen und mit Pinsel und Farbe oder mit bunten Wachsmalstiften auf Papier zu malen und damit auch für andere sichtbar werden zu lassen.

Um mit jungen Menschen ins Gespräch zu kommen, eignen sich Bildbeispiele zeitgenössischer Künstler oftmals besser. Diese Bilder fordern einen Kommentar geradezu heraus und provozieren auch solche Jugendlichen zu Stellungnahmen und Mutmaßungen, die sich sonst wenig am Gespräch beteiligen. Über zeitgenössische Bilder kann man so herrlich verschiedener Meinung sein und ordentlich streiten. Das macht den Unterricht sogar für »Schulmuffel« spannend und motiviert in Gemeindeveranstaltungen zu engagiertem Gespräch.

Bildvergleich statt Bilderfolge

Von der sorgsamen Auswahl der Bilder war schon die Rede, auch davon, dass Bilder nicht konsumiert werden, sondern ein besonderes Ereignis bleiben sollten, auf das man sich freuen kann. Das schließt aber selbstverständlich den direkten Vergleich von auch einmal zwei oder mehreren Bildern nicht aus, treten doch im direkten Vergleich Unterschiede oder Gemeinsamkeiten oft viel klarer hervor. Und am eindrücklichsten zeigt sich im Bildvergleich mit älteren Werken der Gegensatz zu unserer heutigen Kunst. Hier ist es wichtig – und das ist der eigentliche Gewinn eines Bildvergleichs, der nicht in eine Bilderflut ausarten sollte – gemeinsam herauszufinden, dass der Sinngehalt wichtiger christlicher Symbole früher und heute zwar verschieden ausgeformt, aber in ihrem Kerngedanken nahezu identisch ist.

Von der Auswahl und Verwendung geeigneten Bildmaterials

Auf der Suche nach geeignetem Bildmaterial für Schule und Gemeinde stoßen wir im Alltag allzu oft an Grenzen. Kaum eine Schule besitzt eine eigene Mediensammlung für Religionspädagogen und in den Gemeinden sieht es nicht besser aus. So ist man bei der Beschaffung von Dias, Tageslichtfolien, Postkarten im Klassensatz u.a. ganz auf sich gestellt. Oft bleibt keine andere Wahl, als aus Bildbänden und Katalogen selbst Dias zu fotografieren oder zu scannen und Folien oder Farbkopien zu ziehen.

Tageslicht- versus Diaprojektion

Natürlich wären farbige Dias von ausgewählten Kunstwerken, die großflächig an der Wand die volle Leuchtkraft ihrer Farben entfalten, das ideale Medium, um die Beteiligten in die Kunst einzuführen und biblische Inhalte mithilfe dieser Bilder zu vertiefen.

Leider sieht in vielen Schulen die Realität ganz anders aus: ReligionspädagogInnen pendeln im Stundentakt von Klassenzimmer zu Klassenzimmer und können sich glücklich schätzen, wenn dort wenigstens ein Tageslichtprojektor bereitsteht.

Aber sogar dann, wenn die Gelegenheit der Diaprojektion gegeben wäre, sprechen doch immer auch gewichtige Gründe (mehr Vorbereitungsaufwand, unruhige Schüler, die im Dunkeln nicht zu bändigen sind u. Ä.) dafür, lieber mit dem Tageslichtprojektor zu arbeiten, der über Farbfolien durchaus auch einen guten Eindruck von der Großartigkeit berühmter Kunstwerke vermitteln kann.

Für und Wider des schrittweisen Aufdeckens

Immer wieder ist in der Pädagogik die Rede von der Notwendigkeit richtig wahrzunehmen und betrachten zu lernen. Unsere Zeit ist immer schnelllebiger, hektischer geworden. Das wird gerade im Unterricht deutlich. Es fehlt den Schülern oft an Konzentrationsfähigkeit und auch an der Übung, Dinge genau zu betrachten und Schritt für Schritt geduldig zu erschließen.

Für die Bildbetrachtung mit dem Overheadprojektor wurde inzwischen eine Methode vor allem für jüngere Jahrgangsstufen entwickelt, die im Religionsunterricht gern und auch erfolgreich praktiziert wird: Das Verlangsamen der Betrachtung durch schrittweises Aufdecken von Bildteilen eines Bildes auf dem Projektor, das man vorher abgedeckt hatte.

Allerdings besteht bei dieser Methode die Gefahr einer zu selektiven Betrachtung einzelner Bildteile, die im Bildzusammenhang gesehen eine eher geringe Bedeutung spielen. Gerade Bilder christlicher Inhalte müssen im Ganzen, mit ihrem überlieferten oftmals hierarchischen Bildaufbau wahrgenommen werden. Nicht herausgenommene Details gilt es, isoliert zu deuten und zu bewerten, sondern der Gesamteindruck soll zur Deutung führen. Das Aufdecken von Bildausschnitten kann leicht in lustvolles Rätselraten abgleiten.

Für das ausführliche und bedächtige Betrachten und Wahrnehmen des ganzen Bildes spricht auch die Tatsache, dass viele dieser Bilder ursprünglich für Wände und Altäre gemalt waren, die immer in ihrer Gesamtheit und vollen Größe von den Menschen wahrgenommen und im Ganzen mit den Augen abgetastet wurden.

Ein Gang in die Kirche

Sollte ein Unterrichtsgang zur Bildbetrachtung in eine Kirche möglich sein oder könnte die Gemeindeveranstaltung vor dem Kunstwerk selbst stattfinden, wäre dies natürlich die schönste und eindrucksvollste Alternative. Leider leben wir notgedrungen häufiger von Kunst aus zweiter Hand, von verkleinerten Abbildungen in Schulbüchern, von Dias oder Folien. All das sind Hilfsmittel, die nie die besondere Stimmung eines Bildes an dem Ort, für den es gemacht ist, wiedergeben können. Auch Museen können das besondere Fluidum alter Kunst nur ungenügend bieten. Ein Altar, dessen Goldgrund bei verschiedenen Tageszeiten und Beleuchtungen ganz differenziert aufleuchtet und immer andere Szenen der Bildergeschichte hervorhebt oder ein Wandbild im Dämmerlicht einer romanischen Kirche entwickeln nur dort diese Stimmung, die unsere Vorfahren vor diesen Werken so andächtig werden ließ.

Sollte es daher möglich sein, in einer nahe gelegenen Kirche diesen Unterschied einmal zu zeigen und so für die besondere Umgebung »Kirchenraum« zu sensibilisieren, wäre das ein wichtiger Schritt für das Verständnis christlicher Kunst vom Mittelalter bis hin zur Neuzeit.

Von der Tradition gedruckter Andachtsbilder

Allzu leicht vergessen wir, dass neben der farbigen Wand-, Glas- und Tafel-malerei vor allem auch die Druckgrafik in der Geschichte der Kirche eine lange Tradition hat. Denken wir nur an die im Spätmittelalter einfarbig schwarz auf wei-ßem Papier gedruckten und später auch von Hand kolorierten Andachtsbildchen, die auf Jahrmärkten und vor Kirchen an die ärmere Bevölkerung verkauft wurden. Die einfache Bevölkerung konnte sich nicht wie der Adel, wie Patrizier und Kir-chenfürsten kostbare, farbenprächtige Tafelbilder für ihre Stuben malen lassen. So wurden diese Vervielfältigungen in hoher Auflage unter das Volk gebracht und dienten dort ebenso ihrem Zweck, wie die viel kostbareren Bilder der Reichen. Allerdings sind – bedingt durch das vergänglichere Material – nur wenige Exem-plare bis heute erhalten geblieben.

Nicht zu vergessen: Werke moderner Druckgrafik

Viele Künstler des 20. Jahrhunderts haben die Kunst der Grafik wieder belebt und eindrucksvolle Blätter zu christlichen Themen geschaffen. Allerdings ist auch moderne und zeitgenössische Grafik gelegentlich gewöhnungsbedürftig. Unsere an traditionellen Darstellungen geschulten Sehgewohnheiten stoßen sich an den oft sperrigen, starren, provokativen Darstellungen. Aber gerade das macht diese Kunst für den Unterricht, besonders in der Orientierungs-, Mittel- und Oberstufe, und für Gemeindeveranstaltungen so wertvoll. Ungewohntes weckt die Aufmerksam-keit und die herben, vielleicht sogar fast bis zur Unkenntlichkeit abstrahierten Darstellungen z.B. expressiver Grafik machen die Beteiligten neugierig auf das, was damit eigentlich gemeint sein soll. Diese Bilder sind wie Stolpersteine, man kann sie nicht einfach und leichthin konsumieren, sondern muss genau hinsehen, muss Stellung beziehen.

Schwarzweißgrafik ist nicht nur wegen der guten Reproduzierbarkeit auf Folien eine unschätzbare Hilfe, sondern auch weil diese Bilder als Arbeitsmaterialien leicht und beliebig oft für die Hand der an der Bildbetrachtung Teilnehmenden kopierbar sind. Eine Fundgrube für Bildvorlagen ist beispielsweise das Evangelische Gesangbuch für die Kirchen in Bayern und Thüringen mit 61 Drucken.

Sich selbst ein Bild machen – Vorschläge zur kreativen Aneignung

Biblische Geschichten laden zu eigenem schöpferischen Tun ein

Viele Kinder, Jugendliche und sogar Erwachsene malen, zeichnen und gestalten gern. Was also liegt näher, als im Anschluss an eine besprochene biblische Geschichte, aber auch an eine Bildbetrachtung selbst in die Rolle des Künstlers zu schlüpfen und die eigene Deutung der biblischen Geschichte für alle sichtbar aufs Papier zu bringen oder das, was auf einem Bild entdeckt wurde, in die eigene, dem Alter entsprechende Bildsprache umzusetzen?

Das selbst gemalte Bild zeigt, wie die Geschichte/das Bild verstanden und verarbeitet wurde. Es zeigt auch, was als bedeutsam empfunden wird bzw. was überhaupt im Gedächtnis haften blieb. Jedes gemalte Bild ist auch ein Spiegel der Seele. Es lässt die inneren Bilder erkennen, die sich beim Hören der Geschichte, beim Deuten eines Kunstwerkes einstellten, ebenso wie die Wünsche und geheimen Hoffnungen, die sich im Zusammenhang mit der biblischen Geschichte entwickelten.

Malen und Gestalten dient zugleich dem Vertiefen des Gehörten und Besprochenen in der Schule und der Wiederholung des Lernstoffes. Wenn Schülerinnen und Schüler den Umgang mit Zeichenstift und Farben außerdem noch als willkommene Abwechslung, als Erholung vom üblichen Unterrichtsalltag empfinden, als eine Aufgabe also, die ihnen Freude bereitet und die sie motiviert, so ist dies nur umso mehr zu begrüßen.

Wie viele Gemeindeveranstaltungen (Freizeitwochenenden, Frauenkreise, Seniorennachmittage) zeigen, lassen sich auch Erwachsene gern von Bildern und biblischen Texten zu eigener kreativer Gestaltung anregen. Oftmals anfangs eher zögerlich und unsicher nach vielen Jahren ohne Zeichen- und Malpraxis, sind gerade Erwachsene ganz erfüllt und zufrieden mit einem unerwartet gut gelungenen Ergebnis.

Abstrahieren und mit Symbolen arbeiten

Ältere Jugendliche und Erwachsene arbeiten gerne abstrahierend oder sogar nur mit Symbolen. Das ist eine gute Lösung für alle, die nicht mehr gewohnt sind, sich zeichnend oder malend, figürlich bzw. gegenständlich auszudrücken. Ihre Arbeiten sind eine gute Ergänzung zu den anderen und helfen die Vielfalt gelungener Auseinandersetzungen mit dem Gesehenen zu vermehren. Oft sagt ein solches Werk viel mehr aus als eine traditionell gegenständliche Arbeit.

Bildzitate – Keine Angst vor Plagiaten!

Folgt die Umsetzung in eigene Bilder einem vorher besprochenen und dann wieder entfernten Bild, sind Plagiate kaum zu befürchten. Das ist schon deswegen so gut wie ausgeschlossen, weil die Beteiligten erfahrungsgemäß nur das in eigenen Bildern aufgreifen, was ihnen wichtig und notwendig erscheint.

In der neueren Kunst kennen wir das »Bildzitat«: Künstler vor allem der klassischen Moderne, so etwa Picasso, setzten sich in ihren eigenen Werken intensiv mit alter Kunst auseinander. Cranachs Bild der Batseba beispielsweise faszinierte ihn so sehr, dass er es siebenmal, immer wieder auf seine Weise, aufgriff und in Lithographien umsetzte. Niemand würde ihn deswegen des Plagiates beschuldigen, denn seine Blätter sind in seinem, ihm ganz eigenen Stil gearbeitet, auch wenn sie das Motiv eines anderen und dessen Komposition aufgriffen und weiter verarbeiteten.

Es ist also nicht nur legitim, sondern sogar reizvoll und Erfolg versprechend, große Kunst zu betrachten und Kinder, Jugendliche und Erwachsene danach – allerdings ohne das Vorbild stets direkt vor Augen zu haben – ihre eigene Bildwelt gestalten zu lassen.

Vorgaben bewusst aufgreifen und weiterentwickeln

»Bildanstöße« können helfen, Gestaltungsprobleme insbesondere von 13- bis 15-Jährigen zu überbrücken. In der Pubertät haben viele zunehmend Probleme, sich in eigenen Bildgestaltungen zu äußern. Da ihnen ihre eigenen Bilder nicht perfekt genug erscheinen, verlieren sie die Lust überhaupt zu malen und zu zeichnen. Hier können gut ausgewählte Vorgaben aus der Welt der Kunst zusammen mit experimentellen, noch weniger bekannten bildnerischen Techniken zu neuer Kreativität verhelfen. Dafür kommen vor allem Übermalungen von Kopien, Collagen, Bilderergänzungen, Montagen und Installationen in Frage. Kopien von Kunstwerken können die Kreativität provozieren und lassen sich problemlos weiterverarbeiten. Der Vorteil: Man muss nicht bei Null anfangen und etwas ganz neu erfinden, sondern kann etwas Vorgegebenes nach eigenen Vorstellungen und Empfindungen verändern, ergänzen, über- und verarbeiten.

Welche Technik, welches Material, welches Format?

Das Malen von Bildern soll die Fantasie in Gang bringen, auch im Religionsunterricht! Sich immer im gleichen Format, nur mit Bleistift, Buntstift oder Malkreiden abzumühen wird schnell langweilig. Außerdem sehen mit diesen Mitteln gestaltete Bilder allzu leicht ähnlich aus. Abwechslung ist also angesagt, damit die Neugier, die Spannung und Freude am eigenen Gestalten möglichst lange erhalten bleiben:

- Erfolgreiche Bildgestaltung beginnt mit der einfühlsam eingeführten Aufgabenstellung, der Szenenauswahl und der Entscheidung für eine bestimmte bildnerische Technik, z.B. großformatiges Malen mit Pinsel und Deckfarben, Mischtechnik Feder/Tinte, Kreide mit Deckfarben überarbeiten usw.
- Damit nicht alle Bilder immer gleich kunterbunt werden, regen Sie nicht nur zu differenzierter, sondern auch zu reduzierter Farbpalette an. Jona im Meer lässt sich am besten überwiegend mit Grün- und Blautönen, Elija in der Wüste vorrangig mit Erdtönen gestalten.
- Hin und wieder genügt es, nur mit den verschiedenen Graustufen- Schattierungen eines weichen Bleistiftes zu arbeiten (schraffieren, verwischen).
- Zeigen Sie den Beteiligten, wie reizvoll auch mit Abfallpapieren aus dem Papierkorb collagiert werden kann. Die Vielzahl getönter Briefumschlaginnenseiten ist das raffinierteste Buntpapier, das man sich vorstellen kann. Aufgeklebt lässt sich mit schwarzem Fineliner oder Filzstiften darüber zeichnen und das Dargestellte verstärken und herausarbeiten.
- Zarte Fensterbilder gelingen nicht nur durch das Malen mit Wasserfarben oder Filzstiften auf Butterbrotpapier, auch mit gerissenen, mehrfach übereinander geklebten Lagen weißen Pergaminpapiers entstehen wunderschöne flächige Transparentbilder.
- Verwenden Sie Tonpapiere oder Packpapiere, deren Grundfarbe als Hintergund erhalten bleiben kann. Lassen Sie darauf mit weißer Tafelkreide und schwarzen Kohlestiften arbeiten. Ein wenig Haarspray fixiert das Bild.
- Wechseln Sie immer wieder die Formate: Reizvoll sind Hoch- oder schmales Querformat bis hin zum Leporellostreifen für Folgegeschichten. Papierab-

schnitte verschiedener Größe bekommen Sie oft als Abfälle in Druckereien geschenkt.

- Gemeinschaftsarbeiten erfordern nicht nur größere Formate, sie regen zu kreativem Miteinander und zur gegenseitigen Rücksichtnahme an. Außerdem machen sie Kindern und Jugendlichen einfach viel Spaß.
- Es muss nicht immer figürlich gearbeitet werden. Lassen Sie z.B. eigene Emotionen oder die biblischer Gestalten nur in Farben ausdrücken bzw. in geschnittenen oder gerissenen Formen.
- Und nicht vergessen: Auch Schrift lässt sich in Bildern einsetzen. Bilderfolgen in Form knallbunter Comics mit Sprech- oder Denkblasen sind im Religionsunterricht längst nicht mehr Tabu.

Mut zum Experiment

Gestalten im Religionsunterricht oder in der Gemeinde hat weder etwas mit den gestalterischen Anforderungen im Kunstunterricht noch mit denen einer Malschule oder eines Malseminars zu tun. Hier geht es darum, Bilder der Bibel in eigene, möglichst individuelle Gestaltungen umzusetzen. Wenn dies ohne hohe Materialkosten und aufwändige Techniken geschehen kann, umso besser. Gefragt sind vor allem Fantasie sowie Freude am Gestalten und Mut zum Experiment.

Bieten Sie also neue, ungewohnte Materialien, am besten kostenlose Reste aus umliegenden Firmen, etwa Druckereien, an. Sammeln sie alle Arten von Papieren, auch gebrauchte und Pappen, Schuhschachteln, Seiden- und Blumenpapiere, Zeichenkohle und farbige Tafelkreiden. Weiße Kreide auf grauem Packpapier begeistert und führt zu großen Wandbildern. Das Packpapier darf ruhig gebraucht und geknittert sein, das ist sehr reizvoll!

Bedenken Sie auch: Viele Stifte und Farben lassen sich wunderbar mischen und mit- bzw. nebeneinander verarbeiten. Man muss es nur wagen zu experimentieren. Sogar in einer kurzen Unterrichtsstunde kann dies erfolgreich geschehen. Nur sollte dann das zu bewältigende Format vielleicht etwas bescheidener sein.

Lassen Sie sich auch, wann immer es sinnvoll erscheint, zu fächerübergreifender Zusammenarbeit mit Kunsterziehern anregen. Beide Disziplinen können voneinander profitieren: Die Kunsterziehung davon, dass Bibeltexte bereits als besprochen und die Ikonografie als bekannt vorausgesetzt werden können, die Religionspädagogik erhält Hilfestellung, wenn hin und wieder aufwändigere oder weniger bekannte Bildtechniken erprobt werden. Eine gemeinsame Ausstellung der Ergebnisse wird eine solche Aktion nicht nur sinnvoll abrunden, sondern auch Aufmerksamkeit auf die in der Regel beeindruckenden Arbeitsergebnisse lenken.

Nicht nur für Vertretungsstunden: Von der Bildbetrachtung zum Bleistiftbild

Unerwartete Vertretungen kommen immer wieder vor, und meistens im falschen Moment. Das passiert in der Schule, im Kommunion- und Konfirmandenunterricht, hin und wieder sicher auch bei Gemeindeveranstaltungen. Was läge also näher, als eine kleine Überraschung anzubieten. Erst ein weniger bekanntes Kunstwerk zur Bibel betrachten – die biblische Geschichte nochmals in Erinnerung rufen – dann sich selbst ein Bild machen. Das ist eine sinnvolle und anregende Beschäftigung, die den Beteiligten viel Freude macht.

Bildfolien haben Sie vorrätig und auch das nötige Hintergrundwissen ist abrufbar. Fehlt nur noch das Zeichen- und Malmaterial. Am besten nimmt man, was man gerade hat: Bleistift, Anspitzer und Radiergummi (hat jeder Schüler bei sich) und auch im Sekretariat, im Gemeindebüro lassen sich die benötigte Anzahl von Stiften und genügend weißes bzw. farbiges (Kopier-)Papier rasch beschaffen.

Aber Stift ist nicht gleich Stift. Es gibt weiche und harte. Mit den weichen lässt sich besser arbeiten. Mit ihnen kann man nicht nur kräftige Linien zeichnen, sondern auch flächig malen, schraffieren, tupfen, stricheln, schraffieren und wieder verwischen. Zwar sind diese Bilder dann nicht farbig, aber sie können sehr fein und differenziert vor allem im Hell-Dunkel-Kontrast gestaltet werden. Auch feine Abstufungen glücken, wenn schwarz schraffierte Flächen oder einige Bleistiftkrümel aus dem Anspitzer mit dem Finger oder einem Papiertaschentuch verrieben werden. Der einzelne Strich ist dann nicht mehr zu sehen, dafür entsteht eine wunderbar samtig-graue Fläche, aus der bestimmte Flächen auch wieder ausradiert werden können, um so einen ganz eigenen Effekt zu erzielen.

Viel zu selten erinnern wir uns an die vielen anderen Möglichkeiten, mit dem Bleistift auch zu punkten, zu kringeln, zu mustern oder locker in das Bild zu schreiben. So können praktisch mit »nichts« in einer Stunde eindrucksvolle Bilder entstehen, die selbstverständlich am Ende gemeinsam begutachtet und bewundert werden.

Tipp: Mit einem farbigen Blatt als Hintergrund bzw. als Rahmen gewinnt auch die einfachste Bleistiftzeichnung und wird zum Kunstwerk aufgewertet.

Bilder, die aus Bildern wachsen – Mit Kopien arbeiten

Die vielfältigen Materialien und Bildtechniken bieten ungeahnte und immer neue Möglichkeiten für alle Altersstufen und Begabungen. Da das Gestalten im Religionsunterricht ganz andere Ziele als etwa der Kunstunterricht verfolgt, ist hier vor allem die Umsetzung von vorgegebenem Bildmaterial zu empfehlen. Sei es, dass nach einer Bildbetrachtung selbst gestaltet werden soll, die Bildidee des Künstlers also bekannt ist, sei es, dass z.B. Schwarzweiß-Kopien eines Kunstwerkes für die individuelle bildnerische Umsetzung (Übermalen, Ergänzen, Collage u.a.) verwendet werden.

Beide Verfahren haben sich bewährt: Im Religionsunterricht geht es nicht so sehr um die Erfindung einer originellen Bildidee als vielmehr um einen Anstoß, der den Prozess des Gestaltens und der Auseinandersetzung mit dem biblischen, oft deutungsbedürftigen Thema überhaupt in Gang bringt. Diese Methoden sind vor allem für die Arbeit mit Jugendlichen nützlich, weil diese längst nicht mehr so spontan gestalten, wie die Kleinen, die mit Begeisterung ganze Szenarien ins Bild setzen. Ältere Schüler dagegen verarbeiten, angeregt vom Kunstwerk, auch Vorgaben äußerst individuell und setzen Inhalte in ganz eigener Farben- und Formensprache kreativ um. Sie variieren, setzen originelle Akzente oder verfremden auf ungewöhnliche Weise Gesehenes.

Im Gegensatz zu Farbbildern lassen sich Schwarzweiß-Grafiken mühelos und beliebig oft mit dem Kopierer vergrößern und verkleinern. Sie stehen damit als leicht verfügbares und kostengünstiges Arbeitsmaterial für die verschiedensten Gestaltungsaufträge zur Verfügung. Folgende kreative und auch zeitsparende Techniken haben sich besonders bewährt:

Übermalen einer Kopie

Vor allem bei Jugendlichen ist das deckende und großzügige Übermalen (wohlgemerkt: *über*malen, nicht *aus*malen!) kopierter Grafiken sehr beliebt. Wie der mit dieser Technik berühmt gewordene österreichische Maler Arnulf Rainer es erprobte, werden die Kopien am besten mit deckenden Farben großzügig und völlig frei, je nach Temperament farbig differenziert oder auch derb und grell übermalt. Neben dem Deckfarbenkasten eignen sich auch Tusche, Wachskreiden und sogar Leuchtstifte. Absichtlich wird bei dieser Technik die Kunstkopie stark verändert, vielleicht sogar »zerstört«, sei es durch teilweises Überdecken, durch Hervorheben einzelner Partien bzw. dadurch, dass ganz unerwartet Akzente gesetzt werden. Auf diese Weise entstehen neue Bilder und ganz eigenwillige Kreationen. Vor allem gehemmten Kindern oder Jugendlichen und Erwachsenen, die aus verschiedenen Gründen Berührungsängste mit einem leeren, weißen Bogen Papier haben, den sie mit Pinsel und Farbe mit selbst ausgedachten Bildern füllen sollten, eröffnen sich mit dieser Technik neue und ungeahnte Gestaltungsmöglichkeiten. Fällt es doch leichter, etwas Vorhandenes kreativ zu verändern, als etwas ganz Neues zu erfinden.

Additive Kreativität – Weitermalen einer kleinen Vorgabe

Das Zerschneiden und Zerlegen einer Grafik in einzelne Bildelemente ermöglicht es, Teile aus dem Bildzusammenhang zu lösen und neu zu verarbeiten: Das ausgeschnittene Element wird auf ein leeres DIN-A4-Blatt so aufgeklebt, dass es dazu einlädt, ergänzt und weitergemalt zu werden – sei es mit Bleistift, Filzstiften, Wachskreiden, farbigen Tafelkreiden, die mit Haarspray fixiert werden oder Pinsel und Deckfarben. Diese Verlockung endet fast immer erfolgreich und führt zu unerwartet schönen Bildgestaltungen.

Collagen: Mit Abfallpapieren Neues gestalten

Die lange Zeit üblichen Collagen aus Zeitschriften und Illustrierten sind inzwischen überholt. Zu willkürlich und oft viel zu wenig kreativ waren die Ergebnisse, das raschelnde Fleddern der mitgebrachten Zeitschriften dafür umso lästiger.

Aber die Collage verschiedener gerissener Farbpapiere, z.B. von bedruckten Innenseiten gebrauchter Briefumschläge (Quelle für die zartesten Grau-Blau-Tönungen!), und möglicherweise ergänzt durch ein ausgeschnittenes Bildelement aus einer Künstlerbildkopie (s.o.) und mit schwarzer Farbe, Fineliner oder Tusche überzeichnet bzw. übermalt, ergibt sehr eigenwillige, aussagekräftige Bildbeiträge.

Schrift als Gestaltungselement einfügen

Viel zu wenig nutzen wir Schrift als kreatives Bildelement. Gemeint sind hier nicht nur Einträge in Denk- oder Sprechblasen, wie es sie etwa bei comicartigen Arbeitsblättern gibt, sondern auch aus Tageszeitungen ausgeschnittene und zu Signal- oder Symbolwörtern neu zusammengesetzte Schriftzeichen, die anstelle eines Bildelementes eingesetzt werden. Besonders fett oder outlined (mit umrandeter Fläche) gedruckte Kapital-Lettern – aus Zeitschriften oder selbst gezeichnet – kommen dafür in Frage. Für kurze Wörter eignen sich auch aus Farbpapier ausgeschnittene oder aufgezeichnete und beispielsweise mit Leuchtfarben ausgefüllte Großbuchstaben.

Verkleinerte Kopien für die Sammelmappe

Vor allem Kinder im Grundschulalter sind glücklich über kleine, z.B. handtellergroße Bildkopien, die sie in ihr Heft einkleben oder lose eingelegt mitnehmen können, um sie zu Hause zu zeigen.

Nutzen Sie hin und wieder ruhig diese Chance, kopieren und verkleinern Sie Kunst. Vielleicht wird der Hefteintrag besonders ansprechend, wenn der Text statt mit Tinte alternativ zur Schwarzweiß-Kopie mit farbigen Stiften (farbige Fineliner sind kräftiger als Buntstifte!) geschrieben wird.

Kopien nicht zum Ausmalen benutzen

Aber bitte lassen Sie diese kopierten Künstlervorlagen nie zum Ausmalen missbrauchen! Mit dieser früher beliebten, aber, wenn wir ehrlich sind, stupiden und nicht mehr zeitgemäßen Beschäftigung unterfordern wir die Kreativität unserer

Schülerinnen und Schüler und verschenken damit nur kostbare Zeit. Lieber eine Kopie ganz weiß lassen, oder, wenn eine Bearbeitung doch wünschenswert erscheint, die Blätter individuell mit farbiger Schrift bzw. nur mit einem farbenprächtigen Hintergrund ergänzen.

Schwarzweiß-Grafiken mit neuen Techniken kombinieren

Dank erweiterter Projektions- und Vervielfältigungstechniken an unseren Schulen und auch in den Gemeinden bieten gerade Schwarzweiß-Grafiken der modernen Kunst reiche Möglichkeiten zu kreativer Arbeit: sei es als Gesprächsanlass und Diskussionsstoff für die Bildbetrachtung und Bilddeutung, sei es als kostensparendes, gut kopierbares Bildmaterial für die kreative Überarbeitung und Umsetzung in eigene schwarzweiße, farbige oder collagierte Gestaltungen. Mit den vielen Möglichkeiten, Kopien zu vergrößern, zu verkleinern, im Ausschnitt oder zusammengesetzt kostengünstig beliebig oft zu vervielfältigen, sind der Fantasie kaum mehr Grenzen gesetzt. Sogar die verschiedensten Hintergrundpapiere für Collagen lassen sich in den unterschiedlichsten Mustern (Wellpappe) und Helligkeitsgraden bis Schwarz (Packpapiere, Offenlassen der Abdeckplatte des Kopierers!) auf diese Weise herstellen. Es lohnt sich, ein wenig zu experimentieren, denn Kinder und Jugendliche sind nicht nur auf Bilder neugierig, sondern auch auf neue Techniken.

Bilder abschließend gemeinsam betrachten und sich über das Ergebnis freuen

Zu jeder kreativen Gestaltung im Religionsunterricht gehört, dass sie abschließend gemeinsam betrachtet und besprochen wird. Nur so werden die Arbeiten genügend gewürdigt und den Schülerinnen und Schülern wird bewusst, wie individuell und facettenreich die Geschichte von jedem Einzelnen verstanden und interpretiert wurde. So lernen sie mit der Zeit die Deutungen anderer zu respektieren und zu schätzen, indem man sie daran gewöhnt, an den Arbeiten der anderen gute Lösungsansätze zu suchen, sie zu erkennen und lobend hervorzuheben statt vorschnell Kritik zu üben.

Im Religionsunterricht wie in Gemeindeveranstaltungen sollte genügend Zeit für Lob und ermunternden Zuspruch, für Fragen und weiterführende Anregungen bleiben. Es gibt Kinder, die schwache Leistungen in anderen Fächern mit kleinen Achtungserfolgen im Religionsunterricht kompensieren möchten. Geben Sie ihnen die Chance, indem sie beispielsweise auch ihren Bildern deutlich Interesse entgegenbringen, ihre Stärken hervorheben. An jedem Bild lässt sich etwas gut Gelungenes, eine schöne und wichtige Stelle finden, die man guten Gewissens positiv bewerten kann, ohne unehrlich zu sein. Dort, wo etwas weniger gut gelungen ist, hilft vielleicht ein Tipp, wie man es verbessern könnte. Nach langer Bemühung gehört dazu auch – wenn sie denn überhaupt nötig ist – eine ermutigende Benotung dieser kindlichen Bild-Kunst.

Wie man Bilder ohne Aufwand präsentiert

Kinder sind zu Recht stolz auf ihre Werke. Deren Präsentation muss keine großartige Ausstellung sein. Es genügt, wenn alle Bilder für kurze Zeit an die Wand des Klassenzimmers gepinnt werden, damit die Kinder eine Weile damit leben und ihre eigene und die Bilderwelt der Mitschülerinnen und Mitschüler in Ruhe betrachten und kennen lernen können. Weitergehende Möglichkeiten bieten Wandflächen in Gemeindehäusern, die zum Ausstellen solcher Bilder genutzt werden können.

In manchen Gebäuden darf an den Wänden nichts befestigt werden. Vielleicht gibt es aber große Türflächen, die kurzfristig als Ausstellungswand dienen könnten. Wichtig ist dabei, dass das Klebeband keine Spuren hinterlässt. Also sollte keinesfalls doppelt klebendes Teppichband oder Ähnliches verwendet werden. Bewährt haben sich Tesafilm auf Glas und schmales Kreppband auf Holz. Allerdings sollte nie quer über die Bildecken geklebt werden. Das sieht barbarisch aus und entstellt die Bilder. Besser sind kleine zu Röllchen gedrehte Stücke Tesafilm oder Kreppband, die wie doppelt klebendes Band von hinten an die vier Ecken geklebt werden.

Für längere Ausstellungen sind graue Wellpappebahnen (in Farbgeschäften oder Firmen für Verpackungsmaterial günstig in Rollen erhältlich) sehr geeignet. Das sanfte Grau oder auch die Wellen bilden einen unübertroffenen Hintergrund für schwarzweiße wie für farbige Bilder, die man vorsichtig an vier Ecken mit Stecknadeln feststeckt.

KAPITEL VI

Geschichte christlicher Kunst – Ein Überblick

Worum geht es christlicher Kunst?

»Es sind die Fragen, die die Augen öffnen.«
GOTTFRIED BOEHM

»Denkbilder« als Gegenstand christlicher Kunst

Christus, der Sohn Gottes, sein Leben, Wirken und Leiden und seine Verkündigung sind zentraler Gegenstand der religiösen Kunst des christlichen Abendlandes. Ihr Ziel ist die Vergegenwärtigung christlicher Glaubensinhalte in Bildern. Diese Kunst dient nicht kultischen Zwecken, nämlich der Verehrung des Dargestellten, sondern symbolischen und didaktischen, sie vermittelt Inhalte des Glaubens. Das Ziel christlicher Kunst liegt nicht in der Verherrlichung von Menschen, sondern in Anstößen zum Nachdenken darüber, was die Beziehung zu Gott für das Leben bedeutet und welche Perspektiven es eröffnet.

Bilderstreit und Bildersturm

Von Anfang an stand diese Kunst im Widerspruch zum Verlangen des Urchristentums nach Bilderlosigkeit, das sich aus dem Gebot herleitete »Du sollst dir kein Bildnis machen« (Ex 20,24) und nur mit dem Wort verkünden wollte (→ Bilderstreit). Mit der Anerkennung des christlichen Glaubens durch Konstantin d. Gr. (280–337 n. Chr.) begann jedoch die Entwicklung einer eigenständigen, das gesamte Abendland bis heute prägenden christlichen Kunst, deren Inhalt vor allem Darstellungen aus dem Alten und Neuen Testament sind.

Um 1517 kam es allerdings auch im Westen – wie hunderte Jahre zuvor im Bilderstreit des Ostens – im Zuge der Reformation im sog. Bildersturm zu aggressiv zerstörerischen Reaktionen von Gegnern der Bilderverehrung, bei denen viele Kunstwerke, vor allem in Kirchen, entfernt oder gar vernichtet wurden.

Kunst im Wandel

Wie jede Kunst war auch die christliche über die Jahrhunderte hin immer wieder Wandlungen unterworfen, die sich an Stilveränderungen, neuen Kunstgattungen oder weiterentwickelten Bildtechniken ablesen lassen. Bildwerke christlicher Kunst spiegeln aber nicht nur das Glaubensverständnis, den Wissensstand und die Weltsicht des Künstlers bzw. die seiner Auftraggeber und der Epoche, in der er lebte und in der seine Werke entstanden. Sie sind auch abhängig von ihrem Standort, z.B. in einem Kirchenraum, von dem Verwendungszweck und dem gewählten Bildmaterial bzw. der Bildtechnik.

Vor allem der Verwendungszweck und der Standort beeinflussen die Bildauswahl, das Kompositionsschema und andere Gestaltungsprinzipien. Ein gotischer Altar hatte in Bildauswahl und Gestaltung weitgehend den theologischen und liturgischen Vorgaben der kirchlichen oder fürstlichen Auftraggeber zu folgen. Ein zeitgenössisches Kunstobjekt des 20. und 21. Jhs. dagegen unterliegt, sofern es keine Auftragsarbeit ist, diesen Zwängen nicht.

Symbolsprache christlicher Kunst

Schon in ihren Anfängen, vor allem zur Zeit der Christenverfolgung, bediente sich die christliche Kunst in ihren Bildern symbolischer Bildzeichen. Diese »Bildsprache« wurde teilweise aus der Antike übernommen und zeigt u.a. Oranten (betende Seelen Verstorbener), Kreuz, Nimbus, Vogel und Schiff. Andere Elemente wurden neu entwickelt, wie das »Lamm Gottes« und »der gute Hirte« (Abb. 106) mit dem Schaf über dem Rücken, als Sinnbild für Christus, wie sie noch heute auf den Wänden römischer Katakomben zu sehen sind.

Später, vor allem in der Kunst des Mittelalters entwickelte sich eine immer reichere Symbolsprache, u.a. der Zahlen, der Farben, Pflanzen und Tiere. Und eine Vielzahl zugeordneter Attribute halfen, die Darstellungen der Apostel und Heiligen zu identifizieren. Auch in der Kunst der Klassischen Moderne und in der zeitgenössischen Kunst sind diese Zeichen aufzuspüren. Allerdings haben Künstler im

Laufe der Jahrhunderte das Erscheinungsbild dieser Zeichen formal und im Ausdruck immer wieder stark verändert und damit die Kunststile geprägt.

Das Licht, Zeichen göttlichen Wirkens

Rückblickend auf zwei Jahrtausende christlich-abendländischer Kunst wird deutlich, dass alles Planen und Darstellen biblischer Inhalte und christlicher Thematik letztlich um die Frage kreist: Wie lässt sich göttliches Wirken, wie Transzendenz und die alle Christen verbindende Hoffnung auf Leben vor und nach dem Tod mit Farben und Formen, wie in Ton und Stein, wie in Bronze, Gold und Glas, also mit den zur Verfügung stehenden Mitteln der bildenden Kunst möglichst wahrhaftig und überzeugend darstellen?

»Ich bin das Licht der Welt. Wer mir nachfolgt, wird nicht in der Finsternis umhergehen, sondern wird das Licht des Lebens haben.« Auf diesen Satz des Johannesevangeliums (Joh 8,12) gründet die seit der Zeit der ersten Christen überlieferte Bedeutung des Lichtes sowohl in der christlich-abendländischen Kunst als auch in ihrer Kirchenarchitektur. Licht als Medium für alles Überirdisch-Göttliche scheint in den Ostchören gotischer Kathedralen auf, im durchscheinenden (diaphanen) Licht ihrer farbenprächtigen Glasfenster und im Goldhintergrund ihrer Altäre. Darum lassen barocke Künstler und Baumeister Lichtsäulen über barocken Altären emporsteigen, deshalb schimmert und glänzt der Goldgrund in den alten Bilderbibeln oder auf monumentalen Mosaiken, und in Grünewalds und Rembrandts Auferstehungs- und Himmelfahrtsbildern fährt Christus in einer farbigen Lichtgloriole zum Himmel.

Immer symbolisiert dieses transzendente Licht, sein Glänzen und Flirren aus unsichtbaren, scheinbar überirdischen Lichtquellen das Wirken Gottes und seine Liebe zu den Menschen. Das ist heute so wie vor 2000 Jahren. Nur mit dem Unterschied, dass sich die Lichtsymbolik auf modernen und zeitgenössisch-avantgardistischen Werken, wie beispielsweise auf den hier vorgestellten Bildern von Rupprecht Geiger bis Herbert Falken, nicht immer auf den ersten Blick erkennen lässt.

Das Kreuz, Symbol der Hoffnung

Bis heute ist die Passion und Auferstehung Christi zentrales Thema christlicher Kunst. Die Szenenfolge beginnt mit dem Einzug Jesu in Jerusalem und endet am Ostermorgen, als den Frauen am Grabe und den Jüngern auf dem Gang nach Emmaus die Auferstehung Jesu bewusst wird. Das Kreuz symbolisiert das Leid, das Jesus erdulden musste, aber es verweist zugleich auf die Auferstehung und wird damit zum Hoffnungszeichen der Christen. Diese Bildthematik beschäftigt Künstler auch

heute noch. In vielen Variationen setzen sie sich damit in Kirchenbau und Malerei, in ihren Skulpturen und Objekten auseinander. Das jüngste Beispiel großartiger
künstlerischer Bewältigung der Kreuz- und Lichtsymbolik ist die 2002 in München-
Neuhausen geweihte gläserne Herz-Jesu-Kirche, die ihre theologisch-liturgische
Bedeutung in erster Linie aus einer ganz neuartigen Inszenierung des Lichtes und
einer beeindruckenden Passions- und Kreuzsymbolik bezieht.

105 Rembrandt Harmensz van Rhijn,
Himmelfahrt Christi, Alte Pinakothek, München,
1636

Epochen, Entwicklungen und Stilmerkmale

FRÜHCHRISTLICHE KUNST (2.– 5. JAHRHUNDERT)

Die Kunst der christlichen Antike hat ihren Ursprung im Mittelmeerraum. In ihren Anfängen übernahmen die Urchristengemeinden zur Ausgestaltung ihrer Katakomben nicht nur Technik und Stil antik-heidnischer, profaner Freskenmalerei, sondern auch einige christliche Erkennungs- und Bildzeichen (Fisch, Kreuz, Traube). Schon Ende des 3. Jh. treten in dieser noch nicht öffentlichen Kunst erste biblische Szenen auf, z.B. Noach mit der Arche, die drei Jünglinge im Feuerofen und Mose, der Wasser aus dem Felsen schlägt.

Typologische Bilderkreise

Entsprechend der Lehre von der »concordia veteris et novi testamenti«, d.h. der Zusammengehörigkeit und Übereinstimmung von Altem und Neuem Testament, wurden bereits zu dieser frühchristlichen Zeit Ereignisse und Personen des Alten denen des Neuen Testamentes zugeordnet und in Bildern auf Sarkophagen oder Fresken einander gegenübergestellt (z.B. Ausspeiung Jonas aus dem Fischbauch – Auferstehung Christi).

Als Folge der Anerkennung des Christentums durch die römischen Kaiser seit Konstantin d. Gr. (4. Jh.), wurde es möglich, öffentliche Kulträume (Basiliken und Zentralbauten) mit repräsentativen und monumentalen Bilderzyklen (Freskenmalerei auf Putz) auszustatten. Wände, Apsis und Triumphbogen waren bevorzugte Anbringungsorte dieser Bildszenen mit biblischen und kirchengeschichtlichen Inhalten. Kurze Inschriften (Tituli) erklärten den Bildinhalt. Um der Gefahr der Bilderverehrung zu entgehen, wurden flache Reliefs (z.B. an den Holztüren der Basilika Santa Sabina in Rom) vollplastischen Skulpturen vorgezogen. Ende des

4. Jhs lösten großflächige Mosaikbilder aus Glassteinen die bis dahin übliche Freskenmalerei ab.

Zu den in frühchristlicher Freskenmalerei verwendeten Motiven zählen z.B.:
Oranten, Barfüßigkeit, Kreuz, Hand, Vogel, Hand- und Kniefall, Sitzen und Stehen, Nimbus, Schiff, der gute Hirte, Hirsch, Fels, Fisch, Bock, Drache.

106 Christus als guter Hirte, frühchristliche Darstellung,
Nekropole von Cyrene, 3. Jh. (Ausschnitt)

BYZANTINISCHE KUNST (4.–15. JAHRHUNDERT)

Parallel zur frühchristlichen Kunst in Rom entwickelte sich zwischen 330 (Gründung Konstantinopels) und 1453 (Eroberung von Byzanz durch die Türken) die byzantinische Kunst als eigene Kunstrichtung des Römischen Reiches, die neben antikem Erbe auch orientalische Einflüsse verarbeitete.

Erscheinungsweise/Stilmerkmale

Wie die frühchristliche so verzichtete auch die byzantinische Kunst auf Dreidimensionalität, also auf Skulpturen, zugunsten monumentaler Mosaik-Wandbilder in Kirchen und kleineren Tafelbildern aus Holz (Ikonen). Wichtige Stilmerkmale sind:
- Einbindung des Dargestellten in die Bildfläche,
- hieratisch strenge, frontale Figurendarstellung,
- Goldgrund,
- Bedeutungsmaßstab.

Bei der Darstellung von Personen wird eine strenge Rangordnung eingehalten. Sie folgt nicht nur der Raumsymbolik (von oben nach unten gelesen und rechts vor links), sondern bestimmt auch den Standort des Bildes innerhalb des Kirchenraumes.

Das bedeutet z.B., dass in dunklen, dämmrigen Innenräumen byzantinischer Kirchen zu bestimmten Tageszeiten allein auf das große, goldunterlegte Apsismosaik mit der Darstellung Christi als Allherrscher (Pantokrator) das volle Licht fällt und das Bild in scheinbar überirdischem Glanz erstrahlen lässt, während alle »untergeordneten« Bilder nicht nur im Format kleiner und an weniger günstigen Standorten angebracht sind, sondern zudem weitgehend im Dunkel bleiben.

Bedeutungsmaßstab und umgekehrte Perspektive

Ihrer hierarchischen Bedeutung im christlichen Weltbild entsprechend, werden heilige und weltliche Personen lange Zeit auch in der Größe ihrer Darstellung unterschieden. Je höher der geistliche Rang, desto größer der Abgebildete, je geringer die Bedeutung des einfachen Menschen, desto kleiner und aus dem Bildgeschehen gerückt findet er sich wieder. Diese aus göttlicher Warte ordnende

Kompositionsform führt zu einer vom menschlichen Standpunkt aus gesehen »umgekehrten« Perspektive. Erst im Zeitalter der Renaissance, als ein diesseits gerichtetes Weltbild vorherrschend wurde, entwickelten Künstler die unseren Sehgewohnheiten richtiger erscheinende Zentralperspektive.

107 Christus als Allherrscher im byzantinischen
Bedeutungsmaßstab, Wandmalerei,
Klosterkirche Prüfening bei Regensburg, um 1165

DIE KUNST DES MITTELALTERS (9.–15. JAHRHUNDERT)

In der mittelalterlichen Kunst werden Romanik (ca. 1000–1250) und Gotik (ca. 1250–1500) unterschieden.

Einflüsse und Vorbilder

Außer vom antiken Erbe und der byzantinischen Kunst ist die Kunst des Mittelalters auch von nordisch-germanischer Tradition beeinflusst (Pflanzen- und Tierornamentik).

Gegenüber der strengen, ganz hierarchisch-schematisch in die Fläche einbindenden Darstellungsweise byzantinischer Bildwerke wirkt die romanische Kunst lebendiger, obgleich auch ihre Darstellungen noch unwirklich und vom Irdischen distanziert erscheinen.

Frühmittelalterliche Bilder wollen Denk-, Lese- und Sinnbilder sein, die dem Betrachter übernatürliche Geschehnisse, z.B. die Wunderheilungen Jesu, nahe bringen. Im späteren Mittelalter (Gotik) erfährt christliche Bildkunst eine zunehmende Vermenschlichung, die das Alltägliche, den Erfahrungsbereich des Betrachters, mit einbezieht und ihm dadurch auch schwer zugängliche heilsgeschichtliche Themen zu verdeutlichen vermag.

Stilistische Merkmale

Kennzeichnend für die Malerei des Mittelalters ist der stilisierte, flächige Malstil, eine besonders in romanischer Zeit noch starke Typisierung des Dargestellten, eine reiche Gestensprache sowie die Verwendung von Gold.

Bildaufbau

Im Mittelalter verläuft der Bildaufbau wie in der byzantinischen Kunst von oben nach unten, der hierarchischen Rangfolge des christlichen Weltbildes entsprechend. Die Kompositionen haben kaum Tiefenwirkung, das Geschehen bleibt in der Fläche und spielt sich auf einer ganz schmalen Bildbühne ab. Einzige Perspektive und Räumlichkeit vortäuschende Gestaltungsmittel sind das Hoch- und Tiefstellen gleichgroßer Figuren auf der Bildfläche (Perspektive durch Höhenunterschied) und die Tiefenvortäuschung durch Überschneidung. Das bedeutet, dass

108 Brotvermehrung,
Mosaik,
S. Apollinare,
Ravenna, um 500

von zwei nebeneinander stehenden Figuren diejenige, die zum Teil überdeckt wird, weiter in der Tiefe zu stehen scheint. Abb. **108**; → Perspektive.

Bildinhalte

Bevorzugte Themenkreise romanischer und gotischer Bildfolgen waren:
- Szenen von der Geburt und der Passion Jesu,
- Szenen aus seinem Leben und Wirken, besonders Wundergeschichten und Gleichnisse; diese Bilder wurden meist zusammen mit den passenden Bildern aus dem Alten Testament dargestellt (→ Typologische Bilderkreise).
- Heiligen- und Legendendarstellungen,
- Szenen aus dem Marienleben.

Symbolik

Die aus der frühchristlichen Kunst überlieferte Symbolsprache wird im Mittelalter stark erweitert. Es gibt eine ausgeprägte → Pflanzen-, → Tier-, → Farben-, → Zahlen- und → Mariensymbolik.

Die neuen Symbole gehen auf folgende Quellen zurück:
- die Bibel
- Schriften der Kirchenväter (auch antike Ursprünge),

- den Physiologus, ein naturkundliches Büchlein des 3. Jhs., neben der Bibel eines der weit verbreitetsten Bücher des Mittelalters,
- die »Legenda aurea« des Jacobus de Voragine, eine Sammlung von Heiligenlegenden.

Bildformen

Zu den seit frühchristlicher und byzantinischer Zeit üblichen Bildtechniken monumentaler Wandgestaltung (Mosaik und Wandfresko) kommen als weitere Darstellungsformen bzw. Bildgattungen:
- die Buchmalerei,
- das Bronze- oder Holzrelief,
- gotische Gewändefiguren an Portalen,
- gotische Glasfenster,
- das Andachtsbild,
- Tafelbilder auf Altaraufsätzen (Retabeln).

Buchmalerei (Miniaturmalerei)

Die Technik

In so genannten Scriptorien, den klösterlichen Schreibstuben (u.a. in Fulda, St. Gallen, Reichenau, Trier, St. Emmeran/Regensburg) wurden kostbare, meist auf Pergament geschriebene Handschriften hergestellt. Sie waren reich mit Bildern geschmückt und mit besonders verzierten Anfangsbuchstaben (Initialen) versehen. Zur Ausführung bedurfte es mehrerer Arbeitsschritte:
- Die für viele Handschriften typische Randleiste wurde mit roter Farbe gezogen (lat. minium; daher der Name Miniatur – nicht zu verwechseln mit »klein«).
- Texte wurden mit Gänsefeder und Tinte geschrieben, die Initialen und Bilder vorgezeichnet und mit Wasser- bzw. Temperafarben ausgemalt.
- Luxushandschriften wurden auch mit Purpur eingefärbt und reich mit Blattgold verziert.

Anders als Buchmaler lateinischer Handschriften, die mit Blattgold unterlegte Deckfarbenminiaturen herstellten, bevorzugten Illustratoren deutschsprachiger Texte die mit Aquarellfarben kolorierte Federzeichnung.

Handschriftenarten

Handschriften heißen auch »Codices« (lat. codex = Holzklotz) nach den ursprünglich in der Antike durch Lederbänder miteinander verbundenen hölzernen

Schreibtäfelchen. Der Begriff wurde etwa seit dem 4. Jh. für Pergamenthandschriften übernommen, im Gegensatz zu den Pergamentrollen, die »Volumen« hießen. Entsprechend ihren unterschiedlichen liturgischen Aufgaben sind zu unterscheiden:

- Evangeliar: vollständiger Text aller Evangelien,
- Evangelistar: Auszüge aus Evangelientexten (Perikopen) für die Sonn- und Feiertage des Jahres, gleiche Bedeutung wie Perikopenbuch,
- Perikopenbuch: Messtexte aus Evangelien, Briefen der Apostel etc.,
- Sakramentar: die bei der Messe zu lesenden Gebete,
- Psalter: die 150 Psalmen des Alten Testaments, die beim Chorgebet der kirchlichen Tageszeiten gesprochen werden.

Da mittelalterliche Handschriften zahlreicher und meist besser erhalten sind als romanische Wandmalereien, lassen sich Bildaufbau, Bildinhalt (Ikonografie) und Farbgebung christlicher Kunst des Mittelalters am besten an Beispielen der Buchmalerei studieren. Oft war die Buchmalerei direktes Vorbild für Wandmalereien, ebenso für Elfenbeinschnitzereien und für Bildwerke in Holz und Stein. Die Buchmalerei endete mit dem Aufkommen des Buchdruckes in der 2. Hälfte des 15. Jahrhunderts.

Bildkompositionen

Dem aufmerksamen Betrachter alter Codices fällt die unterschiedliche Umsetzung biblischer Texte in die Bildkomposition auf:

- Das *Skopusbild* (Skopus: Hauptaussage bzw. Kern einer Erzählung) schildert die Phase der Geschichte, die den Höhepunkt bildet.
- Auf dem *Simultanbild* sind mehrere in der Geschichte aufeinander folgende Szenen so abgebildet, als verliefen sie gleichzeitig (Einheit von Ort und Zeit). Die Leserichtung erfolgt von links nach rechts. In der Seesturmdarstellung des Egbert-Codex (Abb. 109) ist Jesus im Boot zweimal abgebildet, links schlafend und rechts, wie er dem Sturm Einhalt gebietet. In diesem Bild wird auf Realitätsnähe zugunsten der erhöhten Aussagekraft durch die simultane Darstellung verzichtet. Zugleich war diese Darstellung ökonomischer als das mühsame Fertigen zweier Bilder in Folge.
- In *synoptischen Bildern* gelingt die Zusammenfassung mehrerer theologischer Aussagen in einem Bild.

109 Stillung des Seesturms, Egbert-Codex, Reichenauer Schule, um 980

Wandmalerei

Nur wenige Bilderzyklen monumentaler Wandmalereien in romanischen Kirchen sind erhalten geblieben (z.B. St. Georg, Reichenau; Prüfening bei Regensburg). Sie dienten wie andere Bildwerke in Kirchen jener Zeit didaktischen Zwecken. An ihnen entlangschreitend konnte der des Lesens unkundige Gläubige wesentliche Inhalte der Heilsgeschichte erfahren und immer wieder vor Augen haben.

Skulpturen

In romanischer und gotischer Zeit sind Skulpturen eng mit dem sakralen Raum verbunden. Bereits vor dem Betreten des Kirchenschiffes, also beim Durchschreiten von Portal oder Tür, wird den Gläubigen die Wirklichkeit der Heilslehre anhand von Bilderzyklen auf Türreliefs (Romanik) und in erweiterter Form in der Portalplastik (Gotik) vor Augen gestellt. Nicht die Realität wird abgebildet, sondern ein theologisches Programm. Im Tympanon z.B., dem bogenförmigen Raum über dem Türsturz großer Westportale (Westen: Himmelsrichtung der untergehenden Sonne, der Finsternis, der Dämonen) ist oftmals das Jüngste Gericht als Ende allen irdischen Lebens dargestellt: Christus thront majestätisch als Weltenherrscher und Richter inmitten von Engeln und Heiligen über den Seligen und der großen Menge der Verdammten. Die Figuren im Gewände oder auf dem Tympanonrelief sind ähnlich den Figuren der Buchmalerei durch strenge, stilisierte Form und eindringliche Gestik gekennzeichnet. Forschungen zeigen, dass Portalplastiken ursprünglich farbig gefasst waren.

Gotische Glasmalerei

Nach Auflösung der geschlossenen romanischen Mauermassen übernehmen gotische Glasfenster die Aufgabe der Wandmalerei. Hierarchischer Ordnung folgend sind die christlichen Themenkreise in leuchtenden Farben auf Glas dargestellt. Rote, blaue und violette Töne überwiegen. Die mit wechselndem Tageslicht sich ändernde Beleuchtung trägt ebenso wie das metallen-glänzende Gold auf den von Kerzenlicht erleuchteten Tafelbildern an gotischen Altären zu einer fast mystischen Andachtsstimmung in gotischen Kathedralen bei. Ebenso wie andere Bilderfolgen sind auch die auf Glasfenstern dargestellten Themen und Motive nach ihrer geistiger Rangordnung innerhalb der Kirche platziert:

Chormittelfenster: Geschichte Christi
                                      ↓
Querhausrosen: Geschichte Marias/die letzten Dinge/Apostel
                                      ↓
Seitenschiff-Fenster: Szenen aus dem Alten und Neuen Testament
                                      Heiligenfiguren/Heiligenlegenden
                                      ↓
                                      Darstellungen von Zünften/Stiftern

Gotische Wandelaltäre

Nach und nach übernehmen Wandelaltäre mit mehreren bemalten Flügeln die Aufgabe, die in der Romanik die Wandmalereien, in der Gotik Fresken und Glasmalereien erfüllt haben: Ihre Bildprogramme stellen wie riesige Bilderbuchbilder den Gläubigen die Heilsgeschichte vor Augen und können wie Blätter sonn- und feiertags oder im Jahreswechsel »umgeblättert« werden. → Altarformen.

Andachtsbilder

Aus den im Verlauf der Spätgotik sich immer mehr aus der Gebäudeplastik (Gewändefiguren des Portals) loslösenden Skulpturen entwickelt sich, einhergehend mit der Mystik, die Sonderform des plastischen Andachtsbildes. Dies sind Figurengruppen, z.B. das Vesperbild, die Christus-Johannes-Gruppe, die Schutzmantelmadonna usw., die in Seitenschiffen des Kirchenraumes aufgestellt der individuellen Andacht der Gläubigen dienten. → Andachtsbilder.

Bildprogramme und ihre Standorte in romanischen Kirchen und gotischen Kathedralen

Da christliche Kirchen meist nach Osten ausgerichtet sind, bedeutet das, dass der Gläubige die Kirche seitlich oder durch das große Portal im Westen betritt und durch das Kirchenschiff dem Altar in Richtung der aufgehenden Sonne entgegenschreitet und dabei an vielen Bildwerken entlanggeht, die ihm in beispielhafter und reicher Darstellung sowohl Bildszenen aus der Heilslehre des Alten und Neuen Testaments und aus der Kirchengeschichte vor Augen führen. Im Osten schließt das Kirchenschiff mit einer halbrunden oder vieleckigen Apsis bzw. mit dem Chorraum mit dem Hauptaltar.

Um die Wirkung von Bildprogrammen in mittelalterlichen Gotteshäusern einschätzen zu können, müssen wir uns die vielfältige, oft nicht einmal nur kirchliche Nutzung der Gotteshäuser jener Zeit vorstellen. Kirchen waren die größten Steinbauten einer Stadt. Sie standen im Zentrum, und bei Bränden, Überfällen, Unwettern boten sie vielen Menschen Zuflucht. Auch Verfolgte fanden dort Schutz vor dem Gesetz. Und nicht selten wurde in Kirchen Recht gesprochen, wurden weltliche Verordnungen verlesen und fanden Aufführungen geistlicher und weltlicher Spiele statt. Kirchengebäude waren also belebt. Wie oft heute noch führte der schnellste Weg durch Seitenportale quer durch das Kirchenschiff zur anderen Stadtseite. Und an Markttagen sollen schon auch einmal Tiere durch Kirchenschiffe getrieben worden sein.

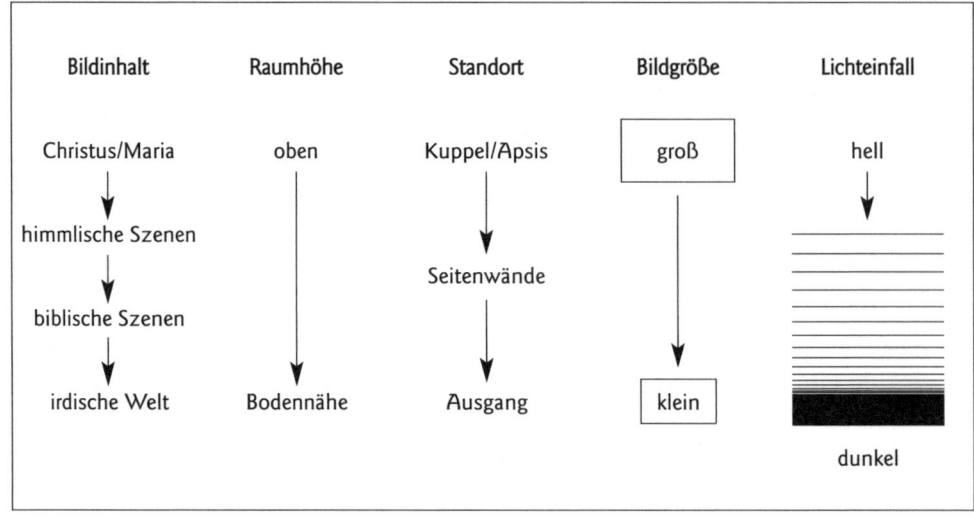

Bildinhalt	Raumhöhe	Standort	Bildgröße	Lichteinfall
Christus/Maria	oben	Kuppel/Apsis	groß	hell
himmlische Szenen				
biblische Szenen		Seitenwände		
irdische Welt	Bodennähe	Ausgang	klein	
				dunkel

111 Standorte von Personendarstellungen in Kirchen

Ein lebendiger Ort also, der ständig in Bildern die Heils- und Kirchenge-schichte vor Augen führte. Ein Ort, der auch durch das Halbdunkel, durch seine Farbenpracht und die vielen, auf kostbaren Altären fast in Augenhöhe gebrachten Andachtsbilder zur stillen, persönlichen Versenkung, zum Gebet einlud. In vieler-lei Hinsicht symbolisierte der kostbar ausgestattete und reich geschmückte goti-sche Kirchenraum das himmlische Jerusalem auf Erden. Entsprechend ergaben sich Abhängigkeiten der Darstellungen und ihrer Standorte im Kirchenraum nicht nur, was die Nähe zum Altar betraf, sondern auch nach Größe, Raumhöhe und Licht-einfall. → Altar, → Andachtsbild, → Standort, → Symbole, → Himmlisches Jerusa-lem.

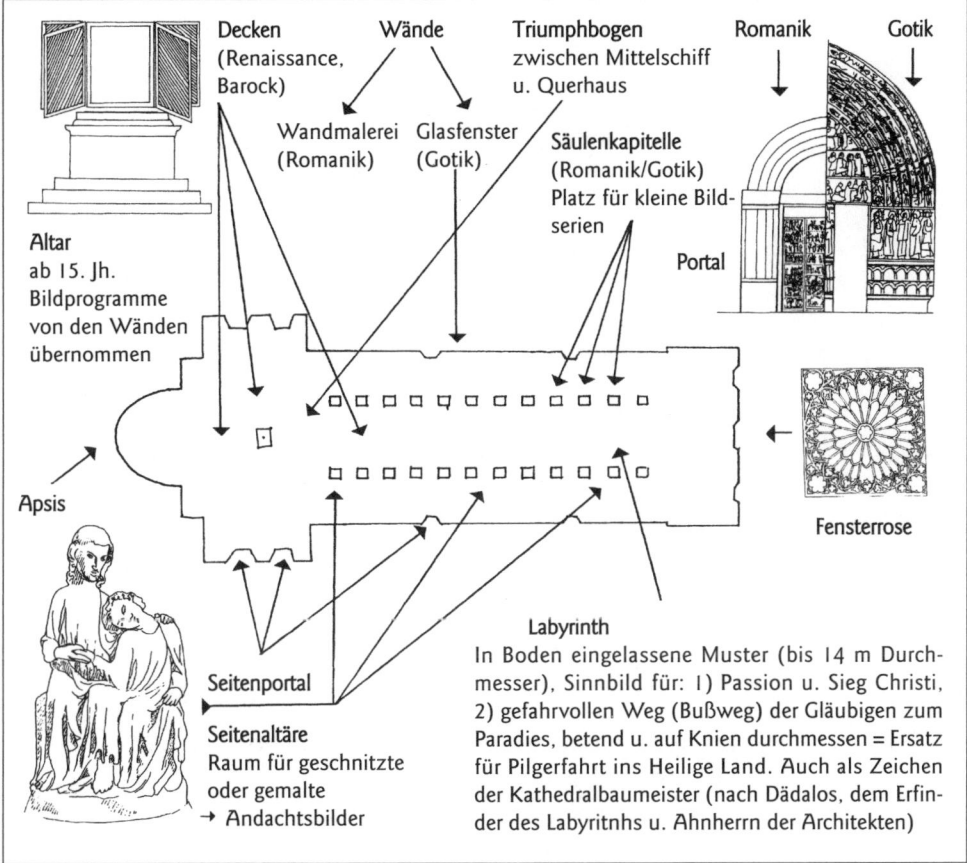

Decken (Renaissance, Barock)

Wände

Triumphbogen zwischen Mittelschiff u. Querhaus

Romanik   Gotik

Wandmalerei (Romanik)   Glasfenster (Gotik)

Säulenkapitelle (Romanik/Gotik) Platz für kleine Bildserien

Portal

Altar ab 15. Jh. Bildprogramme von den Wänden übernommen

Apsis

Fensterrose

Labyrinth
In Boden eingelassene Muster (bis 14 m Durchmesser), Sinnbild für: 1) Passion u. Sieg Christi, 2) gefahrvollen Weg (Bußweg) der Gläubigen zum Paradies, betend u. auf Knien durchmessen = Ersatz für Pilgerfahrt ins Heilige Land. Auch als Zeichen der Kathedralbaumeister (nach Dädalos, dem Erfinder des Labyritnhs u. Ahnherrn der Architekten)

Seitenportal

Seitenaltäre
Raum für geschnitzte oder gemalte
→ Andachtsbilder

112 Beliebte Standorte für Bildprogramme christlicher Kunst in Kirchen

Raumsymbolik: rechte und linke Seite

Ebenso wichtig wie die Standorte in Kirchen ist die Bedeutung von rechter und linker Seite eines mittelalterlichen Kunstwerkes. Nicht von Betrachterseite her, sondern aus Sicht Gottes/Jesu, eines Heiligen oder des ranghöchsten Kirchenfürsten, also immer von der Apsis her gesehen, bedeutet die rechte Seite mehr als die linke.

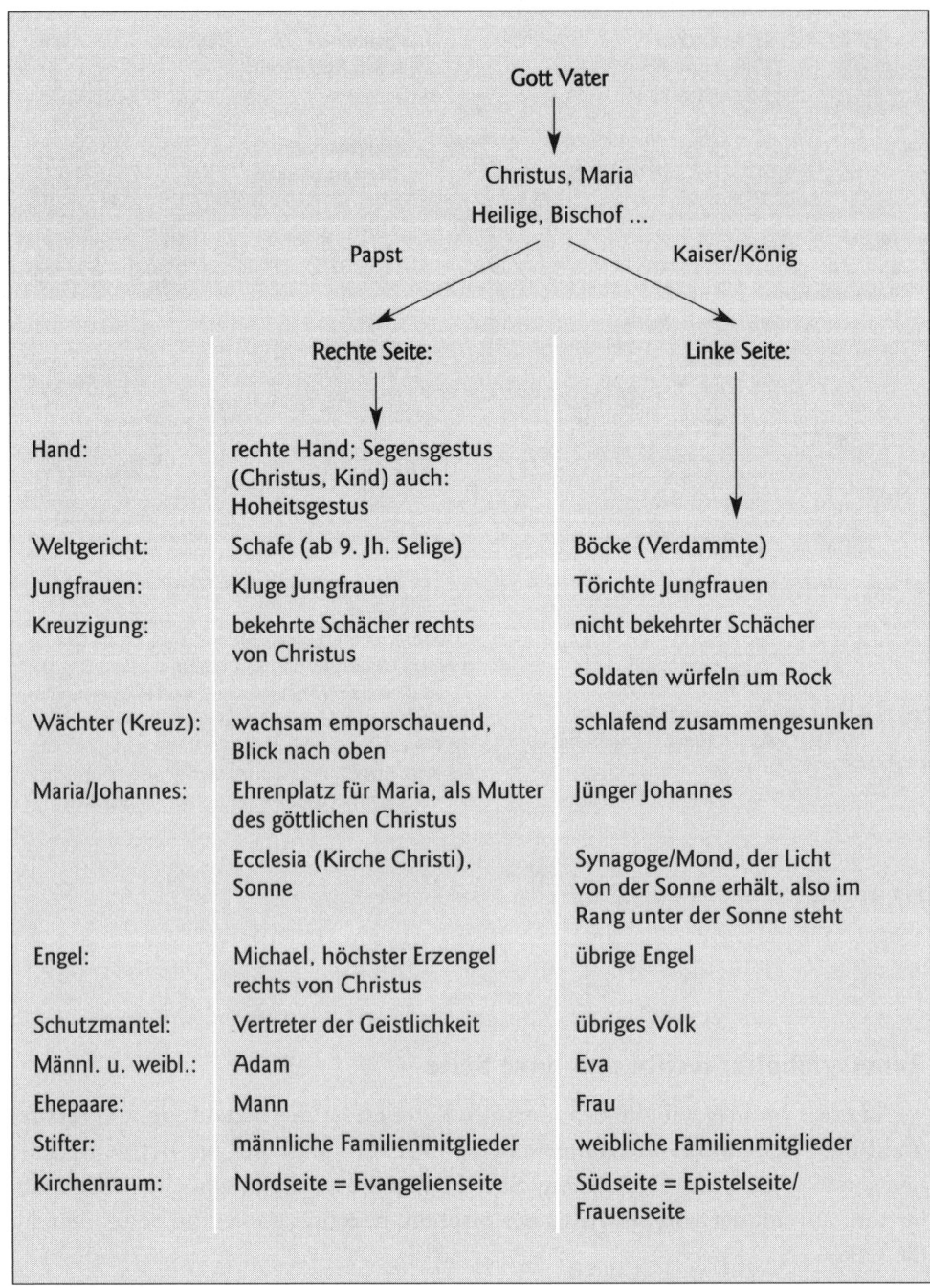

Gott Vater

Christus, Maria

Heilige, Bischof ...

Papst   Kaiser/König

	Rechte Seite:	Linke Seite:
Hand:	rechte Hand; Segensgestus (Christus, Kind) auch: Hoheitsgestus	
Weltgericht:	Schafe (ab 9. Jh. Selige)	Böcke (Verdammte)
Jungfrauen:	Kluge Jungfrauen	Törichte Jungfrauen
Kreuzigung:	bekehrte Schächer rechts von Christus	nicht bekehrter Schächer
		Soldaten würfeln um Rock
Wächter (Kreuz):	wachsam emporschauend, Blick nach oben	schlafend zusammengesunken
Maria/Johannes:	Ehrenplatz für Maria, als Mutter des göttlichen Christus	Jünger Johannes
	Ecclesia (Kirche Christi), Sonne	Synagoge/Mond, der Licht von der Sonne erhält, also im Rang unter der Sonne steht
Engel:	Michael, höchster Erzengel rechts von Christus	übrige Engel
Schutzmantel:	Vertreter der Geistlichkeit	übriges Volk
Männl. u. weibl.:	Adam	Eva
Ehepaare:	Mann	Frau
Stifter:	männliche Familienmitglieder	weibliche Familienmitglieder
Kirchenraum:	Nordseite = Evangelienseite	Südseite = Epistelseite/ Frauenseite

113 Übersicht: Raumsymbolik

CHRISTLICHE KUNST DER NEUZEIT (15.–18. JAHRHUNDERT)

Zwei wichtige Stilepochen der Neuzeit sind zu unterscheiden, die Renaissance (ca. 15.–16. Jh.) und der Barock (17./18. Jh.) Wichtige Vorbilder und Einflüsse sind die Rückbesinnung auf die Stilformen der Antike, Beobachtung der Natur, Entdeckung des Individuums sowie Reformation und Gegenreformation.

Renaissance

Jacob Burckhardt bezeichnet die »Entdeckung der Welt und des Menschen« als das Ereignis, das zu Beginn der Renaissance bzw. der Neuzeit steht. Der Kunsthistoriker F. Würtenberger nennt es den »Übergang von der Erdenzeit biblischen Heils zur profanen Erdenzeit« (Weltbild und Bilderwelt, 1958) und spricht auch von »der Schrumpfung des symbolischen Geschehens zugunsten einer Weitung des irdischen Horizontes«.

Was ist geschehen? Der Maler der Renaissance ergreift von der sichtbaren, diesseitigen Welt Besitz, bildet die Natur so getreu wie möglich ab, studiert menschliche Anatomie und sucht ideale Proportionen. Er malt realistische, wirklichkeitsgetreue Porträts, erfindet die Zentral- und die Farbperspektive, um Landschaften und Räume immer naturähnlicher abbilden zu können, und tritt selbst vollends aus der mittelalterlichen Anonymität heraus. Der Mensch entdeckt seine Individualität, Künstler machen sich einen Namen, sie werden so berühmt wie Dürer, Leonardo da Vinci, Michelangelo und Raffael.

Welche Folgen hat diese geistesgeschichtliche Entwicklung für die christliche Kunst? Entsprechend der Vorstellung, dass Kunst den nach Gottes Ebenbild geschaffenen Menschen als Sinnbild der Schöpfung sichtbar machen solle und dass die Darstellung des Wahren und Schönen religiösen Wert habe (»Dann, so es der Natur entgegen ist, so ist es bös«, schreibt Dürer), setzten sich in der Renaissance folgende Gestaltungsprinzipien durch:

- Ansiedlung biblischen Geschehens in mithilfe der Zentralperspektive naturgetreu wiedergegebenen Landschaften und Räumen irdischer Welt;
- realistische, vollplastische Körperdarstellungen (auch des nackten Menschen); statt frontaler, typisierter Darstellung wagt man nun Seitenansichten, Verkürzungen und Rückenansichten;
- symmetrischer Bildaufbau, klare, ebenmäßige Komposition in Dreiecks-, Pyramiden- und Kreisform: das Renaissancekunstwerk als Kanon der Schönheit;

- außer durch die Zentralperspektive wird die naturgetreue Bildwirkung zusätzlich verfeinert durch die Farbperspektive (mit zunehmender Entfernung werden die Farben heller und unbestimmter), durch Luftperspektive (mit zunehmender Bildtiefe werden die Farben blauer) und mithilfe des Sfumato (die Auflösung fester Umrisse mit zunehmender Entfernung im Bild).

Das Renaissancekunstwerk ist wie sein antikes Vorbild durch Harmonie und Wohlproportioniertheit seiner Einzelteile ebenso gekennzeichnet wie durch seinen durch Waagerechte und Senkrechte gegliederten Bildaufbau (klassisches Beispiel: Raffaels Madonnendarstellungen).

114 Raffael, Madonna im Grünen, Kunsthistorisches Museum, Wien, 1505/06

Barock (1600–1750)

Ganz im Gegensatz zu den auf ruhige Harmonie abzielenden Stilformen der Renaissance und den formalistischen Übertreibungen des Manierismus (El Greco) zeigen Bildwerke in Barockkirchen ekstatische, bis zum rein dekorativen Effekt übersteigerte Bildkompositionen. Ziel war eine Scheinwirklichkeit. Diese Darstellungsweise bezeichnet man auch als Illusionismus. Er arbeitet mit folgenden Hilfsmitteln:

- starke perspektivische Verkürzungen,
- Diagonale als bevorzugte Kompositionslinie,
- raffinierte Beleuchtungseffekte mit Hell-Dunkel-Gegensätzen,
- Verwendung verschiedenster, teils künstlich hergestellter Materialien (Stuckmarmor) und nicht immer materialgerechte Verarbeitung (fließende Übergänge von Architektur über Stuckplastik in scheinbar direkt in himmlische Höhe aufbrechende Deckenmalereien) sowie übermäßige Verwendung von Gold, Silber und Spiegeln zur weiteren Steigerung des Eindrucks.

Für die Malerei des Barock bedeutet dies einen weit über die eher streng illustrierende Malerei der Renaissance hinausgehenden Malstil, der mit optischen Täuschungen, mit Farb- und Luftperspektive arbeitet, durch illusionäre Bilder und eine Fülle allegorischer Darstellungen gekennzeichnet ist und alle Sinne zu betören trachtet. Die wichtigsten Themenkreise waren entsprechend gewählt: Verklärung Christi, Ausbreitung des christlichen Glaubens über die Erdteile, die Visionen Heiliger u.a. Sogar Rembrandt, Vertreter des calvinistischen Nordens, greift wichtige Stilmittel barocken Ausdruckswillens in seinen Werken auf und führt sie zu höchster Vollendung (indirektes Licht, Hell-Dunkel-Gegensatz, diagonale Komposition, verkürzte Rückenfiguren, Bildausschnitte etc.).

116 Spätbarocker Stuckengel, Dreifaltigkeitskirche, Neudrosselfeld

115 Mysterienbühne, Klosterkirche, Dießen/Ammersee

Rokoko, die Spätphase des Barock (um 1720–1780)

Noch stärker als die Künstler des Barockzeitalters verfolgen die Maler und Bildhauer des Rokoko eine heitere Leichtigkeit der Darstellung, die sich in der christlichen Kunst vor allem in einer fröhlich verspielten Darstellung unzähliger Engel auf Himmelfahrtsbildern und vor allem in der Kirchenkunst zeigt. Ignaz Günther, einer der größten Bildhauer des Spätbarock, ist ein gutes Beispiel für die Leichtigkeit und Kunstfertigkeit, mit der plastische Figuren gearbeitet wurden.

CHRISTLICHE KUNST IM 19. JAHRHUNDERT

Durch die Aufklärung vollzog sich eine Abkehr von allem als übertrieben und als schwülstig Empfundenen des Barock und Rokoko hin zur Schlichtheit, Natürlichkeit und zur Realitätsnähe. Unterstützt von der Wissenschaft und durch Rückbesinnung auf die Antike (Winkelmann) entwickelte sich vor allem in der Baukunst die strenge Form des Klassizismus.

Dieser Rationalität entgegen wirkte die Geisteshaltung der Romantiker, die wieder mehr das Gefühlsmäßige, Fantastische und Wunderbare betonen. Neben einer innigen Beziehung zur Natur steht eine tiefe Religiosität. Bekanntester Vertreter in Deutschland ist Caspar David Friedrich, dessen Tetschener Altar (Abb. **95**) das religiöse Verständnis der Zeit bündelt und zum Ausdruck bringt.

Die Nazarener

Ebenfalls auf die Vergangenheit griffen die Nazarener zurück, ein 1809 in Wien gegründeter Künstlerbund, dessen Mitglieder es nach Rom zog. Sie kleideten sich wie die Menschen im biblischen Nazareth und erstrebten eine religiös gefärbte Malerei nach dem Vorbild der Gotik und Renaissance. Der von ihnen entwickelte Typ des Christusbildes mit langem Haar, Mittelscheitel und Bart, beeinflusste – vor allem durch zahlreiche Verbreitung in Kinder- und Schulbibeln sowie in bürgerlichen Wohnungen – lange Zeit das bürgerliche Christusbild bis ins 20. Jh. Berühmtes Beispiel ist die überlebensgroße Christusfigur des dänischen Bildhauers Bertel Thorvaldsen (1768/70?–1844).

117 Bertel Thorvaldsen, Christus, Frauenkirche, Kopenhagen (seit 1821)

CHRISTLICHE KUNST DER KLASSISCHEN MODERNE (ENDE 19. UND 20. JAHRHUNDERT)

Vorbilder, Einflüsse, Ziele

Die Kunst des ausgehenden 19. und des 20 Jhs., die man auch Kunst der klassischen Moderne nennt, kennt viele unterschiedliche Stilrichtungen und geographisch/nationale Ausprägungen. Sie ist sowohl durch Veränderungen in der Gesellschaft (Weltkriege, Industrialisierung und zunehmende Globalisierung) gekennzeichnet als auch durch die Entwicklung neuer Materialien und Bildtechniken. Traditionell akademische Mal- und Gestaltungsweisen werden in Frage gestellt und abgelehnt. Da seit der Erfindung der Fotografie auch nicht mehr das getreue Abbild und die Darstellung der Realität gefordert sind, konnte sich der individuelle Malstil des einzelnen Künstlers frei entwickeln. So haben Stilrichtungen wie der Impressionismus und Expressionismus, die Pop- und Op-Art, Minimal-Painting, Installationen und Video-Kunst auch auf Darstellungen christlicher Themen gewirkt.

Impressionismus

Der Impressionismus wurde in den Sechzigerjahren des 19. Jhs. von französischen Malern entwickelt. Gegenstände werden nicht mehr als linienumgrenzte Gebilde, sondern als reine, dem Tageslichtwechsel unterworfene, sich ständig verändernde Farbflächen gesehen. Impressionistischer Malstil ist u.a. gekennzeichnet durch:
- lebhaften Farbauftrag (er lässt die Oberfläche scheinbar vibrieren),
- die Darstellung von Licht- und Farboberflächen in flirrenden Farbtupfern der möglichst ungemischten Regenbogenfarben,
- die Absicht, damit einen Augenblick (l'impression = Eindruck) in seiner Lichtfülle, möglichst vor der Natur (Plein-air-Malerei) festzuhalten.

Mit diesen Merkmalen stand der Impressionismus ganz im Gegensatz zu der im 19. Jh. sonst geübten akademischen, Brauntöne bevorzugenden gegenständlich-realistischen Ateliermalerei. In Deutschland sind Liebermann, Corinth und Slevogt die bedeutendsten Vertreter des Impressionismus. Auch Chagall zeigte Anklänge, z.B. in seinem Bild »Die weiße Kreuzigung« von 1945 (s. S. 120).

Expressionismus

Die Fauves (Wilden) in Frankreich strebten, wie ab 1905 auch in Deutschland die Expressionisten, eine Malerei der reinen Farbe an. Nur mit ihrer Hilfe sollten Dinge neu und intensiv dargestellt und erlebt werden. Ihre Ausdrucksmittel waren:

- Deutung der Wirklichkeit, nicht ihr Abbild,
- selbstständige Ausdruckskraft von Linien und Farbflächen, die sich in extremen Übersteigerungen bzw. Vereinfachungen äußert und bis zur Abstraktion führt.

Geprägt durch Kriegserlebnisse des Ersten Weltkrieges, den viele ihrer Künstlerfreunde (Franz Marc, August Macke u.a.) nicht überlebten oder durch den sie schwere Depressionen davontrugen, wandten sich die Expressionisten verstärkt christlicher Thematik zu (z.B. Holzschnittfolgen zur Passion von Karl Schmidt-Rottluff, Otto Dix u.a.). Die Erlebnisse entsetzlicher Gräueltaten auch an der Bevölkerung während des Zweiten Weltkrieges fanden z.B. in den expressiv gemalten Bildern und Grafiken Kokoschkas, dem unvollendeten Auferstehungsbild Max Beckmanns und in den religiösen Bildern Emil Noldes und Otto Pankoks ihren Ausdruck.

Surrealismus

Auch einige der Christusdarstellungen des spanischen Malers Salvador Dali zeigen eine neue, ungewöhnliche Sicht des Gekreuzigten. Dali gilt als einer der bedeutendsten Künstler des Surrealismus, einer Kunstrichtung Anfang des 20. Jhs., die, in Anlehnung an die Lehre des Psychoanalytikers Siegmund Freud, imaginäre Traumbilder gestaltete. Surrealistische Bilder sind vielfach doppelbödig, verändern sich bei längerem Hinsehen zu Vexierbildern oder rufen neben dem sichtbaren Bild Vorstellungen aus dem Unbewussten hervor.

Seine surrealistischen Darstellungen des Gekreuzigten beispielsweise aus der Vogel- oder Froschperspektive weisen auf Überwirkliches, versuchen zugleich traumhafte Vorstellungen festzuhalten und diese in eine der Wirklichkeit nachgebildete Umwelt, die Landschaft seiner Heimat, zu versetzen.

Pop-Art und Fluxus

Die Kunst der Sechzigerjahre bis zum ausgehenden 20. Jahrhundert zeigte eine noch größere Vielzahl unterschiedlichster Versuche, immer wieder neue Kunst- und Stilrichtungen zu entwickeln. Die Bandbreite reichte von Pop- zu Op-Art, von Happening zu Land-Art, von Minimal-Art und Fluxusbewegung zu Aktion-Painting, von Environments und Video-Kunst zu Lichtinstallationen, in denen in monumentalen Lichtbändern Schrift und Denksprüche aufleuchten (Jenny Holzer).

Während die von Amerika ausgehende Pop-Art (Popular-Konsum-Art) entgegen der üblichen Darstellung der sichtbaren Welt in Stillleben, Landschaften oder Porträts begann, allgemein zugängliche Produkte des täglichen Lebens und der industriellen Massenproduktion zur Kunst zu erheben (Andy Warhol), wurden auch sog. Environments (engl. environment = Umgebung, Umwelt) gestaltet, um Konflikte des modernen Menschen, seine Vereinsamung und Isolation erfahrbar zu machen. Das heißt, Figuren, die in alltäglichen Handlungen »eingefroren« scheinen (Gipsfiguren von George Segal), oder fotorealistisch gemalte oder gestaltete Figuren werden in ihrem Umfeld gezeigt.

Die Fluxusbewegung der 1960er-Jahre veranstaltete provozierende Happenings und Aktionen, um Denkprozesse durch Schock in Gang zu setzen. Joseph Beuys, der einen Kampf gegen Intoleranz und verkrustetes Denken führte, wollte das Unbewusste wieder freisetzen, wollte *»unmenschliche Realität evolutionär verändern«* (Götz Adriani, Joseph Beuys. Leben und Werk, Köln 1981). Beuys prägte den Begriff »Soziale Plastik« und verstand seine Aktionen als logische Ausweitung seiner ursprünglich plastischen Kunstwerke auf die kreativ-emanzipatorische Tätigkeit des Menschen. Mit seinem Objekt »Kreuzigung« (1962–63) beispielsweise, das aus Holz, Nägeln, Elektrokabel, Schnur, Zeitungspapier, Gips, Farbe und zwei Plastikflaschen bestand, wollte Beuys ein Zeichen setzen: Liebe durch den Tod am Kreuz, Liebe als Kraftquelle, Handeln und Helfen im Namen Christi.

Auch ungewohnte Bildtechniken wie Montage, Collage u.a. führen zu immer neuen Impulsen der Gestaltung bis hin zur Verarbeitung von Abfallmaterialien (Wohlstandsmüll). Der Einsatz von Technik und Medien (Video-Kunst) haben das Ziel, die Betrachter in das Kunstgeschehen einzubeziehen, Kunst *geschehen* zu lassen. Moderne Kunst ist immer weniger statisch, sie will mehr denn je bewegen. Sie will nicht mehr ästhetisch sein, sondern ein kritisches Bild unserer Gesellschaft zeigen (Françis Bacon, Herbert Falken). Sie will verändern, auch politisch wirken, »Anstoß« erregen.

Je weniger gegenständlich und je freier Künstler – wenn sie überhaupt christliche Kunst gestalten – mit den biblischen Vorlagen umgehen, desto mehr scheinen sie sich der Materie des Lichtes und der reinen Farbe zu bedienen. Das bedeutet für den Betrachter, sich geduldig auf die sich allmählich einstellende optische Wirkung farbiger, fluoreszierender oder leuchtender Flächen, der sog. Farbfeldmalerei, einzustellen und diese Kunst und die sie erzeugenden Farbräume zu meditieren. Vorbilder für diese Kunst sind u.a. die amerikanischen Künstler Mark Rothko und Barnett H. Newman (vgl. S. 19).

Christliche Kunst
von A–Z

A UND O, ALPHA UND OMEGA, der erste und letzte Buchstabe des griechischen Alphabets, stehen im übertragenen Sinn für Anfang und Ende, für Vollkommenheit. Sie sind Zeichen für den allumfassenden Gott (vgl. Offb 22,13) und werden oft auf Christus bezogen, besonders wenn er als Herrscher dargestellt ist und in Verbindung mit dem → Christusmonogramm.

119 Irische Miniatur, Gnadenstuhl, Albertina, Wien, um 1150

ABENDMAHL, das letzte Gemeinschaftsmahl Jesu mit seinen 12 Jüngern am Abend vor seinem Tod. Judas ist oft abseits dargestellt, als Hinweis auf seinen Verrat. Der Lieblingsjünger Johannes lehnt sich an Jesus. Byzantinische Darstellungen folgen dem Matthäus-Text, wonach Judas in die Schüssel greift (Mt 26,23). Abendländische Darstellungen richten sich nach dem Evangelium des Johannes: Jesus reicht Judas einen Bissen (Joh 13,26). Wichtiges Bildthema christlicher Kunst: u.a. Leonardo da Vinci (1495–1497, Fresko Mailand); Emil Nolde (1909, Kopenhagen): expressiv; Harald Duwe (1978, Tutzing): Realismus, der am Wortsinn festhält. Herz, Kopf, Hände und Füße Jesu werden als Mahl einer Gruppe von 12 männlichen Personen, alles Freunde des Künstlers, dargereicht. Diese Darstellung erfuhr scharfe öffentliche Kritik.

ABRAHAM, einer der Erzväter im AT (Gen 12–25). **ABRAHAMS SCHOSS**, Ehrenplatz im Jenseits der vor Gott Gerechten vgl. Gleichnis vom armen Lazarus (Lk 16,19–31). A. wird immer als Greis dargestellt.

121 Abrahams Schoß, Miniatur, 12. Jh.

ADAM UND EVA, Bildthema aus der Schöpfungsgeschichte (Erschaffung Adams und Evas, Sündenfall und Vertreibung). Adam und Eva, rechts und links vom Baum der Erkenntnis, mit der Schlange, die – oftmals in Teufelsgestalt – die Versuchung symbolisiert. Gern wahrgenommener Vorwand, den nackten menschlichen Körper darzustellen. Abb. **20–26**.

AGNUS DEI → Lamm Gottes.

ALLEGORIE (griech. allegorein = anders sagen), Verbildlichung eines abstrakten Begriffs, oft durch Personifikation, z.B.

→ der gute Hirte, → Ecclesia und Synagoge. Neben theologischen A. auch christlich-moralisierende A., etwa der Tugenden, im Barock besonders beliebt.

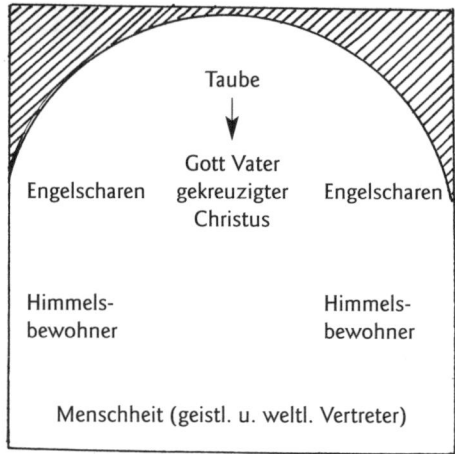

122 Dürers Allerheiligenbild (Schema; Abb. 13)

ALLERHEILIGENBILD, Darstellung der Anbetung des Lammes (Symbol Christi) oder der Dreifaltigkeit nach dem Jüngsten Gericht durch Vertreter der gesamten Menschheit (Offb 7), z.B. Genter Altar; Dürers Allerheiligenbild von 1511, Abb. 13.

ALTAR (lat. altare = erhöhen), Opfertisch, heilige Stätte und Ort der Nähe Gottes. In frühchristlicher Zeit ein einfacher Tisch für die Abendmahlsfeier. Die ev. Kirche kehrte in der Reformation zum einfachen Tisch mit Kruzifix und Bibel zurück. Die meist rechteckige Platte nennt man *mensa*, die Träger *stipes*. Für die Entwicklung der christlichen Kunst ist neben dem Altaraufsatz (→ Predella) und der Verkleidung der Vorderseite (→ Antependium) vor allem der Altaraufsatz (Retabel), die mit Gemälden oder Skulpturen geschmückte Rück-

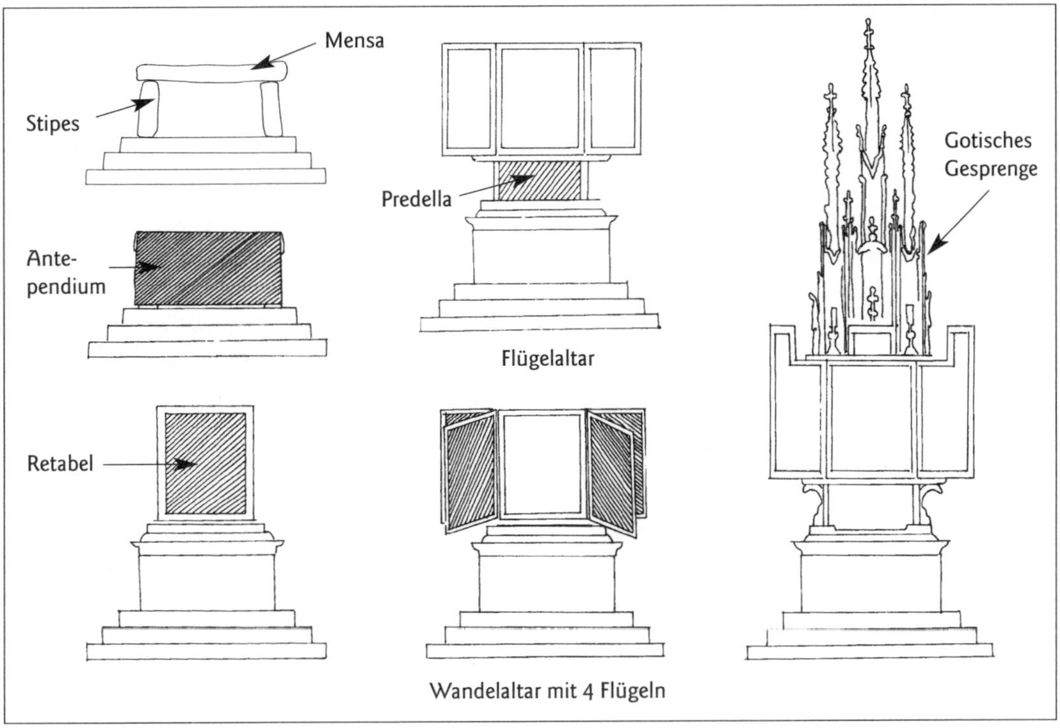

Mensa

Stipes

Ante-
pendium

Predella

Retabel

Flügelaltar

Gotisches
Gesprenge

Wandelaltar mit 4 Flügeln

123 Entwicklungsformen des Altars

wand des Altars von Bedeutung, die in der Gotik zum Flügelalter (→ Triptychon) erweitert wurde:
An dem feststehenden Mittelteil sind rechts und links je eine Tafel (Flügel) angebracht, um den Altar schließen zu können. Die Flügel waren beidseitig mit Bildschmuck und Schnitzereien versehen. Bei mehreren Flügelpaaren ließen sich die Bilder entsprechend dem Kirchenjahr bzw. nach Werktags- oder Sonntagsseite (Isenheimer Altar) wechseln. Man spricht dann von einem Wandelaltar. Abb. **123**

AMBROSIUS, einer der vier lat. → Kirchenväter geb. 339 in Trier, gest. 397 in Mailand; Attribute: Buch, Schreibfeder, Taube des Hl. Geistes, später auch Bienenkorb als Anspielung auf seine Beredsamkeit.

ANNA SELBDRITT, aus dem im 14. Jh. aufkommenden Annenkult hervorgegangene Darstellung der hl. Anna mit ihrer Tochter Maria und dem Jesuskind.

124 Anna Selbdritt, Gars am Inn

185

ANBETUNG DER HIRTEN, im 14, Jh. in Italien, seit dem 15. Jh. auch nördlich der Alpen beliebtes Bildthema, meist im Zusammenhang mit der Hl. Familie u. den Hl. Drei Königen (→ Christi Geburt).

ANDACHTSBILD, Erbärmdebild, ein der individuellen Andacht dienendes Bild oder eine holzgeschnitzte Plastik, später auch Tafelbild (→ Vesperbild, → Schmerzensmann, → Christus-Johannes-Gruppe, → Schutzmantelmadonna, → Heiliges Grab). Aufgekommen im 14. Jh. im Zuge der religiösen Dichtung der Mystik. Im Gegensatz zum großen A. steht das kleine A., im 15. Jh. weit verbreitete, kleine Grafiken, meist Holzschnitte, teils mit erbaulichen Texten.

ANTEPENDIUM (lat. das Davorhängende), Verkleidung der Vorderseite, später auch der Seiten des → Altars. Als Altartuch oder Kanzelbehang in den Farben des Kirchenjahres.

APOKALYPSE (griech. Offenbarung). Das NT endet mit der Apokalypse oder Offenbarung des Johannes, einer visionären Schilderung des Weltendes. In der bildenden Kunst werden einzelne Visionen oder der ganze Zyklus dargestellt, z.B. Bamberger A. (Reichenauer Schule um 1000) oder die Holzschnittfolge von Albrecht Dürer (1498).

125 Andachtsbild: Christus-Johannes-Gruppe, Klosterkirche Inzigkofen bei Sigmaringen/Preußische Museen Berlin, 14. Jh.

126 Andachtsbild: Schutzmantelmadonna, KLoster Neustift, Brixen, 1485

127 Andachtsbild: Schmerzensmann, Epitaph, Münster Heilsbronn, um 1350

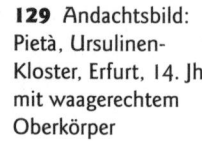

128 Andachtsbild: Maria mit dem Leichnam Christi auf dem Schoß (Pietà), süddeutsch, Suermondt-Ludwig-Museum, Aachen, 14. Jh., mit schrägem Oberkörper

129 Andachtsbild: Pietà, Ursulinen-Kloster, Erfurt, 14. Jh. mit waagerechtem Oberkörper

APOKRYPHEN (griech., verborgene Schriften), Schriften im Umfeld des AT und NT, die nicht in den offiziellen Kanon aufgenommen wurden, doch in der Volksfrömmigkeit eine Rolle spielten und so Quellen für Themen der christlichen Kunst wurden.

APOSTEL (griech., apostolos = Gesandter), die zwölf Jünger, die Jesus nach dem Vorbild der zwölf Stämme Israels zusammenrief; auch: die christlichen Boten und Missionare, die durch Jesus selbst ausgesandt wurden. In Kirchen sind sie oft an den Mittelschiffsäulen oder an den Kirchenportalen dargestellt. Judas wird durch Paulus ersetzt. Seit dem 13. Jh. sind sie an ihren → Attributen zu erkennen und wurden oft Propheten des AT gegenübergestellt oder zugeordnet (z.B. im Bamberger Dom, wo die A. auf den Schultern der Propheten stehen). Abgebildete Waffen stellen die Werkzeuge dar, mit denen sie ihr Martyrium erlitten haben.

1 *Andreas*: Andreaskreuz (schräges Kreuz in Form eines X)
2 *Bartholomäus*: Messer, eigene Haut über dem Arm
3 *Jakobus d. Ältere*: Pilgertracht, Muschel
4 *Jakobus d. Jüngere*: Stange/Fahne
5 *Johannes*: bartlos, Kelch mit sich windender Schlange
6 *Judas Thaddäus*: Keule
7 *Matthäus*: Beutel, Beil, Winkelmaß, Lanze/Hellebarde
8 *Paulus*: Schwert, Buch
9 *Petrus*: ein oder zwei Schlüssel
10 *Philippus*: Kreuzstab oder Antoniuskreuz
11 *Simon*: Säge
12 *Thomas*: Winkelmaß oder Lanze

ARCHE NOAH ODER NOACH (mit Taube und Ölzweig), seit frühchristlicher Katakombenmalerei (→ Katakombe) Sinnbild für die Taufe bzw. Errettung aus dem Tod. Im typologischen Vergleich (→ typologische Bilderkreise) werden Christus mit Noach, die Arche mit dem Holz des Kreuzes,

130 Tafel: Übersicht über die 12 Apostel mit ihren Attributen

die Taube mit dem Hl. Geist und die Wasser der Sintflut mit der Taufe verglichen.

131 Noach mit der Arche, Fenster, Besserer
Kapelle, Ulmer Münster

ARCHITEKTURTEILE, auf biblischen Darstellungen (z.B. Christi Geburt) Hinweis auf
das himmlische Jerusalem. Stadt/Tempel
Symbol für dauerhaftes Wohnen im Gegensatz zu Nomadenzelten, auch für Haus
Gottes. Ruinen auf Weihnachtsdarstellungen anstelle des Stalles (seit 15. Jh.) sind
Hinweise auf den Verfall der alten Welt
und des Judentums. Romanische Gewölbe
und Bogen auf Werken der Renaissance
haben gleichen Sinngehalt, oftmals als
Burg Davids kenntlich: d.h. Vollzug der
alttestamentlichen Prophezeiung durch die
Geburt Christi. Wachsende Pflanzen aus
altem Mauerwerk deuten ebenfalls auf das
Anbrechen einer neuen Zeit. Säule: Stütze
eines Gebäudes, Symbol für Festigkeit; mit
Basis und Kapitell auch Zeichen für → Lebensbaum.

ARMENBIBEL, spätmittelalterliche Bilder-
bibel mit einander typologisch (→ Typologie) zugeordneten Bildern aus dem AT und
NT, angeblich für weniger begüterte Geistliche als Ersatz für vollständige Bibel.

ASSISTENZFIGUR, zusätzliche, vom Bildthema nicht geforderte Figur in der religiösen Kunst, die nur als Zuschauer teilneh-
men und figurenarme Szenen bereichern.
Im 14. Jh. eingeführte Möglichkeit der
Darstellung zeitgenössischer Menschen,
Vorwand für erste Bildnisse und Selbstbild-
nisse in der christlichen Kunst (→ Bildnis).

ATTRIBUT, zur Kennzeichnung von Personen beigegebenen Gegenständen, die
sich bei Heiligen meist auf deren Martyr-
rium oder Ereignisse in ihrem Leben beziehen (→ Apostel).

AUFERSTEHUNG: Die Hoffnung auf A. ist
das zentrale Thema des christlichen Glau-
bens.
Verschiedene Sinnbilder können die Auf-
erstehung Christi symbolisieren:
• Löwin, die tote Junge gebiert, die am
dritten Tage dadurch ins Leben zurück-
gerufen werden, dass der Vater ihnen ins
Antlitz bläst.
• Schmetterling: Schon in der Antike
Sinnbild für die Seele, die nach dem Tod
den Körper verlässt. In der Hand des
Jesuskindes Symbol von Passion und
Auferstehung, ebenfalls auf Blumen
(Mariendarstellungen, z.B. → Paradies-
gärtlein).
• Schnecke: Sie öffnet im Frühjahr den
Deckel ihres Hauses und gilt daher auch
als Symbol für die Auferstehung Jesu.
(z.B. Vischers Sebaldusgrab in St. Sebald,
Nürnberg, wird von vier Schnecken ge-
tragen).

132 Auferstehung, Speculum
humanae salvationis,
Universitätsbibliothek Würzburg,
1427

133 Heilsbronner Meister,
Auferstehung, Heilsbronner Altar,
Münster Heilsbronn, um 1350

134 Matthias Grünewald,
Auferstehung, Isenheimer Altar,
Museum Unterlinden, Colmar,
1515

135 Rembrandt Harmensz van Rijn,
Auferstehung Christi,
Alte Pinakothek, München, 1639

189

• Ei: Aus vorchristlicher Zeit überliefertes Frühlings- und Fruchtbarkeitssymbol, im christlichen Sinn Auferstehungssymbol, weil Christus aus dem Grab aufstieg.

AUFKLÄRUNG, eine das 18. Jh. bestimmende, sich von kirchlicher Bevormundung emanzipierende Geistesbewegung, deren Anfänge in die Reformation und Renaissance zurückreichen. Im künstlerischen Bereich Verweltlichung rel. Darstellungen (Rokoko); ab Mitte des 18. Jhs. strenger, der klassischen Antike nacheifernder Stil des Klassizismus. Versuch, die Religion verstandesmäßig zu erfassen.

AURA (lat. Ausstrahlung), Aureole, Strahlenkranz oder Lichtschein, der im Gegensatz zum Heiligenschein (→ Nimbus) die ganze Figur umgibt (→ Mandorla).

AUSGIESSUNG DES HL. GEISTES (Pfingstwunder), Jünger (ohne Judas) mit Flammen auf den Häuptern, oft zusammen mit Maria (Sinnbild der ecclesia = Kirche), darüber eine Taube oder die Hand Gottes, von der Lichtstrahlen – als Sinnbild der Ausgießung des Hl. Geistes – ausgehen. Beliebt als Deckengemälde im Barock, etwa Lichtglorie mit Taube, umgeben von sieben Engelsgruppen, die die sieben Gaben des Heiligen Geistes darstellen (z.B. in der Abteikirche Ottobeuern, 1766).

BANDEROLE, auch Bandrolle, Spruchband, Schriftband auf mittelalterlichen Darstellungen, von Figuren, z.B. Engeln gehalten oder frei im Bild. Der Text erklärt die dargestellte Person oder Szene oder gibt an, was sie spricht. Auf Bildern der Verkündigung an Maria sind auf dem Schriftband am Botenstab des Engels die Begrüßungsworte geschrieben: »Ave Maria ... «

137 Ausgießung des Hl. Geistes, Miniatur, Antiphonar St. Peter, Salzburg, spätes 12. Jh.

BARFÜSSIGKEIT, Symbol für Reinheit, da das Schuhwerk aus Tierfellen (tote Tiere!) gefertigt ist. So war der Zutritt zu heiligen Orten nur barfuß gestattet. Engel und oft auch die Jünger werden barfüßig dargestellt (s. Mt 10,10 und Lk 10,4).

BAROCK, Stilbezeichnung für die Zeit um 1600 bis 1750. Gemälde zeigen bis zum reinen dekorativen Effekt übersteigerte Bildkompositionen. Ziel war eine Scheinwirklichkeit vor allem auf Deckenfresken in perspektivischer Malerei, bei der die Illusion sich öffnender, scheinbar ins Unendliche führender Himmelsräume geweckt wurde. Dort nehmen Heilige und Kirchenpatrone als Mittler zu Gott die Gebete und Anliegen der Gläubigen entgegen. Dieser auch Illusionismus genannte Stil arbeitete mit folgenden Hilfsmitteln: starke perspektivische Verkürzungen, Untersicht der an Decken Dargestellten, Diagonale als bevorzugte Kompositionslinie, raffinierte Beleuchtungseffekte mit Hell-Dunkel-Gegensätzen (Rembrandt), insgesamt helle Farbtöne in Räumen, Verwendung von Gold, Silber und gemalten Marmorierungen.

Für die Tafelmalerei des Barock bedeutet dies: Arbeit mit optischen Täuschungen, mit Farb- und Luftperspektive, eine alle Sinne betörende Darstellung z.B. von Visionen → Allegorien. Beliebte Themenkreise: Auferstehung und Verklärung Christi, Ausbreitung des christlichen Glaubens über die Erdteile, Visionen Heiliger. → Illusionismus. → Deckenmalerei; s.a. S. 176.

138 Rembrandt, Himmelfahrt Christi, 1636

BAUMKREUZ, Kreuz Christi mit Blättern, Blüten, Früchten als Symbol der Todesüberwindung, 12.–16. Jh. → Lebensbaum.

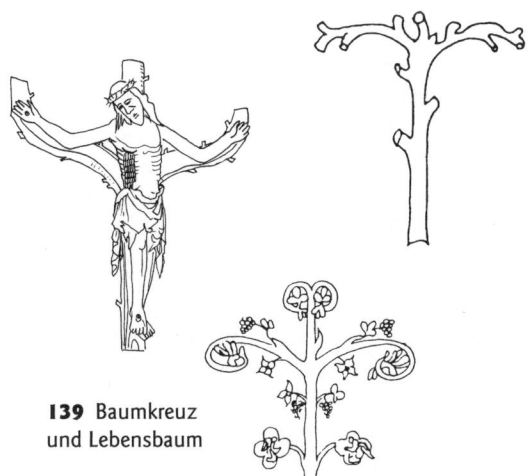

139 Baumkreuz und Lebensbaum

140 Beau Dieu

BEAU DIEU, (franz., der »schöne« Gott), Christusfigur, oft am Mittelpfosten des Kirchenhauptportals, die den Eintretenden freundlich einlädt. Christus hält das Buch des Lebens in der Linken, die Rechte hebt er segnend und lehrend. Gilt an dieser prominenten Stelle auch als Überwinder des Bösen.

BEDEUTUNGSMASSSTAB, auf mittelalterlichen Darstellungen, Verzicht auf Tiefenräumlichkeit auf Grund der Weltabgekehrtheit in den Darstellungen biblischer Gestalten. In irrealen Bildräumen sind die Dargestellten ihrer geistigen Bedeutung nach, nicht nach ihrer körperlichen Größe entsprechend, abgebildet. → Perspektive; s.a. S. 163.

BETT, Schlafgemach, z.B. auf Verkündigungsszenen Zeichen für irdische Umgebung, für das Eintreten Gottes in die irdische Welt.

BEWEINUNG CHRISTI, eine dem → Vesperbild verwandte Darstellung des am Boden liegenden Leichnams Jesu, der von Maria, Magdalena, Johannes, auch von Nikodemus und anderen Personen beweint wird. Zeitlich zwischen Kreuzabnahme und Grablegung angesiedelte, in biblischen Berichten nicht vorkommende Szene, tritt in Mitteleuropa ab 1500 vor allem auf der → Predella von Altären auf.

141 Beweinung Christi, Rohan Stundenbuch, um 1420

BIBLISCHE BILDERZYKLEN. Für Gläubige bot die Betrachtung der an den verschiedenen Standorten im Kircheninneren angebrachten Darstellungen biblischen Geschehens aus dem AT und NT eine Kurzfassung der Glaubensüberlieferungen. Zu den beliebtesten Themen gehörten aus dem AT u.a. Schöpfung, Adam und Eva, der Sündenfall, die Arche Noah usw.; aus dem NT Szenen aus dem Leben Jesu von der Geburt bis zur Kreuzigung und Auferstehung sowie Szenen aus dem Marienleben.

BILDERSTREIT, in der Geschichte der christlichen Kirchen mehrfach aufgetretene Auseinandersetzung um die Vereinbarkeit des Glaubens mit bildlichen Darstellungen religiösen Inhaltes und v.a. von Gott. Im Bilderstreit des 8.–9. Jhs. in Byzanz (Konstantinopel) zwischen Ikonodulen (Bilder-

befürwortern) und Ikonoklasten (Bilderfeinden), berufen Letztere sich auf das biblische Gebot »Du sollst dir kein Gottesbild machen ...« (Ex 20,4 f.). Einen Bilderstreit gab es auch in der → Reformationszeit, in dessen Folge viele Altäre und Skulpturen zerstört wurden.

BILDNIS, Darstellung des Menschen (als Porträt, Büste, Kniestück oder ganze Figur, frontal, in Dreiviertel- oder Seitensicht) je nach Weltsicht und Stil als Typus – wie in der byzantinischen und mittelalterlichen Malerei – oder als Individuum (Porträt), so seit der Renaissance bzw. stark abstrahiert und verfremdet in der Moderne. → Christusbild, S. 88 f.

BILDRAUM, die schmale (so im Mittelalter) oder vertiefte (Neuzeit) Bildbühne, auf der die dargestellte Handlung angesiedelt ist → Komposition.

BILDTECHNIKEN: Je nach der verwendeten Technik und dem dazu nötigen Material, z.B. Farbe und Bildträger, sind zu unterscheiden:
Aquarell: Wasserfarben mit Pinsel auf Papier
Buchmalerei: Tusche/Tempera (Blattgold) auf Pergament
Federzeichnung: Tusche auf Papier, laviert: mit Wasser verdünnt
Holzkohlezeichnung: auf Papier, hart gezeichnet (Konturen, Strukturen) oder auch weich schraffiert bzw. gewischt
Gouache: Deckfarbenmalerei auf Papier
Wandmalerei: Kalkfarben auf feuchte (al fresco) oder trockene (al secco) Wand. → Fresko.
Mosaik: Stein-, Glas-, Keramikwürfel in Gips oder Mörtel auf Wand bzw. Boden.
Tafelmalerei: Leim- oder Ölfarben auf grundierte Holztafeln bzw. Leinwand

Druckgrafik: Druckfarben auf Pergament oder Papier → Druckgrafik.

BLAUER REITER, 1911 gegründete Künstlervereinigung in München, der Marc, Kandinsky, Klee, Jawlensky, Kubin u.a. nahe standen.

BOCK, Symbol für Sünder (vgl. Lev 16, 18 ff.). Im Mittelalter Symbol für Teufel. Vgl. Lamm/Böcke im Jüngsten Gericht.

BRONZEGUSS, zur Herstellung von Bronzebildwerken (Türfelder, Säulen) verwendete Technik, bei der vorher in Wachs modellierte Bildentwürfe nach Einbetten in eine Form (Sand) mit glühender Bronze ausgegossen werden.

BUCH, Attribut in der Hand des lehrenden oder richtenden Christus (→ Pantokrator), geschlossen als Buch der Weisheit, geöffnet als Buch des Richtens, oft mit Text (»Ich bin das Licht ...«). Auf Verkündigungsszenen trägt Maria das Buch als Zeichen der Jungfräulichkeit geschlossen, später offen als Zeichen der Vertrautheit mit dem Wort Gottes; auch Hinweis auf Kontemplation und Gebet zur Vorbereitung auf den gottgewollten Auftrag an Maria (Mystik).

BUCHMALEREI, im engeren Sinne Miniaturmalerei; von lat. minium, »Mennig« = rote Farbe, mit der im Mittelalter in Handschriften die Randleisten gezogen bzw. Initialen, Überschriften u.a. hervorgehoben wurden. Der Miniator ist also eigentlich der Buchschreiber, im Gegensatz zum Illuminator, dem Buchmaler. Im Altertum Wachsfarben, im Mittelalter Wasserfarben, später Tempera. Seit ottonischer Zeit vermehrt Goldgrund.

BYZANTINISCHE KUNST → S. 163

CÄCILIE, wegen ihres Martyriums mit Palmzweig, Kreuz, Krone oder Schwert dargestellte Heilige, die seit dem 15. Jh. als Patronin der Musik oft an Orgeln mit Lyra (neben König David) dargestellt ist. Eine der frühen Darstellungen mit Zither auf dem Paradiesgärtlein, um 1410, Frankfurt, Städel Museum.

CHRISTI GEBURT → S. 72 f.

CHRISTUSBILD, Christusdarstellungen → S. 88 f., Abb. **64–75**

CHRISTUS IM ELEND: Die Darstellung des leidenden Christus mit Lendentuch und Dornenkrone, ohne Wundmale, meist sitzend, gehört zum Typus des im 15. Jh. aufkommenden → Andachtsbildes. Typologisch (→ Typologie) dem leidenden Hiob aus dem AT zugeordnet, stellt es den nach der Kreuztragung ermattet ausruhenden Christus dar. Trägt Christus einen Mantel um die Schultern, ruht er nach der Dornenkrönung. Abb. **70**

CHRISTUS-JOHANNES-GRUPPE, → Andachtsbild (14.–16. Jh.). Aus Abendmahlsszene gelöste Skulpturengruppe mit Jesus, an dessen Brust Johannes ruht.

142 Christus und Johannes, Abendmahl, Speculum humanae salvationis, Universitätsbibliothek Würzburg, 1427 (Ausschnitt)

CHRISTUSMONOGRAMM, symbolisches Zeichen für den Namen Christus, gebildet aus den griech. Anfangsbuchstaben (XR). Seit dem 15. Jh. auch das Zeichen IHS, gedeutet als **I**esus **h**yiós **s**otér (griech. = Jesus, Sohn [Gottes], Erlöser), »**I**esus **h**ominum **s**alvator« (lat. = Jesus, Erlöser der Menschen). Volkstümlich: **J**esus, **H**eiland, **S**eligmacher.

DECKENGEMÄLDE, DECKENMALEREI, barocke. Mithilfe technisch perfekter Kompositionen und raffiniert eingesetzter Perspektive (starke Verkürzungen, Froschperspektive) erzeugen die Maler illusionistische Welten, die direkt in den Himmel zu führen scheinen. Architektonisch flache Decken werden durch die barocke Malerei scheinbar zu unendlichen Höhen geöffnet. In der Bildkomposition wird die Diagonale bevorzugt, die eine dynamische Wirkung hat. Personendarstellungen sind durch eine starke, oft übertriebene Gestik und Mimik gekennzeichnet. Heiligenfiguren haben einen verklärten, zum Himmel gewandten Blick. Verdeckte Lichtquellen heben hervor und werfen zugleich starke Schatten, sodass Figuren und Gegenstände vollplastisch erscheinen. → Barock, S. 176 ff.

DIPTYCHON (griech. doppelt, gefaltet), zweiteiliges Bild bzw. → Altar ohne feststehenden Mittelteil.

DREIFALTIGKEIT → Trinität, Trinitätssymbole.

DRUCKGRAFIK, bildnerische Technik, die mithilfe stempelartiger Druckplatten (Holz, Metall, Stein, Linoleum) lineare oder flächige Zeichnungen vervielfältigt. (→ Bildtechniken). Man unterscheidet Hoch-Tief-, Flach- und Durchdruck. Beim Holz-schnitt (oder dem feineren Holzstich) werden Druckformen in eine Holzplatte geschnitten, die Oberfläche mit Farbe eingewalzt und abgedruckt. Von der Niello-Technik der Goldschmiede abgeleitet ist der Kupferstich. Mit einem Stichel werden tiefe Rillen in Metall geritzt, in die Druckfarbe gerieben wird. Die Platte wird gesäubert und unter Druck die Farbe aus den Rillen auf angefeuchtetes Papier übertragen. Auch auf chemischem Wege (im Säurebad) werden Metallplatten zur Radierung geätzt. Ihr Strich und Körnung sind feiner als beim Kupferstich, Flächenschattierungen sind möglich. Als Flachdruck wird die Lithografie = Steindruck bezeichnet. Auf dem Prinzip Fett abstoßender und Fett annehmender Flächen wird geätzt, gummiert und mit großen Maschinen gedruckt, was vorher mit Fettkreide oder Tusche aufgetragen wurde. In neuerer Zeit sind der Siebdruck (Durchdruck) und der Offsetdruck beliebt. Bei fast allen Druckarten ist die notwendige Seitenumkehrung einzukalkulieren.

DEUTEGESTUS, Geste, mit der z.B. Johannes der Täufer auf Grünewalds Isenheimer Altar auf den Gekreuzigten weist und bedeutet: »Seht das Lamm Gottes, das die Sünde der Welt hinwegnimmt« (Joh 1,29). Abb. **92.**

DONATOR, (lat. einer, der schenkt), Stifter eines Kunstwerks zum Schmuck einer Kirche. Auf Bildtafeln des frühen Mittelalters als kleine, am unteren Rand kniende Figur: meist mit der ganzen Familie dargestellt, doch nach Männern und Frauen getrennt und nach Alter und Familienhierarchie geordnet (→ Raumsymbolik). Der Stifter hoffte, sich durch die Gabe eine Versicherung auf das Jenseits erworben zu haben:

Die Geistlichkeit war z. B. nach der Schenkung eines Altars verpflichtet, an bestimmten Tagen an diesem Altar für das Seelenheil des Stifters und seiner Familie zu beten. Abb. **59**.

DISTEL, auf Marienbildern Sinnbild der durch Christus überwundenen Sünde oder auf das Hohelied bezogen. Auf Passionsbildern weisen Dornen und Disteln auf die Dornenkrone, das Leiden der Kreuzigung. Auch der Distelfink in der Hand des Jesuskindes erinnert an die Passion.

DRACHE, in der Offenbarung des Johannes (Offb 12,9) Symbol für den Teufel, das Prinzip des Bösen. Christus erscheint auch als Drachenbezwinger.

DREI KÖNIGE, die Anbetung der Hl. Drei Könige (auch Magier, Sterndeuter, Weise aus dem Morgenland, nach der Weihnachtsgeschichte Mt 2) gehört zu den ältesten und beliebtesten Bildthemen christlicher Kunst. Gold, Weihrauch und Myrrhe sind ihre Gaben, die von den Kirchenvätern als Sinnbilder des Königstums (Gold), der Gottheit (Weihrauch) und der Passion Christi (Myrrhe) gedeutet wurden. Die drei Könige wurden auch als Vertreter der Lebensalter dargestellt oder der drei im Mittelalter bekannten Erdteile.

ECCE HOMO, zeitlich jüngste Darstellung aus dem Kreis der Passionsthemen (15. Jh.): Christus mit Dornenkrone, Spottmantel und Rohr-Zepter zur Schau gestellt.

ECCLESIA UND SYNAGOGE, weibliche Sinnbilder für die christliche Kirche und das Judentum, wobei die Ecclesia immer auf der rechten (wichtigeren) Seite steht, die Synagoge auf der linken.

143 Ecclesia und Synagoge, Straßburger Münster, Südportal, um 1230

EMMAUSSZENE, häufig gemalte Szene nach Lk 24,13–25, wo zwei Jünger den auferstandenen Christus beim Brotbrechen nach einem gemeinsamen Gang nach Emmaus erkennen.

ENGEL → S. 54 ff.

ERZENGEL, sieben (→ Zahlensymbolik) E. umstehen als ranghöchste Engel (in Herrschertracht und manchmal mit Pfauenflügeln) den Thron Gottes (Ostkirche). Erzengel Michael seit dem 6. Jh. Begleiter Christi und oft mit Schwert dargestellt, Kämpfer gegen den apokalyptischen Drachen, Führer der Seligen ins Paradies (→ Engel). Gabriel tritt auf Verkündigungsszenen Maria gegenüber. Raphael ist der schützende Begleiter des Tobias (Schutzengel).

144 Erzengel Michael

195

ESEL, geduldiges Last- und Reittier, begegnet vor allem in vier Szenen: 1. der weise Esel des Sehers Bileam (Num 22–24), 2. bei der Geburt Jesu, neben dem Ochsen, entsprechend Jes. 1,3: »Der Ochse kennt seinen Besitzer, und der Esel die Krippe seines Herrn.«; 3. als Reit- und Lasttier auf Darstellungen der »Flucht nach Ägypten« oder zuvor, wenn Josef die schwangere Maria nach Bethlehem führt; 4. auf einer Eselin (Palmesel) reitet Jesus in Jerusalem ein, zuweilen ist auch ein Eselfohlen daneben zu sehen.

145 Einzug in Jerusalem, Maestà-Altar, Siena, 1311

EVANGELISTENSYMBOLE, den Visionen Ezechiels und der Apokalypse entnommene, den Evangelisten zugeordnete Symbole: Engel = Matthäus, Löwe = Markus, Stier = Lukas, Adler = Johannes.

146 Evangelistensymbole

EXPRESSIONISMUS → S. 180

FAHNE, Siegeszeichen Christi auf Auferstehungsbildern; das Lamm Gottes (Opferlamm) trägt die Fahne zum Zeichen des Sieges über den Tod (z. B. Genter Altar).

FAMILIE, DIE HEILIGE → S. 74 ff.

FARBENSYMBOLIK. Wie schon in vorchristlicher Zeit haben Farben auch in der christlichen Kunst symbolische Bedeutung:

Gold: verkörpert die Allmacht Gottes. Der Eigenglanz (Metall) symbolisiert das ewige Licht Gottes, die Ewigkeit und die Unsterblichkeit.

Weiß: göttliches Licht (Verklärung), Reinheit, Unschuld; Christus und Engel oft in weißen Gewändern. Als Farbe des ungebrochenen Lichtes auch als absolute Wahrheit und Erleuchtung.

Rot: Farbe des Blutes (Opferblut, Passion, Märtyrer), der Liebe (Johannes), der Macht.

Blau: Farbe des Himmels, der Luft, Symbol der Wahrheit, des Glaubens, der Treue. Marias Mantel ist blau und zeichnet sie als Himmelskönigin aus.

Violett: Mischfarbe aus Blau und Rot, aus göttlicher Wahrheit und göttlicher Liebe. Gewandfarbe Christi auf Passionsdarstellungen. Zeichen der Vollendung seiner Menschwerdung. Liturgische Farbe der Advents- und Weihnachtszeit; auch Zeichen der wahren Weltherrschaft Christi.

Rosa: Mischfarbe aus Rot und Weiß = Einheit von göttlicher Weisheit und Liebe, Fleischfarbe.

Gelb: Ersatzfarbe für Gold, Sonnenlicht, aber auch negative Symbolfarbe für Neid, Eifersucht; oft trägt Judas ein gelbes Gewand, ebenso Juden auf mittelalterlichen Darstellungen.

Grün: Farbe der Hoffnung, der Auferstehung, des irdischen Wachstums, des Kosmos, des Paradieses.

Braun: Erdfarbe (lat. humus = Erde, humilitas = Demut/Armut), Farbe der Einsiedler und Bettelorden.

Schwarz: Finsternis, Trauer, Hoffnungslosigkeit; schwarzer → Nimbus gelegentlich für Judas.

Grau: Zeichen für Auferstehung; als Weltenrichter trägt Christus ein graues Gewand.

FELS, Symbol der Festigkeit (Mt 7,24), auch für Leben spendenden Quell, der aus dem Felsen schießt. Die Quelle ist später auch Symbol für die Seitenwunde Christi am Kreuz (s. Isenheimer Altar, Lamm mit Kreuz, Seitenwunde und Kelch). Auf Himmelfahrtsdarstellungen sieht man Jesus von einem Felsstück (mit Fußabdrücken!) auffahren. Abb. → Himmelfahrt.

FINGER, auf dem Mund bedeutet er eigentlich Schweigen; zeigt jedoch das göttliche Kind auf Mund oder Zunge, so bedeutet es: »Ich bin das Wort.«

FISCH, seit vorchristlicher Zeit Sinnbild für Wasser. Geheimes Erkennungszeichen der ersten Christen. Christus berief seine Jünger zu »Menschenfischern«. F. wurde in frühchristlicher Zeit auch als geheime Abkürzung für den Namen und Titel Jesu gebraucht: Die Anfangsbuchstaben der griech. Bezeichnung für »Jesus Christus, Gottes Sohn, Retter« ergeben das griech. Wort ICHTYS (Fisch). Auf Darstellungen des → Abendmahls können neben dem Brot auch Fische abgebildet sein.

FRESKO (ital. fresco = frisch), Wandgemälde, das mit in Kalkwasser angerührter Farbe direkt auf die neu verputzte Wand (Kalkmörtel, der noch nicht abgebunden hat) aufgetragen wurde. Der Mörtel bindet die Farbe beim Hartwerden. Fresken sind haltbarer, als »trocken« auf die Wand aufgetragene Malereien.

FUSSABDRÜCKE → Himmelfahrt.

FUSSFALL, KNIEFALL, unterwürfige, verehrende Haltung z.B. von → Stiftern, ist Symbol der Unterwerfung unter die Herrschaft Christi.

GEFANGENNAHME JESU UND JUDASKUSS, im Mittelalter oft in einer Szene zusammengefasst, bekannte Darstellungen u.a. bei Giotto.

147 Giotto, Gefangennahme, Fresko der Arena-Kapelle, Padua, 14. Jh.

GENREBILD, Begriff für Malerei, die seit etwa 1500 n. Chr. typische Abschnitte des alltäglichen Lebens darstellt (bäuerliches, bürgerliches und höfisches Genrebild). Aber auch in der religiösen Kunst, in der im Mittelalter Alltägliches keinen Platz hatte, es sei denn mit symbolischem Gehalt (Breitopf und Wanne auf Geburtsdarstellungen), werden Genreszenen seit der Renaissance einbezogen, besonders auf Darstellungen des Marienlebens.

GESTIK → mittelalterliche Malerei, S. 165 f.

GLEICHNIS, von Jesus zur Verdeutlichung seiner Botschaft gebrauchte Aussageweise. Eines der bekanntesten und in der Kunst des 17. Jhs. vielfach dargestellt, ist das Gleichnis vom verlorenen Sohn. Aber auch andere, z.B. vom barmherzigen Samariter, dem guten Hirten, vom Weinberg, den klugen und törichten Jungfrauen und dem Sämann, wurden häufig abgebildet.

GNADENSTUHL → Andachtsbild: Gottvater hält den Gekreuzigten auf dem Schoß.

148 Gnadenstuhl, Wiesenkirche Soest, 13. Jh.

GOLD UND GOLDGRUND: Die Verwendung von Blattgold, dem edelsten, beständigsten und kostbarsten Metall, auf Bildwerken versinnbildlicht göttliche Vollkommenheit, Ewigkeit und himmlisches Licht. Ein Goldhintergrund ist glänzend, aber undurchdringlich. Er kann Zeichen sein für göttliche Herrlichkeit und zeigt eine Bildszene, die der irdischen Alltäglichkeit enthoben ist. Gold symbolisiert himmlische Regionen. Irdische Realität bleibt ausgeschlossen. In der frühchristlichen und byzantinischen Kunst (Ikonen und Mosaik) ersetzte der Goldgrund seit dem 4. Jh. den

bis dahin in der Antike üblichen naturalistisch-idealistischen, räumlich gestalteten Hintergrund.

GOTT, GOTTESBILD → S. 20 ff.

GRABLEGUNG CHRISTI: Im Osten wurde in Fels- bzw. Höhlengräbern bestattet, im Westen in Sarkophagen, entsprechend wird auf Darstellungen der nach jüdischer Sitte in Leinenbinden gewickelte Leib Jesu ins Grab gelegt. Seit dem 13. Jh. steht oft Maria als von ihrem Sohn Abschied nehmende Mutter im Vordergrund. Im 20. Jh. u.a. bei Emil Nolde.

GRISAILLE (franz.), Gemälde auf Holz, Glas, Leinwand, Porzellan, das in den Abtönungen nur einer einzigen Farbe, meist steingrau gehalten ist.

GRÜNEWALD, Mathis Gothart Nithart (um 1480, Würzburg – etwa 1528, Halle), Maler und Baumeister, Hauptwerk Isenheimer Altar (1513–15) für das Antoniterkloster Isenheim. Zeitgenosse Dürers und Cranachs. In seinen Werken verbinden sich subjektiv-religiöse Leidenschaft mit scharf beobachtender Wiedergabe des Gegenständlichen (Landschaft, Figuren ...), wobei das Geistige der Anschaulichkeit übergeordnet bleibt. So verkörpert er die Wende vom Mittelalter zur Neuzeit, weist aber durch seine Ausdruckskraft in Komposition, Linie, Form und Farbe weit über seine Zeit hinaus. Besonders bekannt ist seine Darstellung des Gekreuzigten. Abb. **92**.

HAND. Die Hand Gottes, aus den Wolken greifend, ist Symbol für Himmelfahrt. Der Griff ans Handgelenk ist Symbol für Hilfeleistung durch Gott. Die erhobene Hand mit angewinkeltem Arm entspricht der antiken Herrschergebärde und wurde in der frühchristlichen Kunst zum Segensgestus. Sind an der zum Betrachter hin geöffneten Hand Daumen, Zeige- und Mittelfinger gestreckt, Ring- und kleiner Finger abgebogen, handelt es sich um den Redegestus.

149 Himmelfahrt, sog. Reidersche Elfenbeintafel, um 400 (Ausschnitt; s.a. Abb. 152)

HEILIGE FAMILIE → Familie

HEILIGES GRAB, Sonderform des → Andachtsbildes. Sarkophag mit Christus, Wächtern und drei Frauen als plastische Figurengruppe.

150 Andachtsbild mit Heiligem Grab

HEILIGENSCHEIN → Nimbus

HIMMEL, seit frühester Zeit in der menschlichen Vorstellung der Sitz alles Göttlichen, durch blaue Farbe symbolisiert (→ Farbensymbolik, → Kosmos).

HIRSCH, Symbol für die Seele (nach Ps 41,2: »Wie der Hirsch lechzt nach frischem Wasser, so lechzt meine Seele, Gott, nach dir.«). Vier Hirsche um Quell oder Taufbecken sind Hinweis auf die vier Evangelisten oder die vier Paradiesflüsse.

HIRTE, DER GUTE, mit dem Schaf über der Schulter oder inmitten seiner Herde ist ein Symbol für Christus. Ein Hirte mit Stab gilt als Zeichen für die auf Erlösung wartende Menschheit. Abb. **64**.

HIRTEN AUF DEM FELD erschien der Verkündigungsengel und berichtet von der Geburt Jesu. Meist in kurze, römische, gegürtete Gewänder gekleidet. Später auch in anbetender Stellung auf Darstellungen der Geburt zu finden.

151 Geburt Christi, Egbert-Codex, Reichenau, um 980

HIMMELFAHRT CHRISTI, wichtiges, seit 4. Jh. dargestelltes Bildthema aus dem Passions- und Auferstehungsgeschehen (Apg 1). Man unterscheidet Darstellungen des schreitenden Christus (Christus schreitet mit großen Schritten einen steilen Abhang empor) und des schwebenden Christus (Christus schwebt auf Wolken empor, wird von Engeln emporgetragen oder ergreift Gottes Hand, die ihn hinaufzieht). Seit der Gotik schwebt Christus aus eigener Kraft gen Himmel. Christus im oberen Bildteil (umgeben von einer → Mandorla) wird von Engeln getragen, im unteren Bildteil schaut ihm eine Gruppe trauernder Jünger (auch Maria und Johannes und deutende Engel) ungläubig staunend nach. Auf späteren volkstümlichen Darstellungen: Fußabdrücke auf dem Hügel oder Kleidersaum und Füße des entschwindenden Christus am oberen Bildrand.

152 Schreitender Christus, sog. Reidersche Elfenbeintafel, Bayerisches Nationalmuseum, München, um 400

153 Himmelfahrt, Miniatur aus dem Egbert-Codex, Reichenau, um 980

154 Himmelfahrt, Perikopenbuch Kaiser Heinrichs II., Reichenauer Schule, um 1010

155 Himmelfahrt, Kölner Meister, Flügelaltärchen, Wallraf-Richartz-Museum, Köln (entschwindender Christus, Fußabdruck unten), 1300–1330

HIMMLISCHES JERUSALEM, das in der Offenbarung des Johannes dargestellte Sinnbild des Reiches Gottes und das den Auserwählten geltenden Paradieses, eine Stadt mit quadratischen Grundmauern (Symbolik der vier Elemente), vier Türmen (vier Evangelisten), 12 Toren (12 Stämme Israels), 12 Grundsteinen (12 Apostel), dem Thron Gottes und dem → Lamm (für Christus) im Zentrum, über der Quelle eines Flusses (Wasser des Lebens), zu beiden Seiten ein Baum des Lebens. In der Malerei des 15. Jhs. auch als mittelalterliche Stadt dargestellt.

156 Das himmlische Jerusalem, Bamberger Apokalypse (Reichenau), Staatsbibliothek Bamberg, 11. Jh.

HÖLLENFAHRT, der Hinabstieg Christi in die Unterwelt unmittelbar nach seinem Tod, um die Seelen der Gerechten zu befreien. Im ostkirchlichen Raum unter dem Namen Anastasis (griech.; eigentl. Auferstehung) weit verbreitetes Bildmotiv mit festem ikonografischem Programm. Im Westen wird bei der Darstellung stärker der Kampf mit den Mächten der Hölle betont.

HUT. Der spitze Judenhut gehörte seit dem 13. Jh. zur Tracht der Juden. Er kennzeichnet die Propheten des AT und den Nährvater → Josef.

IKONE (griech. eikon = Bild), auf Holz gemaltes Tafelbild der griech.-orthodoxen Kirche, auf dem Christus, Maria, Heiligengestalten oder biblische Szenen dargestellt sind. Die Ikonenmalerei ist streng vorgeschriebenen Regeln unterworfen, die nur eine beschränkte stilistische Entwicklung zuließen. Ikonen werden verehrt, aber nicht angebetet. Das Urbild (Prototyp) wird durch Kopisten immer wieder nachgemalt, es gilt als nicht von menschlicher Hand gemalt.

IKONOGRAFIE, Wissenschaft vom Bildnis; Beschreibung und Erklärung der Bildinhalte.

IKONOKLASMUS, Bilderstreit, s. S. 157.

IKONOSTASE, eine aus → Ikonen zusammengesetzte Bildwand in orthodoxen Kirchen, die die Apsis mit dem Allerheiligsten abschirmt wie in westlichen Kirchen der Lettner.

ILLUSIONISMUS (lat. illudere = täuschen), Darstellungsform, die die Wirklichkeit vortäuscht. Im Barock weit verbreitete Vorspiegelung räumlicher Tiefe auf ebenen Flächen (→ Deckenmalerei in barocken Kirchen).

INRI, Inschrift am Kreuz Christi. Abkürzung von Iesus Nazarenus Rex Iudaeorum (lat. = Jesus von Nazaret, König der Juden), die nach dem Evangelisten Johannes (19,19) Pilatus am Kreuz anbringen ließ. → Kreuzigung.

INKARNAT, kunstgeschichtlicher Begriff für Fleischfarbe in der Malerei.

INKARNATION (lat. incarnatio = Fleischwerdung), Vorstellung vom Eingehen eines göttlichen Wesens in menschliche Gestalt. In der christlichen Religion die Vorstellung von der Menschwerdung Gottes in Jesus Christus.

JOSEF, im Mantel oder Umhang: Zeichen für Pflegevaterschaft, da nach mittelalterlichem Recht Adoption durch »unter den Mantel nehmen« vollzogen wird (Mantelrecht). Josef ohne Schuhe: → Barfüßigkeit: Demutzeichen. Josef mit Hausarbeit beschäftigt (Hantieren am offenen Feuer, mit dem Breitopf etc): Hinweis auf Nährvaterschaft. Josef mit Wasserkübel weist auf Bad der Taufe, auf die Menschlichkeit Jesu Christi → Christi Geburt.

JUDASKUSS, Verrat des Judas, eines Jüngers Jesu, der bei der Gefangennahme am Ölberg Jesus mit einem Kuss den Soldaten kenntlich machte. In der Kunst wird Judas, der für 30 Silberlinge (Preis eines Sklaven) Jesus verriet, seit dem Mittelalter oft negativ dargestellt (gelbes Gewand → Farbensymbolik, im 13. Jh. spitzer Judenhut).

157 Judaskuss, Relief, Portal Saint-Gilles-du-Gard, 12. Jh.

JUDASLOHN: Nach dem Verrat will Judas den Verräterlohn den Hohepriestern zurückgeben, wird aber abgewiesen und erhängt sich. Auf einigen Darstellungen treten ihm die Gedärme aus dem aufgerissenen Leib, weil man sich nicht vorstellen konnte, seine verdammte Seele habe den durch den Kuss geheiligten Mund verlassen können (Münster Freiburg, 1290–1310). Auch mit einem Bock (Satan) wird Judas am Baum dargestellt (Münster Straßburg, um 1275). Manchmal trägt er noch den Geldbeutel in Händen. Auf Höllenfahrtdarstellungen ist er der ewig verdammte Mensch.

158 Jüngstes Gericht, Ingeborg-Psalter, franz., Chantilly (Ausschnitt), 13. Jh.

JÜNGSTER TAG, JÜNGSTES GERICHT, Vorstellung eines endzeitlichen Gerichtsaktes, in dem Christus, wie in Mt 25 angekündigt, als Weltenrichter in ausgleichender Gerechtigkeit die Guten belohnt und die Schlechten bestraft.

JUNGFRAUEN, TÖRICHTE UND KLUGE, nach dem Gleichnis in Mt 25, schon in der frühchristlichen Malerei (Katakomben), besonders aber im Mittelalter verbreitete Darstellung im Zusammenhang mit dem Weltgericht.

KATAKOMBE (lat.), Bezeichnung für frühchristliche Grabanlagen zur Zeit der Christenverfolgung, unterirdisch vor den Toren Roms. Zur Bestattung der Toten wurden in die Wände der Gänge Nischen gehauen, deren Decken und Wände als Malgrund für frühchristliche Darstellungen aus AT und NT dienten.

KIRCHENLEHRER, KIRCHENVÄTER, seit dem 5. Jh. bekannter Begriff, vom Papst oder einem Konzil mit dem Titel Doctor ecclesiae ausgezeichnete Theologen und Kirchenschriftsteller, die in der kath. Kirche als Heilige verehrt werden. Ambrosius, Augustinus, Gregor I. und Hieronymus gelten als die vier großen Kirchenlehrer, oft an Kanzelbrüstungen abgebildet (zuerst in antiker Tradition als Autorenporträt beim Schreiben der Bücher, später mit anderen Attributen).

KLEIDERSPRACHE: Auf mittelalterlichen Bildwerken abgebildete Kleider, Trachten, Faltenwürfe und Stoffe versinnbildlichen durch unterschiedliche Farbe und Reichtum des Kleiderschnittes Rangunterschiede, z.B. zwischen Maria und Josef. In der christlichen Kunst zeigen Kleider nicht nur Volkszugehörigkeit (z.B. phrygische Tracht der Hl. Drei Könige), sondern auch bestimmte Ämter (Hohepriester) an. Es ist zwischen weltlichen (modisch gekleideten) und heiligen Figuren (in klassisch-antikem Stil) zu unterscheiden.
Fellkleidung: Zeichen genügsamen Lebens des Einsiedlers (Wüstenbewohners), z.B. Isenheimer Altar. Auch als Attribut für Adam und Eva nach dem Sündenfall.
Mantel: Sinnbild des Schutzes, Attribut der → Schutzmantelmadonna.
Falte: Dreifach gelegte Gewandfalte → Trinitätssymbol.
Pneumazipfel: → Pneumazipfel. Ähnliche Bedeutung hat das Windelband, das auf frühen Darstellungen vom gewickelten Kind herabhängt oder von ihm gehalten wird. Sinnbild für: »Ich bin das Wort«.
Lendentuch Christi und Windel des Kindes: Auf dem Isenheimer A. durch gleiche Beschaffenheit (zerfetztes weißes Tuch) zueinander in Beziehung gesetzt.
Windel: Messiaszeichen, Hinweis auf die Passion Christi.

KOSMOS, Sonnenscheibe, Mondsichel, Sterne. Die Gestirne symbolisieren das Weltall und Gottes Schöpfung. Die Sonnenscheibe erscheint auch als Nimbus über dem Haupt Gottes oder auch als Aureole, z.B. um das Haupt des auferstehenden Christus. Sie steht für das hervorbrechende

159 Gott der Schöpfer der Gestirne und Lebewesen, Glasfenster, Elisabethkirche, Marburg, 13. Jh.

Licht am 1. Schöpfungstag (Gen 1,3), oftmals zugleich für Christus, als Zeichen für den präexistenten Logos, wie bei Johannes (1,1–4) beschrieben: »Am Anfang war das Wort ...« Die christliche Sonnensymbolik geht auf römische Vorbilder zurück.

Im Mittelalter wird Maria mit der Himmelserscheinung aus der Apokalypse identifiziert (Offb 12,1–8) und oft auf Mond oder Mondsichel stehend dargestellt, mit einer Krone aus 12 Sternen und von Sonnenstrahlen umgeben. Sonne und Mond zugleich als Reinheitssymbol (vgl. Hld 6,10).

Über Kreuzigungsdarstellungen finden sich Sonne und Mond rechts und links (Lk 23,45: »Die Sonne verdunkelt sich.«). In diesem Zusammenhang werden Sonne und Mond von den Kirchenvätern auch als Sinnbild für AT und NT bzw. auch für Synagoge und Ecclesia bezeichnet. Alten Herrschersymbolen folgend, können sie neben dem Gekreuzigten auch seiner Verherrlichung dienen. Sie zeigen Jesus inmitten der Auserwählten in himmlischen Gefilden trotz seiner Erniedrigung am Kreuz.

Sterne auf Schöpfungsbildern, auf Darstellungen von Abraham oder Bileam, vor allem als Stern, der die drei Weisen nach Bethlehem führt. Hier auch Hinweis auf das ins christliche Gedankengut übernommene astrologische Wissen der Antike. Der Weihnachtsstern kann eine verschieden große Anzahl von Zacken haben (8,7,6 und 5; → Zahlensymbolik).

KREUZ, weist als universales Symbol, das von Anfang an mit der Welt und den sich schneidenden Achsen von Himmel und Erde in Verbindung gebracht wurde, weit in früheste Zeiten verschiedener Kulturkreise zurück. Es ist wie das Quadrat durch die Vierzahl (→ Zahlensymbolik) gekenn-

zeichnet. Seit dem 4. Jh. ist das leere Kreuz Symbol des Leidens und der Macht Christi, Zeichen des ewigen Sieges und eines der zentralen Symbole der Christenheit. Es begegnet als Segensgestus und als → Leidenswerkzeug der Passion.

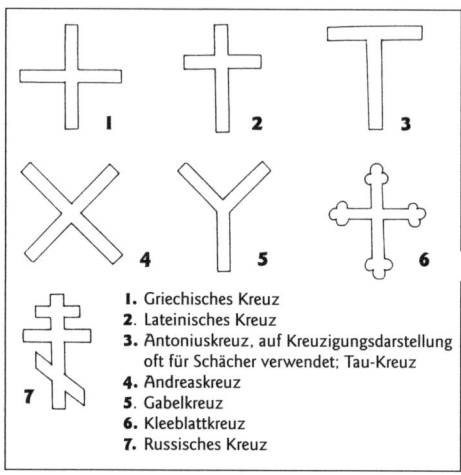

1. Griechisches Kreuz
2. Lateinisches Kreuz
3. Antoniuskreuz, auf Kreuzigungsdarstellung oft für Schächer verwendet; Tau-Kreuz
4. Andreaskreuz
5. Gabelkreuz
6. Kleeblattkreuz
7. Russisches Kreuz

160 Kreuzformen

KREUZFAHNE, Symbol des auferstandenen Christus. Zeichen seines Sieges über Tod und Teufel (Höllenfahrt), Attribut der Hoffnung. Oft in Verbindung mit dem → Lamm.

161 Lamm mit Kreuzfahne, Schlussstein St. Lorenz, Nürnberg

KREUZNIMBUS → Nimbus.

KREUZIGUNG, im Altertum übliche, nach römischem Recht entehrende Art der Hinrichtung von Männern. Der zum Tode

Verurteilte wurde entkleidet, sein Haupt verhüllt, ein Querholz in seinen Nacken gelegt, die Hände angenagelt oder festgebunden. Darauf wurde das Holz an einem auf der Richtstätte aufgestellten Pfahl hochgezogen und die Füße daran oder an einem kleinen Querholz festgebunden.

KREUZIGUNG CHRISTI, CHRISTUS AM KREUZ → S. 117

KRUZIFIX (lat.), Kreuz mit dem Körper des gekreuzigten Jesus.

LAMM, Symbol Jesu, → Allerheiligenbild, → Lamm Gottes, → Christus; s. Abb. 161 mit → Kreuzfahne.

LAMM GOTTES (lat. agnus dei), Christus als der → gute Hirte, trägt auf Malereien in → Katakomben ein Lamm über der Schulter. Die Vorstellung von Christus als Lamm Gottes stammt von Johannes dem Täufer (»Seht das Lamm Gottes, das die Sünde der Welt hinwegnimmt«, Joh 1,29). Auch in der → Apokalypse wird berichtet, neben dem Thron Gottes stehe ein Lamm inmitten der vierundzwanzig Ältesten und der vier Wesen (Offb 5,6). Das siegreiche Gotteslamm mit Kreuzstab, Kreuzfahne und Kelch, in dem aus einer Seitenwunde das Blut fließt, ist ein beliebtes Christussymbol. Das Lamm ist auch Symbol für Unschuld und Demut, denn es wird geopfert. Mehrere Lämmer verweisen auf Lk 10,3: »Ich sende euch wie Schafe mitten unter die Wölfe.« Auf Bildern zum Jüngsten Gericht (Mt 25,33) sind Schafe zur Rechten und Böcke zur Linken dargestellt; → rechte und linke Seite.

162 Der gute Hirte, Katakombenmalerei, aus der Nekropole von Cyrene (Ausschnitt), 3. Jh.

LEBENSBAUM, BAUM, Symbol für Leben, im Gegensatz zum negativ belegten Baum der Erkenntnis (Schöpfung); mit dem Holz des Kreuzes in Verbindung gebracht. Mit Blättern. Ästen, Früchten (gelegentlich als Rosenbusch, Weinstock oder Eiche) Sinnbild für Hoffnung. Als Rebe mit Trauben (Hinweis auf Eucharistie) Zeichen der Erlösung. Abgebildet auf mittelalterlichen Reliefs, auf Türbogenfeldern (→ Tympanon), entweder allein (auch mit Maria) oder dem Baum der Erkenntnis (Eva) gegenübergestellt. → Paradies; S. 38.

LEBENSBAUMKREUZ, Darstellungen des gekreuzigten Jesus, statt an einem Holzkreuz an einem blätter-, blüten- oder früchtetragenden Baum als Zeichen, dass aus dem Opfertod neues Leben entsteht. → Lebensbaum, → Triumphkreuz.

LEGENDA AUREA, volkstümliche Sammlung von Heiligenlegenden, von dem Dominikanermönch Jacobus de Voragine verfasst (1263–73). Neben der Bibel wichtigste Quelle christlicher Bildthemen im Mittelalter.

LEIDENSWERKZEUGE, bis zu 30 auf spätmittelalterlichen Bildwerken dargestellte Gegenstände aus der Geißelung, Dornenkrönung und Kreuzigung Jesu. Sinnbilder

205

des Leidens Christi. Bis zum 12. Jh. als Herrschaftszeichen auf gotischen Portalreliefs, Bestandteile von Weltgerichtsdarstellungen, im 13. Jh. umgeben sie Darstellungen des → Schmerzensmannes. Ab dem 15. Jh. weisen sie bereits in Geburtsdarstellungen auf die Passion hin. Folgende Gegenstände treten auf: Kreuz, Kreuzesinschrift, Essigschwamm auf Stock, Eimer, Geißelsäule, Fesseln, Lanze des Longinus, Leiter und Haltetücher der Kreuzabnahme, Rohrstock, mit dem die Kriegsknechte schlugen, 30 Silberlinge des Judas, die oft aus einem umgekehrten Geldbeutel fallen, fünf Wundmale, auch als Rosen dargestellt, Zange, Würfel, Mantel, spuckender Kopf, Hammer und Nägel, Wasserbecken, in dem Pilatus seine Hände wusch, Dornenkrone.

163 Christus mit Leidenswerkzeugen, umbrisch, Wallraf-Richartz-Museum, Köln, um 1500

LEITER, im AT die Himmelsleiter in Jakobs Traum, im NT eines der Leidenswerkzeuge bei Kreuzigung und Kreuzabnahme.

LETTNER, Abtrennung des Chors in mittelalterlichen Kirchen durch eine halbhohe Wand. Oft künstlerisch reich gestaltet.

LICHT, LICHTSYMBOLIK → S. 21; 121; 159

LILIE, wichtiges Pflanzensymbol in der christlichen Kunst, besonders in Mariendarstellungen, Zeichen der Reinheit und des göttlichen Lichts. Als Paradiesblume auch Sinnbild für Christus auf frühchristlichen Darstellungen. Im Mund des Weltenrichters auf mittelalterlichen Darstellungen Schwert (weltliche Macht) und Lilie (Gnade). Lilienzepter als Herrschaftszeichen von Gottvater, Christus und Maria als Himmelskönigin. Auf Verkündigungsszenen trägt der Engel Gabriel eine Lilie oder Lilienzepter, oder eine weiße Lilie in der Vase weist auf Mariens Reinheit und Keuschheit hin. Rote Lilien sind Zeichen der Passion Christi. Als Symbol der Unschuld auch Attribut von Heiligen.

LÖWE → Evangelistensymbol für Markus.

LOGOS (griech. Geist), nach dem Johannes-Evangelium der Anfang aller Dinge.

LUKAS, der Tradition zufolge Verfasser des 3. Evangeliums und der Apostelgeschichte. Wegen seiner liebevollen Schilderung der Weihnachtsgeschichte entstand seit dem 8. Jh. die Legende, er sei Maler gewesen und habe die Mutter Gottes gemalt. Im 15. Jh. beliebtes Bildthema (Rogier van der Weyden, München Alte Pinakothek), Schutzpatron der Maler (Lukasgilden), Symbol: Stier; Attribute: u.a. Buch/Buchrolle, Schreibzeug, Malgerät, auch Taube oder Engel, die ihn inspirieren. Gelegentlich haben Maler sich in ihm und seinen Gesichtszügen selbst dargestellt.

MAJESTAS DOMINI (lat. Herrlichkeit des Herrn), monumentale Darstellung des thronenden Christus, die Rechte zum Segen erhoben, in der Linken ein Buch. Abb. **67**.

MANDORLA → Nimbus, Heiligenschein.

MARIENDARSTELLUNGEN, neben dem Leben Jesu wichtigster Themenbereich christlicher Kunst. Frühe Darstellungen in Katakomben und auf Sarkophagen. Ab dem 12. Jh. als Madonna mit Kind im Zusammenhang mit Geburt und Leben Christi, als stillende Maria (→ Maria lactans), als Maria auf der Mondsichel (das mit der Sonne bekleidete Weib, das den Mond unter den Füßen hat, aus der Offenbarung des Johannes 12,1), als Maria im Paradiesgärtlein usf. Mit zunehmender Marienverehrung ab 1300 neben dem im Osten schon seit 900 häufigen Marientod und der im Westen seit dem 12. Jh. üblichen Marienkrönung zunehmend auch Darstellungen des Marienlebens. Maria zunächst als majestätisch strenger Typus mit dem Kind auf dem Schoß (Kind oft als kleiner Erwachsener), später in lieblich-bürgerlicher Haltung zärtlich mit dem spielenden Kind. Oft mit ernstem, in die Ferne gerichteten Blick (die Passion vorausschauend), während das Kind sorglos mit einem Vogel (Symbol für die gerettete Seele der Gläubigen) oder Apfel spielt (auch Weintraube, was auf Sündenfall und auf Erlösung durch Christi Blut hinweist). Vielfach begegnet Maria im Rosenhag (Verweis auf den Dornbusch bei Mose und auf das Hohelied). Auf → Passionsdarstellungen unter dem Kreuz oder bei der Grablegung sowie auf Andachtsbildern ist Maria als weinende und trauernde Mutter (→ Vesperbild, → Pietà) wiedergegeben. Verbreitet ist auch der Typus der → Schutzmantelmadonna sowie der → Rosenkranzmadonna (15. Jh., idealisierte Schöne Madonna) und Madonna im Gehäus mit Heiligen und Stiftern auf irdischem Schauplatz abgebildet. → Verkündigung.

MARIENLEBEN. Wichtige Szenen sind u.a. Anna und Joachim, die Eltern Mariens, Geburt, Gang in den Tempel, Verlobung, Verkündigung an Maria, Heimsuchung, Geburt Christi, Anbetung der Hirten/Drei Könige, Beschneidung Jesu, Darbringung Jesu im Tempel, Flucht nach Ägypten, Heilige Familie/Sippe, Zwölfjähriger Jesus im Tempel (Kanzelrelief Dom zu Naumburg); Hochzeit zu Kana, Passion, Kreuzabnahme, Beweinung, Grablegung, Erscheinung des Auferstandenen vor Maria, Pfingsten, Tod und Himmelfahrt Mariens, Krönung, Zyklus der sieben Schmerzen/sieben Freuden Mariens.

MARIA LACTANS. Vielleicht stammt das Vorbild aus Ägypten, wo die Göttin Isis den Horusknaben stillt. Im christlichen Sinn verwendet, soll dieser Bildtypus Maria als Spenderin des Heils zeigen.

164 Maria lactans, Fresko, Höhle von Greccio, 1. Hälfte 15. Jh.

MARIENSYMBOLE, auf Vergleichen mit Sinnbildern aus dem AT besonders des Hohenliedes beruhende Symbolik zur Verherrlichung der Maria (vgl. Lauretanische Marienlitanei): Sonne, Mond, geschlossener Garten (hortus conclusus, → Paradies), Quell der Gärten, Brunnen, lebendiges Wasser, Zeder, Ölbaum, Palme, Lilie, Rose ohne Dornen, Spiegel ohne Flecken, Turm Davids, Stadt Gottes, Pforte des Himmels. In zahlreichen Barockkirchen Süddeutschlands finden sich die Symbole der Verherrlichung Mariens an Deckengemälden, z. B. Aufkirchen (Starnberger See), Wallfahrtskirche Steinhausen und Kapelle der Residenz München.

MINIATURMALEREI → Buchmalerei.

MOND → Kosmos; drei im Kreis angeordnete Hasen mit nur drei Löffeln symbolisieren die Flüchtigkeit der Zeit in ihrem Kreislauf (Lauf des Mondes), nicht, wie häufig angenommen, die Hl. Dreifaltigkeit. Diese wird von drei Fischen symbolisiert, s. Abb. 14.

165 Drei Hasen, Dom zu Paderborn, 16. Jh.

MYSTERIENBÜHNE in Barockaltären. Eine heute fast vergessene Form der theatermäßigen Inszenierung biblischer Geschichten: Vor einem beweglichen Altarbild wurde in der Passionszeit die kulissenartige Bühne für drei Szenen geöffnet: Christus am Ölberg, Kreuzigung und Auferstehung. Mechanische Vorrichtungen ermöglichten es, die überlebensgroßen Figuren zu bewegen und sie agieren zu lassen: Abb. 115.

MYSTIK, in der Religionsgeschichte weit verbreitete Form religiösen Verhaltens: Durch Frömmigkeit, Meditation, geistige Versenkung und Askese wird eine besonders innige Verbindung mit Gott angestrebt.

NIMBUS (lat. Wolke), umstrahlte nach antiker Auffassung als überirdischer Glanz (→ Kosmos) die Häupter von Göttern, Heroen und Herrschern. Die christliche Kunst hat den Heiligenschein um den Kopf göttlicher oder heiliger Personen aus der antiken Kunst übernommen. Etwa seit dem 2. Jh. sind nimbierte Christusdarstellungen auf Sarkophagen bekannt. In der frühchristlichen Kunst besteht der N. aus zwei parallelen Kreisen. Christus, Gottvater und die Taube des Heiligen Geistes, ebenso die auf manchen Darstellungen aus dem Himmel herabreichende Hand Gottes tragen einen sog. Kreuznimbus, der durch ein unterteilendes Kreuz gekennzeichnet ist und zugleich die Einheit der Dreifaltigkeit symbolisiert. Für diese steht gelegentlich auch ein dreieckiger Nimbus (→ Trinitätssymbol). Der den ganzen Körper des auferstehenden Christus (auch Maria) umgebende Lichtglanz wird auch Aureole genannt (lat. aureus = golden) oder Glorie (lat. gloria = Ruhm). Hier handelt es sich offensichtlich um eine noch gesteigerte Bedeutung des N., die nimbierte Figur wird zur Lichterscheinung. Ist sie mandelförmig, heißt sie Mandorla. Sind Gestalten aus der Bibel von einer Mandorla umgeben, so kann diese auch den bergenden Schutz Gottes symbolisieren. Die am häufigsten vorkommende Form des Nimbus ist die goldene Scheibe. Der N. kann auch ein Reifen oder Strahlenkranz sein. Stand er auf mittelalterlichen Abbildungen noch bildparallel zur Figur, so wird er in der Renaissance in der gleichen perspektivischen Verkürzung wie der Kopf abgebildet, sobald die Figur im Profil oder mit gebeugtem Kopf dargestellt ist. Seit dem 15. Jh. ziert nur ein schmaler Reif göttliche Figuren (Rembrandt), später kann er ganz fehlen. Einfache Nimben wurden auch für Engel, Apostel, Märtyrer, für Maria und für verehrte Personen üblich, von denen man annahm, dass sie sich als Heilige in himmlischen Gefilden aufhielten. Rechteckige Nimben zeigten noch lebende Personen an, ein schwarzer N. kennzeichnet gelegentlich Judas.

NOTHELFER, DIE VIERZEHN, Gruppe von 14 Heiligen, die seit dem 13. Jh. als besondere Fürbitter bei Gott gelten (Wallfahrtskirche Vierzehnheiligen). Sie werden mit ihren → Attributen dargestellt.

OSTUNG, auch Orientierung, seit dem frühen Mittelalter übliche Ausrichtung christlicher Kirchen mit der Längsachse von West nach Ost, sodass Chor und Altar, die für den Gottesdienst wichtigsten Teile nach Osten, zum Orient, zur aufgehenden Sonne weisen → Licht, Lichtsymbolik, S. 21, 159.

PALME, im Mittelmeerraum als Symbol des Lebens und des Sieges, Siegeszeichen beim Einzug Jesu in Jerusalem, auch als → Lebensbaum und Hinweis auf die Auferstehung, den ewigen Sieg Christi, S. 39.

166a Nimbus aus der frühchristlichen Kunst

166b Kreuznimbus

166c Perspektivisch dargestellter Nimbus

167 Palmesel

PALMESEL, Fahrgestell mit einem hölzernen Esel, auf dem zur Erinnerung an den Einzug in Jerusalem eine lebensgroße Christusfigur mit segnender Gebärde sitzt. Seit dem Mittelalter in Palmsonntagsprozessionen mitgeführt. → Esel.

PANTOKRATOR (griech. Allherrscher), Darstellung des herrschenden Christus. Begegnet seit dem 4. Jh. vor allem in byzantinischen Apsiden und Kuppelmosaiken, manchmal auch dargestellt als → Majestas Domini inmitten der → Evangelisten oder deren Symbolen.

168 Wandbild, Tahull, Spanien, Katalanisches Museum, Barcelona, um 1125

PARADIES (griech. Garten, Gehege), alttestamentliche Beschreibung der ursprünglichen, harmonischen Schöpfungswelt Gottes; → Adam und Eva. Schon in frühchristlichen Katakombendarstellungen auftretende Darstellung des blühenden Gartens, verkürzt als Baum mit Blüten dargestellt, auch auf Epitaphen; s. a. S. 38 ff.

PARADIESFLÜSSE: vier Ströme, die das → Paradies bewässern, oft mit → Hirschen, die daraus trinken. Als Sinnbilder auch mit den vier Evangelisten in Verbindung gebracht. Später personifiziert an Taufbecken als stehende, kniende oder hockende Männer mit Krügen, aus denen Wasser fließt.

PARADIESGÄRTLEIN, ein um 1400 entstehendes Bildthema, das einen Vers des Hohenliedes (4,12 ff.) aufgreift, in dem der Bräutigam seine Freundin und Braut anspricht: »Ein verschlossener Garten ist meine Schwester Braut, ein verschlossener Garten, ein versiegelter Quell« (hortus conclusus, Sinnbild für Jungfräulichkeit). In einem mit Zinnenmauer (Hinweis auf das → himmlische Jerusalem), Hecke oder Zaun mit verschlossenem Tor (Sinnbild der Jungfräulichkeit) umgebenen Gärtchen sitzt Maria mit dem Kind auf einem Rasenstück mit vielen Blumen (alle Mariensymbole) und Vögeln, allein oder umgeben von Engeln und Heiligen. Eine der schönsten und voller Symbolik steckende Darstellung: Das Paradiesgärtlein des Oberrheinischen Meisters im Frankfurter Städel. Sonderform: Madonna im Rosenhag.

169 Paradiesgärtlein des Oberrheinischen Meisters, Museum Städel, Frankfurt a. M., um 1440

PASSION, Leidensweg Jesu nach der Überlieferung der vier Evangelisten Markus, Matthäus, Lukas und Johannes. Die einzelnen, in bildlichen Darstellungen abendländisch christlicher Kunst behandelten Themen sind: Abendmahl, Fußwaschung, Gebet am Ölberg, Gefangennahme, Verspottung, Verleugnung des Petrus, Verhöre,

Dornenkrönung, Ecce homo, Geißelung, Kreuztragung, Kreuzigung, Kreuzabnahme, Beweinung, Grablegung, Heiliges Grab, S. 118.

PASSIONSSYMBOLIK, im Zusammenhang mit den Stationen der Passion Christi verwendete Bildmotive, wobei die Kreuzigung oft mit Themen aus dem AT verknüpft wird, z.B. mit dem Baum der Erkenntnis (Sündenfall), Kains Brudermord, Isaak trägt Holz zur Opferung, Mose mit Gesetzestafeln usw. Als Symbol für die Passion gilt auch der → Pelikan, der mit dem eigenen Blut seine Jungen rettet, und der aus der Asche zu neuem Leben aufsteigende Phönix. → Tiersymbolik, → Leidenswerkzeuge, → Pflanzensymbolik.

PELIKAN, im Mittelalter Symbol für den Opfertod Christi, da Pelikane – nach einem Bericht im → Physiologus – ihre Jungen töten, sich nach drei Tagen die Seite aufreißen und mit dem eigenen Blut die toten Kinder auferwecken.

170 Pelikan, der seine Jungen füttert

PERSPEKTIVE (lat. Durchblick), räumliche Darstellung von Körpern und Räumen auf der ebenen Fläche. Je nach Weltanschauung und religiöser Vorstellungswelt änderte sich das Bedürfnis nach tiefenräumlicher

Darstellung. Im Mittelalter z.B. → Bedeutungsmaßstab, in der Neuzeit Zentralperspektive; S. 175.

Stilmittel der Perspektive:
Höhenunterschied: Die Anordnung gleich großer Gegenstände oben und unten im Bild erweckt den Eindruck von räumlichem Nacheinander (byzantinische Kunst).

171 Höhenunterschied

Überdeckung, Staffelung und Transparenz: Überschneiden sich gleich große, nebeneinander angeordnete Figuren, werden sie vom Auge als hintereinander stehend gedeutet (mittelalterliche, byzantinische Kunst).

172 Überdeckung/Staffelung

Bedeutungsmaßstab (auch umgekehrte Perspektive): stellt Wichtiges größer dar,

Unwichtiges kleiner. Dem Weltbild des Mittelalters entsprechende Form, geistige oder gesellschaftliche Rangordnungen darzustellen.

Helligkeitsunterschied oder Farbperspektive: In der Renaissance verwendete Darstellungsform, die der Erfahrung folgt, dass Farben in der Nähe dunkler und satter erscheinen als in der Ferne.

173 Farbperspektive

Luftperspektive: arbeitet zusätzlich mit zur Bildtiefe hin sich mehr und mehr auflösenden Bildumrissen.

Parallel- und Zentralperspektive: In Wirklichkeit parallele Linien scheinen in der Ferne im Fluchtpunkt zusammenzulaufen. In der Renaissance zu höchster Virtuosität gebracht (z. B. Raffael, Stanzen).

PESTBILD, -BLATT, -SÄULE, Abbildungen des späten Mittelalters, die die Pest als Zeichen von Gottes Zorn (herabfallende Blitze) verstehen und davor schützende Personen zeigen (→ Schutzmantelmadonna, Hl. Antonius und Christophorus).

PFAU, Sinnbild der Unsterblichkeit und des ewigen Lebens, da nach antiker und altchristlicher Vorstellung sein Fleisch nicht verwest und sein Rad als Sonnensymbol und Abbild des Himmels gesehen wurde. Neben → Hirschen und Tauben in den Katakomben beim Trinken aus dem Brunnen des Lebens, dem das Lebenswasser beinhaltenden eucharistischen Kelch oder aus → Paradiesflüssen dargestellt. Pfauenfedern in Händen von Märtyrern deuten die Erwartung ewigen Lebens an. Oft bestehen die Flügel von Erzengeln aus Pfauenfedern, was auf ihre Herkunft aus himmlisch-paradiesischen Gefilden hindeutet. Das Auge der Pfauenfedern verweist auf die himmlischen Thronwächter (Offb 4,6 ff.), deren Flügel voller Augen sind. Negative Bedeutung des Pfaus im Spätmittelalter: Eitelkeit, Hochmut.

PFINGSTEN, Wunder der → Ausgießung des Hl. Geistes.

PFLANZENSYMBOLIK: Pflanzen als Symbole treten erst im Mittelalter auf, meistens besonders kostbare Heilpflanzen. Auf Christus- und Mariendarstellungen weisen sie darauf hin, dass Menschen durch den Opfertod Christi erlöst worden sind. Viele Pflanzen sind Maria gewidmet, z.B. die Pfingstrose (Rose ohne Dornen, Rose, → Mariensymbolik). Der Passions-, Geburts- und Mariensymbolik sind u.a. folgende Pflanzen zuzuordnen:

Agave (Aloe), Lichtnelke (Marienröschen): Sinnbild für Jungfräulichkeit der Maria.

Ährenbündel: Symbol für den Leib Christi, weist auf Geburtsdarstellungen auf den Opfertod hin.

Blatt: Dreiblatt → Dreifaltigkeit, Vierblatt verweist auf die Herrschaft Gottes, auf das Kreuz, die → vier Evangelisten.

Akelei: Hinweis auf Maria.

Anemone: Symbol der Passion auf Kreuzigungsszenen und Marienbildern.

Blüte, Blume: allgemeines Zeichen für irdische Schönheit, für paradiesische Zustände, der Blumenstrauß ist Sinnbild für geistige Vollkommenheit.

Boretsch: fünfblättrig, himmelblau (Christusfarbe), weist auf die fünf Wunden Christi.

Distel, Ginster: Hinweis auf Sünden der Menschen, Symbol für irdische Schmerzen, Ornament auf Erlösungs- und Märtyrerdarstellungen.

Dornen: Sinnbild der Erlösung (Dornenkrone).

Gänseblümchen: Symbol der Unvergänglichkeit.

Klee: Dreifaltigkeitssymbol auf Krippenbildern. Sind die Blätter leiterartig angeordnet, dann Hinweis auf Passion; → Leiter.

Königskerze: gelber Farbe wegen auch »Himmelsbrand« genannt, gilt der Dämonenabwehr. Marienblume.

Lilie: Symbol für die Jungfräulichkeit Marias, Zeichen für Unschuld.

Löwenzahn: Symbol für den Tod Christi

Palme, Ölbaum: Sinnbild des Lebens; → Lebensbaum.

Pinie, Pinienzapfen, frühchristliches Fruchtbarkeitssymbol und Zeichen für Auferstehung, Unsterblichkeit.

PHYSIOLOGUS, im Mittelalter weit verbreitetes Tierbuch, vermutlich Ende des 2. Jh. in Alexandrien entstanden, mit starkem Einfluss auf die mittelalterliche → Ikonografie.

PIETÀ (ital., frommes Mitgefühl), Darstellung der vom Schmerz ergriffenen Maria mit dem Leichnam Jesu auf dem Schoß. → Andachtsbild, → Vesperbild.

174 Verkündigung an die Hirten: Engel mit Pneumazipfel, Reichenauer Schule

PNEUMAZIPFEL, (griech. pneuma = Luft, Hauch, aber auch Geist und Feuer), Gewandzipfel Jesu oder eines Engels (→ Kleidersprache). Kommt vor allem auf Verkündigungsbildern vor, immer, wenn eine göttliche Botschaft überbracht wird. Der bewegte P. bedeutet »Gott spricht«.

PREDELLA, das mit Schnitzwerk oder Malerei geschmückte Sockelstück eines Altaraufsatzes (→ Altar). Oft Darstellung der Beweinung, beliebt auch Darstellung des → Schweißtuches der Veronika, gehalten von zwei Engeln.

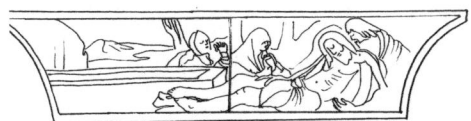

175 Predella mit Darstellung der Beweinung, Isenheimer Altar, Museum Unterlinden, Colmar

PUTTE (ital. putto, Knabe), gemalte oder plastische Darstellung eines drallen, nackten Knaben, z.B. eines Kinderengels, nicht immer mit Flügeln. Beliebt in Barock und Rokoko, z.B. Rembrandts »Himmelfahrt«. Abb. 105.

REFORMATION (lat., Umgestaltung, Erneuerung), die durch Martin Luther mit dem Anschlag der 95 Thesen an der Schlosskirche von Wittenberg (1517) ausgelöste kirchlich-religiöse Bewegung. Grund war das Unbehagen der Gläubigen an der offiziellen Kirche, die sich von der ursprünglichen Lehre Jesu immer weiter entfernt hatte. Luther lehnte die von der Kirche zur Erlösung angebotenen Gnadenmittel (Heiligenverehrung, Pilgerfahrten, Reliquien, Geldspenden, gute Werke) ab: Nur durch den Glauben an die Gnade Gottes kann der Mensch Erlösung von seinen Sünden finden.

ROSE → Pflanzensymbolik.

ROSENKRANZMADONNA, an besonders auf spätgotischen Altären umrahmt oft ein großer Kranz aus stilisierten Rosen Maria, dazwischen Medaillons, auf denen die Freuden und Schmerzen Mariens dargestellt sind, z.B. »Englischer Gruß« von Veit Stoß, 1518, St. Lorenz, Nürnberg.

SCHÄDEL, Vergänglichkeitssymbol, unter dem Kreuz Hinweis auf Adam, über dessen Schädel der Legende nach das Kreuz Christi errichtet wurde. Durch Verbindung von erstem zu Christus als zweitem Adam, → typologischer Hinweis auf die Erlösung.

SCHIFF UND ANKER, seit frühchristlicher Zeit Sinnbild für sichere Lebensfahrt im Schutz der Kirche, angetrieben vom Heiligen Geist. (sinnbildliche Darstellungen z.B. »Stillung des Seesturms – Hitda Codex u.a.). Außer Zeichen für Lebensschiff auch für Schiff der Kirche mit Christus als Steuermann und den Evangelisten als Ruderern.

SCHLANGE → S. 39

SCHMERZENSMANN, Erbärmdebild, Darstellung des dornengekrönten Christus nach der Geißelung; → Ecce homo, → Andachtsbild.

SCHMERZENSMUTTER, »Mater dolorosa«, aus der Kreuzigungsgruppe oder Szene der Beweinung herausgelöste Darstellung der im Schmerz versunkenen Maria → Andachtsbild.

SCHRIFTBAND → Banderole.

SCHUHE → Barfüßigkeit.

SCHUTZMANTELMADONNA, im 13. Jh. aufkommendes Bild der Maria mit weit ausgebreitetem, oft von Engeln gehaltenem Mantel, unter dessen Schutz Gläubige aller Stände sich versammeln (→ Pestbild). Das Schutzmantelmotiv ist auch in Verbindung mit Christus bekannt, u.a. in der Moderne bei Litzenburger. Abb. 126.

SCHWEISSTUCH DER VERONIKA, als Reliquie verehrt. Der Legende nach reichte Veronika während der Kreuztragung Jesus ihr Tuch und erhielt es mit dem Abdruck seines Antlitzes und der Dornenkrone zurück (»vera icon«, das wahre Antlitz Jesu). Auf Darstellungen wird das Tuch oft auch von Engeln getragen. Abb. 72.

SEGENSGESTUS, z.B. Christus mit dem Segensgestus der rechten Hand. Zu unterscheiden sind die griechische Form, bei der Zeige- und Mittelfinger ausgestreckt sind, der Daumen berührt den angelegten kleinen und Ringfinger, und die lateinische Form, bei der die ersten drei Finger gestreckt, der Ring- und der kleine Finger angelegt werden.

SITZEN UND STEHEN, zur Verdeutlichung der Rangunterschiede wird z.B. der sitzende (thronende) Christus zwischen stehenden Engeln dargestellt, wobei die Köpfe alle in einer Höhe sind, um den Sitzenden nicht zu klein erscheinen zu lassen (vgl. Herrscherbilder mit stehenden Untertanen).

STANDORT. In der byzantinischen und mittelalterlichen Kunst folgten die Künstler beim Ausschmücken des Kirchenraumes festen Regeln. Je wichtiger eine Person, desto weiter oben fand sie Platz. »Untergeordnete« Bilder waren kleiner und ungünstiger platziert. Bei einem Rundgang durch die Kirche kamen die Gläubigen an vielen Bilderfolgen der Heils- und Kirchengeschichte vorbei. Die Bildprogramme des Mittelalters waren auch Leseersatz für Leseunkundige; s.a. S. 171.

SYMBOL (griech. Sinnbild, Sinnzeichen), bildhafte Abkürzungen für Sinngehalte, die sonst mit vielen Worten erklärt werden müssten. Fast jeder abgebildete Gegenstand auf Bildwerken der christlichen Kunst hat mindestens eine, manchmal mehrere sinnbildliche Bedeutungen. Zu unterscheiden sind aus der Antike übernommene und rein christliche Symbole:
Aus der Antike übernommen:
- Barfüßigkeit: Zeichen für Reinheit, da Schuhe aus Tierfellen (tote Tiere!) beflecken; Zutritt zu heiligen Orten nur barfuß. Symbol auch für Demut.
- Hand Gottes aus den Wolken greifend → Himmelfahrt).

STIFTERBILDNIS, rechts und links auf einem Bild abgebildete Stifter mit Familie; → Donator.

176 Stifterbildnis (»Der gute Hirte«, Lucas Cranach d. J. zugeschrieben)

STIL, das Prinzip der Form im einzelnen Kunstwerk, aber auch die Eigenart einer bestimmten Künstlerpersönlichkeit, das Charakteristische im Gesamtwerk eines Künstlers oder einer Kunstepoche.

TAUBE → Tiersymbolik.

177 Taube des Heiligen Geistes, im Joch der Kanzel, St. Lorenz, Nürnberg

TIERSYMBOLIK. Vom 9.–14.Jh. gewinnt die T. zunehmend an Bedeutung. Wichtigste Quelle ist der → Physiologus, aber auch irreale Tiere aus der nordischen Mythologie finden Eingang in die → Ikonografie christlicher Kunst. So gelten z.B. Tiere als Auferstehungssymbole, die sich verwandeln, sich häuten, die Schale wechseln oder die Hülle um das Ei zerbrechen. Am häufigsten

215

findet man Schnecke, Raupe, Eidechse, Krabbe, Krebs, aber auch Zugvögel, die wie Schwalbe oder Storch wiederkehren. Löwe und Stier an Portalen weisen ebenfalls auf die Auferstehung hin. Der Schwan ist Sinnbild der Passion Christi, ein Widder auf Geburtsdarstellungen ist als Christussinnbild zu deuten. Als Mariensymbol oder Zeichen der Reinheit gelten der Geier (er fliegt auf Geburtsdarstellungen oft nach Osten) und das Einhorn. Die Taube hat vielerlei Bedeutung: Zeichen des Heiligen Geistes und Seelenvogel. Zwei Tauben am Wasserbecken deuten auf die Taufe, drei auf die Trinität. Der Schmetterling steht für Auferstehung und die erlöste Seele. Eichhörnchen, Rabe, Fuchs, Affe an der Kette (gefesselter Satan) und Hirschkäfer galten als Zeichen für das Böse, für den Teufel.

Der Adler steht für die Himmelfahrt Christi, die Biene für Jungfräulichkeit, der Delphin für den rettenden Christus. Der Pfau ist ein Ewigkeitssymbol, der Hahn steht für das Licht und als Heilssymbol (aber auch als Zeichen für die Verleugnung des Petrus).

Drei Fische, drei Schlangen, drei Löwen sind Trinitätssymbole. Der Hirsch ist Sinnbild der Erlösung und Taufe. Der Igel, bei Maria und dem Kind abgebildet, gilt als Überwinder des Bösen. Distelfink (Stieglitz) in der Hand des Jesuskindes deutet mit seinem roten Kopfgefieder auf die Passion.

TAUFENGEL → Engel; S. 56, Abb. **43**.

179 Taufengel, Rerik (Mecklenburg-Vorpommern), ca. 1751

TITULUS, frühmittelalterlichen Bildern beigegebene Bilderklärung, oft als Schriftband in das Bild eingefügt.

TORSO (ital.), unvollendete oder unvollständig erhaltene Statue. Seit Rodin auch Begriff für ein in sich selbst vollendetes Werk.

TOTENTANZ, Tanz als Sinnbild der Lebensfreude und Tod als Ende des Daseins fügen sich zu makabren Abfolgen von Bildern, auf denen der personifizierte Tod (Sensenmann) seine Opfer, ohne Ansehen von Stand und Geschlecht, zu einem schaurigen Reigen führt, Kaiser, Papst bis hin zum Bettler. Möglicherweise nach Aufführungen, die Bußpredigten begleiteten oder von literarischen Streitgesprächen angeregt, im 15. und 16. Jh. wohl auch durch die Pestepedemien verbreitete Darstellungen. Früher an Friedhofsmauern (um 1440,

Dominikanerkloster Basel, nur in Nachzeichnungen bekannt), St. Mang (Füssen), St. Marien, Berlin, und Lübecker Totentanz. Neuere Holzschnittfolgen von Alfred Rethel (Auch ein Totentanz, 1849) und HAP Grieshaber (Totentanz von Basel, 1966).

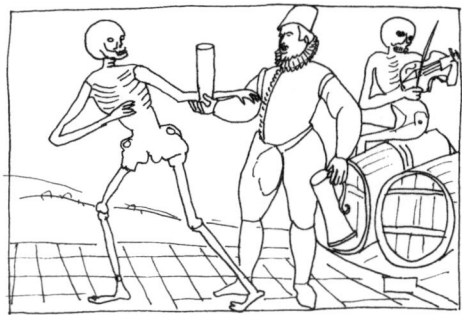

180 Füssener Totentanz: Tod und Wirt. Kloster St. Mang. 1602

TRANSZENDENZ, (lat., übersteigen), das jenseits des Bereichs der sinnlichen Erfahrung Liegende: Der Mensch weiß, dass sein Wissen, seine Erfahrungen begrenzt sind. Mit der Frage nach Dingen, die jenseits seiner Erfahrungen liegen (Unendlichkeit, Leben nach dem Tod, Gott) übersteigt er seine Grenzen.

TRINITÄTSSYMBOLE, Dreifaltigkeit (Vater, Sohn und Hl. Geist) u.a. dargestellt als: drei nebeneinander sitzende Personen (ab 10. Jh.); Gestalt mit drei Köpfen, drei Gesichtern (13. Jh.; später kirchlich verboten); drei sich schneidende Kreise, drei Tiere; dreiblättriges Kleeblatt; Antonius- und Gabelkreuz mit drei gleich langen Armen; Turm, in dem sich drei Fenster öffnen; Verbindung von Thron (Macht), Buch (Wort), und Taube (Liebe); gleichseitiges Dreieck mit Auge Gottes (nachreformatorisch).
Abb. Gottesbilder 11–17.

181 Trinitätsdarstellungen

TRIPTYCHON, dreiteiliger Altaraufsatz oder dreiteiliges Bildwerk (→ Altar).

TRIUMPHBOGEN, Bogen vor dem Chorraum einer Basilika, meist mit einer Darstellung Jesu als Triumphator.

TRIUMPHKREUZ, monumentales mittelalterliches Kruzifix oder Kreuzigungsgruppe, meist in Bogen vor der Apsis oder Querschiff hängend oder auf dem Lettner oder der Chorschranke stehend.

TUGENDEN. Auf Gemälden werden die Tugenden durch weibliche Gestalten dargestellt, die an ihren → Attributen zu erkennen sind:
1. Die vier T. der Antike:
Gerechtigkeit: Waage, Schwert, Krone, Augenbinde. *Tapferkeit*: Rüstung und Schwert. *Klugheit*: Schlange und Spiegel. *Mäßigkeit*: Gefäße mit Wein und Wasser, deren Inhalt sich mischt, Schwert in der Scheide, Zügel.
2. Die drei theologischen T., die Paulus in 1 Kor 13 nennt: *Glaube*: Kreuz und Kelch. *Hoffnung*: Anker, Krone, Fahne. *Liebe*: flammendes Herz, Lamm.
3. Im Mittelalter wurde der Tugendzyklus um folgende Figuren erweitert:

Geduld: Rind und Stier. *Sanftmut:* Schaf und Lamm. *Eintracht:* Olivenzweig. *Keuschheit:* Salamander. *Freigebigkeit:* Geld austeilend.

Auf Weltgerichtsdarstellungen des Mittelalters stehen die Tugenden oftmals über den ebenso personifizierten Frauengestalten des Lasters. Seit der Renaissance finden sich Tugendzyklen besonders auf Grabmälern.

TYMPANON, Bogenfeld über dem Portal, das in der Gotik reich mit biblischen Motiven gestaltet wurde. Abb. 110.

TYPOLOGIE/TYPOLOGISCHE BILDERKREISE, entsprechend der Lehre von der »concordia veteris et novi Testamenti« , d.h. der Zusammengehörigkeit und Übereinstimmung von Altem und Neuem Testament, wurden seit frühchristlichen Zeiten Szenen, Ereignisse und Personen des Alten denen des Neuen Testamentes zugeordnet, z.B.:
- die zwölf Propheten des AT den zwölf Jüngern im NT;
- die eherne Schlange, die Mose auf Gottes Befehl hin in der Wüste aufrichtete (Num 21,8 f.) der Kreuzigung Christi;
- die Ausspeiung des Jona aus dem Bauch des Fischs der Auferstehung Christi aus dem Grab.

An den Bronzetüren des Hildesheimer Doms ist der Sündenfall im AT der Erlösung durch Christus in einer typologischen Bilderfolge gegenübergestellt:
- Erschaffung Adams – Christus wird zum Himmel erhoben.
- Gott weist Adam zu Eva – der Engel weist die Frauen über das Grab hinaus
- Sündenfall – Christus überwindet die Schuld.
- Gott beschuldigt Adam und Eva – Pilatus beschuldigt Christus.

- Vertreibung aus dem Paradies – der Menschensohn wird in Gottes Haus gebracht
- Eva und Adam im Alltag – Maria wird von Königen besucht.
- Das Opfer von Kain und Abel – Geburt Jesu.
- Kain ermordet Abel und wird verdammt – Verkündigung des Engels Gabriel.

VERKÜNDIGUNG AN MARIA, seit frühchristlicher Katakombenmalerei dargestelltes, ab 14. Jh. überaus beliebtes Thema des christlichen Bilderkreises, das Innenraumdarstellungen erlaubt (gotischer Kirchenraum = Maria = Ecclesia). Auf Isenheimer Altar aufgeschlagenes Buch mit der Weissagung von Jesaja 7,14 (»Seht, die Jungfrau wird empfangen, sie wird einen Sohn gebären ...«). → Engel.

VESPERBILD (lat., gegen Abend), plastische oder gemalte Figurengruppe: Der tote Jesus auf dem Schoß der Maria. Seit dem frühen 14. Jh. bis ins 19. Jh. beliebtes Thema für Andachtsbilder christlicher Kunst, den irdischen Abschied der Mutter Maria von ihrem am Kreuz gestorbenen Sohn darstellend. Hinweis des Namens auf das Geschehen am Abend nach der Kreuzabnahme, und so genannt, weil es zur Stunde des Sonnenunterganges (Zeit des Vespergebetes) betrachtet wurde.

Marienklage: Andachtsbild, ebenfalls mit der sitzenden Maria, die aber das neugeborene Kind hält. Daher gab es im Mittelalter gelegentlich Sitz-Madonnen-Skulpturen mit (entsprechend dem Kirchenjahresablauf) auswechselbar gearbeiteten Kind- bzw. Sohnfiguren.

Seit Anfang des 14. Jhs. ist das Vesperbild aus der Beweinungsszene gelöst und als → Andachtsbild plastisch (Holz, Stein), später als Bild dargestellt. Im 14. Jh. wird der tote Christus mit schräg aufgerichtetem Oberkörper abgebildet (Abb. 128), im 15. Jh. ist der Körper eher waagerecht gelagert (Abb. 129), im 16. Jh. liegt manchmal das Haupt Christi im Schoß der Maria, der Körper ruht auf dem Boden.

VOTIVBILD, Votivtafel (lat. ex voto = aufgrund eines Gelübdes), Weihegeschenk nach einem Gelöbnis, z.B. Bildtafel, die einen glücklich überstandenen Unfall zeigt.

WURZEL JESSE (Jessebaum), Darstellung des Stammbaumes Christi (nach Jesaja 11,1), seit dem 11. Jh. Aus dem schlafenden Jesse (= Isai, der Vater Davids) wächst ein reich verzweigter Baum mit den jüdischen Königen, den Vorfahren Jesu. Maria (mit oder ohne Kind) erscheint in der Baumkrone, darüber Christus.

ZAHLENSYMBOLIK, ebenso wie Pflanzen und Tiere, wie Farben und Gegenstände haben auch Zahlen symbolische Bedeutung:
Drei: alles Göttliche (Trinität), Dreieck mit Auge Gottes, Dreifaltigkeit.
Vier: steht für das Universum, für den Menschen (vier Himmelrichtungen, vier Elemente, vier Paradiesflüsse).
Fünf: Zahl der Fülle, der Vollendung und der Begegnung (aus kleinster gerader und ungerader Zahl zusammengesetzt), symbolisiert den Mikrokosmos Mensch; die fünf Wundmale Christi, fünf kluge und fünf törichte Jungfrauen.
Sechs: In sechs Tagen schuf Gott Himmel und Erde.
Sieben: heilige Zahl, setzt sich aus drei und vier zusammen und umfasst so das Göttliche und das Menschliche.
Acht: steht für Auferstehung, Vollendung und Neuschöpfung.
Neun: dreimal die heilige Zahl drei; in der himmlischen Hierarchie stehen je drei Cherubim, drei Seraphim, drei Throne, drei Gewalten, drei Nächte, drei Fürsten, drei Erzengel usw.
Zwölf (und die Vielfachen von Zwölf): heilige Zahl, zusammengesetzt aus dreimal vier; zwölf Apostel, zwölf Stämme Israels.

ZEPTER, zusammen mit Krone Herrschaftszeichen. Christus trägt den Kreuzstab als Sieger und neuer Weltenherrscher, Erzengel Gabriel trägt auf Verkündigungsszenen eine → Lilie als Zepter.

ZWÖLFJÄHRIGER JESUS IM TEMPEL. In Bilderzyklen, die das Leben Jesu darstellen, sitzt Jesus als Zwölfjähriger erhöht im Tempel, die Rechte im Redegestus erhoben, inmitten Schriftgelehrter (Lk 2,41–51). Am Rand auch Maria und Josef: Kanzel im Dom zu Naumburg; Tilman Riemenschneiders, Marienaltars, Creglingen.

Literaturhinweise

Symbole

Apphun, Horst: Einführung in die Geschichte der christlichen Symbole, Darmstadt 1985

Betz, Otto, Die geheimnisvolle Welt der Zahlen. Mythologie und Symbolik, München 1999

Chapeaurouge, Donat de: Einführung in die Geschichte der christlichen Symbole, Darmstadt 1991

Heinz-Mohr, Gerd: Lexikon der Symbole. Bilder und Zeichen der christlichen Kunst. München, 9. Aufl. 1988

Lexikon christlicher Kunst, Themen – Gestalten – Symbole. Freiburg u.a. 1980

Rosenberg, Alfons: Einführung in das Symbolverständnis, Ursymbole und ihre Wandlungen. Freiburg 1984

Sachs, Hannelore/Badstübner Ernst/Neumann, Helga: Erklärendes Wörterbuch zur christlichen Kunst. Hanau 1983

Dies.: Christliche Ikonografie in Stichworten, München, 6. Aufl. 1996

Schmidt, Heinrich u. Margarethe: Die vergessene Bildersprache christlicher Kunst, München, 5. Aufl. 1995

Krauss, Heinrich/Uthemann, Eva: Was Bilder erzählen. Die klassischen Geschichten aus Antike und Christentum, München 1987

Kunstgeschichte

Broer, Werner/Schulze-Weslarn, Annemarie (Hrsg.): Verfremdung, Provokation, Deutung. Christliches in der Kunst des 20. Jahrhunderts, Hannover 1993

Rombold, Günter/Schwebel, Horst: Christus in der Kunst des 20. Jahrhunderts. Freiburg u.a. 1983

Rombold, Günter: Der Streit um das Bild. Zum Verständnis von moderner Kunst und Religion, Stuttgart 1988

Schmied, Wieland (Hrsg.): Zeichen des Glaubens – Geist der Avantgarde. Religiöse Tendenzen in der Kunst des 20. Jahrhunderts, Stuttgart/Mailand 1980

Schöne, Wolfgang: Über das Licht in der Malerei, Berlin, 8. Aufl. 1994

Schwebel, Horst: Das Christusbild in der bildenden Kunst der Gegenwart, Gießen 1979

Ders.: Die Kunst und das Christentum. Geschichte eines Konflikts, München 2002

Winnekes, Katharina (Hrsg.): Christus in der bildenden Kunst. Von den Anfängen bis zur Gegenwart. Eine Einführung, München 1989

Württenberger, Franzsepp: Weltbild und Bilderwelt, Wien/München 1958

Bilddidaktik, Bildmeditation, kreative Umsetzung

Doedens, Folkert: Bildende Kunst und Religionsunterricht, München/Stuttgart 1972

Goecke-Seischab, Margarete Luise/Domay, Erhard: Die Botschaft der Bilder. Christliche Kunst sehen und verstehen lernen, Lahr 1988; 2. veränderte Auflage 2004

Goecke-Seischab, Margarete Luise: In Farben und Formen. Biblische Texte gestalten. 60 Vorschläge, München 1993

Goecke-Seischab, Margarete Luise: Von Klee bis Chagall. Kreativ arbeiten mit zeitgenössischen Grafiken zur Bibel, München/Stuttgart 1994

Goecke-Seischab, Margarete Luise/Harz, Frieder: Bilder zu neutestamentlichen Geschichten. Einführung in die Bilddidaktik und Ikonografie christlicher Kunst mit 8 kommentierten Bildbeispielen für Grundschule und Orientierungsstufe, Lahr 1994

Goecke-Seischab, Margarete Luise/Ranze-Kaluzza, Ilona: Auf das Weihnachtsfest vorbereiten. 24 Gestaltungsvorschläge für 5- bis 12jährige, Lahr 1995

Goecke-Seischab, Margarete Luise/Harz, Frieder: Auf das Osterfest vorbereiten. 19 Gestaltungsvorschläge für 8- bis 14jährige, Lahr 1997

Goecke-Seischab, Margarete Luise/Ohlemacher, Jörg: Kirchen erkunden, Kirchen erschließen. Ein Handbuch mit über 300 Sachzeichnungen und Übersichtstafeln sowie einer Einführung in die Kirchenpädagogik, Lahr, 2. Aufl. 2002

Goecke-Seischab, Margarete Luise/Harz, Frieder: Komm, ich zeig dir eine Kirche. München, 2. Aufl. 2002

Goecke-Seischab, Margarete Luise: Biblische Kunstwerkstatt. 8 Bildbetrachtungen und 60 Gestaltungsvorschläge, Lahr 2002

Hilger, Georg: Ästhetisches Lernen, in: ders. u.a. (Hg.) Religionsdidaktik, München 2001, S. 305–318

Lange, Günter: Kunst zur Bibel. 32 Bildinterpretationen, München 1988

Ders.: Bilder zum Glauben. Christliche Kunst sehen und verstehen. München 2002

Niehl, Franz Wendel/Thömmes, Arthur: 212 Methoden für den Religionsunterricht. München 1998

Riedel, Ingrid: Bildinterpretation, München 1969

Dies.: Bilder in Therapie, Kunst und Religion, Stuttgart 1988